Découvrez l'histoire par les archives de presse

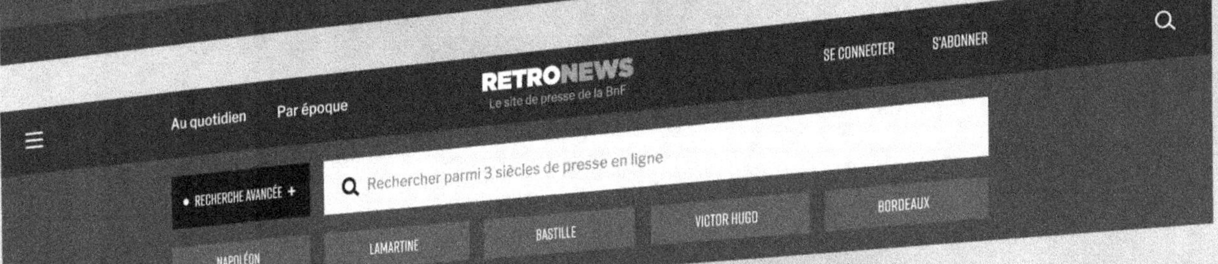

RETRONEWS

Le site de presse de la BnF

www.retronews.fr

SÉANCES GÉNÉRALES.

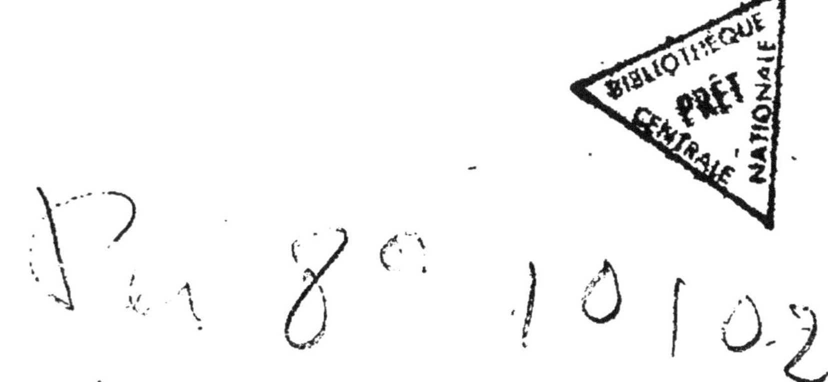

SÉANCES GÉNÉRALES

TENUES EN 1844

PAR

LA SOCIÉTÉ FRANÇAISE

POUR LA CONSERVATION

DES MONUMENTS HISTORIQUES.

CAEN,

CHEZ A. HARDEL, SUCC. DE T. CHALOPIN,

IMPRIMEUR DE L'ACADÉMIE ET DES SOCIÉTÉS SAVANTES.

A PARIS, DERACHE, RUE DU BOULOY, 7.

1844.

PROCÈS-VERBAUX

Des Séances tenues par la Société française pour la conservation des Monuments historiques, les 29 et 30 avril 1844, dans la ville de Beauvais.

Séance du 29 avril 1844.

Présidence de M. l'abbé BARRAUD, Inspecteur de la Société.

OUVERTURE DE LA SESSION.

La séance est ouverte, à une heure, dans la grande salle de l'Hôtel-de-Ville. Sont présents MM. de Caumont, directeur, de Givenchy, inspecteur du Pas-de-Calais, l'abbé Barraud, inspecteur de l'Oise, Danjou, St^{as}. de St.-Germain, Bazin, Weil, l'abbé de Franciosi, membres de la Société française;—MM. de Grattier, Dupont-White, Ledict-Duflos, Daniel, Le Mareschal, Delaherche, Emmanuel Woillez, Eugène Woillez, l'abbé Roze, l'abbé Bourgeois, l'abbé Jourdain, l'abbé Duval, Auxcousteaux, Danse-Desaulnois, Le Gros, l'abbé Santerre, Eug^e. Ricard, le comte de Betz, Garnier, Jourdain d'Héricourt, Bouthors, Lépine, de la Société des Antiquaires de Picardie;—MM. l'abbé Davenne, Auxcousteaux de Lazpille, l'abbé Potier, Cousture, l'abbé Lefebvre, Pinchon, Leuillier, l'abbé Jourdan, l'abbé Maillard, Mathon, etc. On remarque au bureau M. de Caumont, directeur, M. l'abbé Barraud, inspecteur de l'Oise, M. de Givenchy, M. le B^{on}. Mercier, préfet du département, M. le Maire de Beauvais, MM. de Grattier et Danjou.

M. de Caumont prononce un discours dans lequel il s'étend

1

sur l'importance des études archéologiques ; il constate avec satisfaction l'heureuse impulsion qui leur a été imprimée à Beauvais , par M. Graves et M. l'abbé Barraud; il espère que l'influence des connaissances archéologiques se fera désormais sentir dans les réparations et les embellissements si souvent maladroits qu'on inflige à des monuments remarquables : il exprime surtout le vœu que l'intervention de la Société empêche certains actes d'un vandalisme destructeur, qui, il faut malheureusement le dire , ont été tout récemment accomplis à Beauvais, malgré d'énergiques réclamations. En son nom et en celui des membres de la Société française , M. de Caumont remercie le comité de Beauvais d'avoir préparé la réunion de la Société française à Beauvais , en même temps que celle de la Société des Antiquaires de Picardie, coïncidence heureuse qui ne saurait manquer de produire des résultats infiniment précieux. — M. de Caumont propose ensuite d'établir deux commissions , savoir : 1°. une commission des vœux, 2°. une commission de l'iconographie et du moulage des sculptures. Après cette introduction, M. l'abbé Barraud est prié de vouloir bien occuper le fauteuil de la présidence. M. l'abbé de Franciosi est invité à remplir les fonctions de secrétaire.

ENQUÊTE ARCHÉOLOGIQUE.

Présidence de M. l'abbé BARRAUD.

M. de Caumont pose une série de questions qu'il formule ainsi qu'il suit :

1re. QUESTION. *Existe-t-il dans le Beauvaisis une école particulière d'architecture avant le XIIIe. siècle?*

M. l'abbé Barraud pense que , sans se faire les partisans exclusifs d'une école spéciale , les architectes beauvaisins, pendant la période Romane , ont accueilli la double importation de l'architecture Normande et de l'architecture d'Outre-

Loire. Certains monuments du pays ont toute la gravité du
style normand ; leurs seuls ornements sont des torcs diverse-
ment contournés, zigzags, frètes crénelées, billettes, etc.
D'autres, au contraire, offrent de gracieux enroulements, d'élé-
gants rinceaux, des galons couverts de perles, des corniches
d'un goût exquis, formés d'animaux chimériques et de feuillages laciniés ; ce qu'il y a de remarquable, c'est que ces
genres différents se présentent sur presque tous les points de
la contrée. Quelques monuments même réunissent les deux
styles, quoique toutes leurs parties soient de la même époque.
On ne saurait voir une ornementation plus riche que celle
du fronton septentrional de St.-Etienne de Beauvais, du portail de Trye-Château, du chœur de Chelles. Cette ornementation ne le cède pas à celle des façades de Poitiers et de
Civray ; au contraire, les églises de Bury, de Foulangue,
d'Acy-en-Multien n'offrent que des moulures normandes. Aux
portails de l'ancien prieuré de Bulles et de l'église paroissiale
de Catenoy, les ornements normands se marient aux ornements du Poitou et de la Saintonge. M. Barraud fait toutefois remarquer que les architectes beauvaisins n'ont pas ser-
vilement copié leurs modèles, qu'ils ont souvent inventé des
formes nouvelles et su imprimer à leur œuvre un cachet local.

2ᵉ. QUESTION. *Quelle est la forme la plus ordinaire des
églises du Beauvaisis ?*

M. Emmanuel Woillez répond que, comme en beaucoup
d'autres endroits, les grands édifices du Beauvaisis affectent la
forme cruciale. Les églises de campagne sont le plus souvent
sans collatéraux ni transepts. Il cite comme une dérogation
aux généralités qu'il établit, l'église abbatiale de St.-Germer,
dont le chœur est excessivement court, comparativement aux
dimensions de la nef ; les transepts de la cathédrale de Noyon,
qui, comme les monuments des bords du Rhin, se terminent
en demi-cycle.

3°. QUESTION. *Quelles sont les moulures reproduites le plus fréquemment sur les monuments du pays pendant l'époque Romane?*

M. Emmanuel Woillez répond que, sans avoir de moulures spécialement à eux, les monuments romans du Beauvaisis, sur lesquels, comme l'a déjà dit M. l'abbé Barraud, on retrouve les zigzags, les billettes, les têtes de clous, les torsades, les étoiles, etc., affectionnent singulièrement la famille des aroïdes; d'abord capricieusement traitées, les feuilles de ces végétaux se rapprochent d'autant plus de la nature qu'elles avoisinent davantage la transition. En acceptant, en recueillant les données utiles que peut fournir l'ornementation, ajoute M. Woillez, il faut se garder de les isoler des masses sur lesquelles on les rencontre et qui souvent leur sont de beaucoup antérieures.

M. Eugène Woillez, frère de M. Emmanuel, fait remarquer l'influence de la Basse-OEuvre sur le plan et la décoration d'un certain nombre d'églises du département. Ainsi à Cinqueux, à St.-Remy, on retrouve les lourds piliers carrés d'où s'échappent des arcs cintrés; au fronton des églises de Bresles, Tillet, Venette, Villers, St.-Barthélemy, la croix ancrée, accompagnée de ses deux petites ouvertures circulaires. M. Eugène Woillez signale l'élégance et la variété des sculptures de cette époque, à St.-Germer, St.-Luc, Senlis. D'abord incisées dans la pierre à Morienval, à Rhuis, les moulures s'habituent insensiblement à se produire en relief. Naguère encore laissées à l'arbitraire, elles commencent à se profiler avec plus d'exactitude et de pureté, à Ansacq, Tracy-le-Val, Chelles, Nogent-les-Vierges.

4°. QUESTION. *Quels sont les appareils de l'époque romane?*

Dans la première période, continue M. Woillez, c'est le

petit appareil romain avec ses zones de briques à diverses hauteurs. On en a un exemple à la Basse-OEuvre. Plus tard on employa encore le petit appareil auquel on retrâncha ses cordons de briques. Au XIe. siècle, l'appareil en arêtes de poisson a été constamment en usage, sinon dans tout l'ensemble, au moins dans quelqu'une des parties d'un édifice (St-Martin-le-Nœud, Notre-Dame-du-Thil, etc.). On a trouvé à Cinqueux un appareil zigzagué régulier. Allonne et la Rue-Saint-Pierre présentent l'appareil réticulé. Enfin, à partir du XIIe. siècle, le moyen appareil est celui de toutes les constructions importantes.

5e. QUESTION. *Quelle est la forme des colonnes avant l'époque ogivale proprement dite dans le Beauvaisis ?*

Assez souvent la naissance de leur fût se rattache à la base par une espèce de patte d'animal. Quant au fût lui-même, ajoute M. l'abbé Barraud, il est ordinairement lisse, quelquefois garni d'une arête aiguë (St.-Etienne de Beauvais) ; à St.-Vast-de-Longmont, leur surface est garnie de stries chevronnées et maillées; à Ansacq, elle est cannelée; à Coudun, elle est garnie de crochets qui s'embrassent ; enfin des rinceaux extrêmement gracieux la couvrent au portail de Trye-le-Château. Les colonnes se brisent en zigzag au portail d'Ansacq, à la tour de Tracy-le-Val, aux contreforts de Chelles, etc. Elles sont coupées en deux par une annelure à St.-Etienne de Beauvais. A Noyon, sept annelures qui s'étagent au-dessus les unes des autres dissimulent leur hauteur.

6e. QUESTION. *Le plein-cintre a-t-il continué d'être employé contemporainement à l'ogive à partir du XIIe. siècle?*

M. l'abbé Barraud répond que l'ogive s'est montrée chez nous dès la première moitié du XIe. siècle, à Morienval, et qu'à partir du XIIe., elle a, presque partout, remplacé l'arc

à plein-cintre. — M. Eugène Woillez confirme l'assertion
de M. l'abbé Barraud, il pense que cette précocité de l'ogive
n'est pas une petite preuve de son origine indigène. Une
multitude de faits observés par lui dans le département, l'ont
conduit à croire que l'adoption de l'arc en tiers-point a été
surtout hâtée par le besoin d'exhausser l'ouverture des arcs
destinés à mettre en communication la nef et ses bas-côtés,
d'une manière qui s'harmonisait avec le développement nécessité par les arcs doubleaux des voûtes collatérales.

7ᵉ. QUESTION. *Existe-t-il des peintures à fresque dans
les monuments de l'époque romane ?*

Le département ne possède aucune fresque qu'on puisse
faire remonter avec probabilité au-delà du XIIIᵉ. siècle.

8ᵉ. QUESTION. *L'époque romane offre-t-elle des églises
pavées de carreaux vernissés ?*

Oui, répond M. de St.-Germain ; mais ces carreaux sont
postérieurs à l'église qu'ils décorent, et ne remontent pas
au-delà du XIIIᵉ. siècle, à partir duquel ils sont employés
pendant très-long-temps. Dans l'abbatiale de St.-Germer,
ajoute-t-il, j'ai rencontré de ces sortes de carreaux, les uns
monochromes alternants, de manière à former par l'opposition de leur couleur avec leur entourage une espèce de
damier ; les autres s'assemblant pour former des rosaces,
des bordures, des dessins de toute espèce. L'identité des
matières, des couleurs, des formes, du mode de fabrication
en général, dans les environs de St.-Germer, porteraient
M. de St.-Germain à admettre, non loin de là, du côté de
Gournay, l'existence d'un centre de fabrication. Un membre
signale l'existence de semblables carreaux dans la salle capi-
tulaire de Senlis, dans la salle haute de la tour droite de
l'ancien palais épiscopal. — D'après l'inspection d'un certain

nombre de carreaux à fonds rouges , à dessins jaunes venant
de Neuf-Marché et dont l'ensemble formait des compartiments réguliers d'encadrement et de rosaces, sans nul rapport avec ceux signalés par M. de St.-Germain , M. Ledict-
Duflos serait porté à reconnaître une fabrique différente de
celle de Gournay. — M. de Caumont demande si on n'a pas
d'exemples de carreaux reproduisant par leur ensemble de
grandes rosaces comme à Calleville(Eure)et ailleurs. Aucun des
membres de la Société n'a rien remarqué de semblable. — A
propos du pavage des églises du Beauvaisis , M. Emmanuel
Woillez cite le pavé d'une chapelle à St.-Omer. Ce pavé, qui est
authentiquement du XIIIᵉ. siècle , représente des chevaliers
armés de toutes pièces et montés sur leur cheval de bataille.
— M. de Givenchy ne considère pas les carreaux dont parle
M. Woillez, comme un pavage proprement dit. Ce sont des
pierres votives de grandes dimensions, et rappelant la mémoire de faits historiques bien connus dans le pays. — M.
Woillez répond que les arabesques , qui forment un encadrement considérable autour de ces pierres , permettent
peut-être de les assimiler à un système particulier de pavage.

9ᵉ. QUESTION. *Quelques églises ont-elles été décorées de
mosaïques ?*

M. Woillez répond qu'il n'a rien vu de ce genre dans le
département ; mais qu'à St.-Omer il a rencontré sur le tombeau d'un jeune prince, avec la date précise de 1109 , une
mosaïque portant le nom et l'âge de celui dont elle recouvrait
la dépouille mortelle. Le tout était encadré dans une bordure
sur laquelle on apercevait les douze signes du zodiaque. —
M. le secrétaire décrit avec détails une mosaïque trouvée
dans les ruines de l'ex-cathédrale d'Arras, et qui servait de
pierre tumulaire à l'évêque Frémault, mort en 1180. Cette
mosaïque, composée d'une multitude de petits cubes de toutes

couleurs, enchassés dans un ciment rougeâtre, portait en tête
les noms et titres du défunt *Frumaldus Episcopus.* Le prélat
avait la tête ceinte d'une mitre petite et pointue , à fanons
très-allongés (V. la planche). Le reste du corps était revêtu de
 es habits pontificaux. Les pieds, chaussés de mules rouges à
 croix blanches, se cachaient en partie sous les larges festons de
l'aube sur laquelle on aperçoit les deux bouts d'une étole rouge
très-étroite. Le vêtement terminé en pointe est l'imitation
d'une étoffe à reflet dont la couleur dominante est un vert
jaunâtre ; il laisse passer à droite la main bénissante du pontife,
tandis que la gauche, d'où pend un manipule de même forme
et de même couleur que l'étole, soutient une crosse très-longue
dont l'extrémité supérieure se contourne en spirale terminée
en tête de serpent. — Ces deux faits, l'un de 1109 , l'autre de
1180 , révèlent l'emploi de la mosaïque pour les monuments
funèbres , dans le Nord , de la France pendant tout le XII°.
siècle. M. de Caumont fait remarquer l'importance de ce fait
pour l'histoire de l'art.

10°. Question. *Quelle est la sculpture de l'époque romane ?*

Excepté au portail de Senlis , la sculpture romane ne
se produit dans le département qu'à l'état de bas-reliefs à la
naissance ou à l'intersection des voûtes , sur les chapiteaux et
les modillons. M. Woillez distribue les sculptures en deux
séries. — Sculptures symboliques. Ces sculptures sont extrêmement communes dans les églises du XI°. siècle ; elles
présentent en général un mélange d'animaux et de plantes
dont le sens figuré est très-difficile à saisir. L'église de Bury
et celle de St.-Germer offrent des têtes humaines surmontant
un corps d'oiseau, etc. A Cambronne, sur l'un des chapiteaux , deux personnages s'embrassent , tandis que près de là
une tête grimaçante, à dents largement fendues, déchire impi-

toyablement le malheureux fruit d'un amour adultère, selon
M. Woillez. M. l'abbé Barraud voit dans ce bas-relief la
trahison de Judas. L'église de St.-Germer, celle de St.-Paul,
près Beauvais, etc., offrent des modillons présentant l'image
de cerfs accroupis en cariathides ; fréquemment des colonnes
tronquées à St.-Germer, Bury, Cambronne, se terminent
par des figures de grandeur naturelle, ou des cerfs accablés
sous le poids qu'ils supportent. Sur la cuve baptismale de
St.-Pierre de Bitry, il existe un reste mutilé dans lequel on
a cru reconnaître une syrène. — Les sculptures historiques
représentent, d'après M. Woillez, des personnages célèbres,
des évêques, des saints, et retracent les punitions réservées
aux pécheurs.—On voit, à Mareuil, la représentation de J.-C.
sous la figure d'un personnage à cheveux bouclés et tenant
dans la main un livre ouvert. Autour de lui sont les quatre
attributs caractéristiques des évangélistes tenant tous un livre.
On rencontre, à Bertaucourt, un Christ avec jaquette, à tête
droite et bras horizontaux; à Bury, les statuettes de St.-Pierre,
de St.-Lucien et de St.-Fiacre ; à Villeneuve, près Verberie,
on trouve la naissance de N. S., les pélerins d'Emmaüs. M.
Stanislas de St.-Germain mentionne les figurines des chapi-
piteaux si remarquables de l'église de Gournay-en-Bray. Le
seul sujet qu'il lui ait été possible de déchiffrer représente la
tentation d'Adam et d'Eve. — M. le secrétaire a vu à Roy-
Boissy sur un chapiteau, un personnage sans nimbe, revêtu
d'une tunique ou chasuble terminée en pointe. Sa main
gauche supporte une crosse.

M. de Caumont demande l'opinion de la Société sur l'interprétation à donner aux sculptures qui décorent la façade
de la Basse-OEuvre ? M. Emmanuel Woillez pense qu'on
peut y voir Dieu chassant nos premiers parents du paradis
terrestre. — Un autre membre croit reconnaître le baptême
de Notre-Seigneur par St. Jean-Baptiste. A part les motifs

intrinsèques qu'il tire de l'inspection des statues , il s'appuie sur la destination antique de la Basse-OEuvre , qui servait de baptistère à toute la ville de Beauvais.

M. le secrétaire extrait des procès-verbaux de la commission ecclésiastique, les renseignements suivants sur la sculpture de la cathédrale de Senlis par M. l'abbé Laffineur.

« La partie supérieure du portail de Senlis offre une balustrade ornée de trois statues de grandeur presque naturelle: c'est Adam et Eve chassés par les Chérubins. Sous la balustrade s'épanouit une rosace, de chaque côté de laquelle une niche abrite la statue d'un évêque. Vient ensuite une fenêtre , au-dessous de laquelle s'ouvrent trois portes. Celle du milieu, ogive romane, présente quatre voussures historiées, l'une de 14, l'autre de 12, la 3ᵉ. de 10, et enfin la dernière de 6 statues. De ces statuettes, les unes lisent attentivement dans leurs livres de pierre; les autres, plus avancées sans doute dans la spiritualité, s'accoudent sur leurs genoux pour vaquer plus facilement à la méditation. Le tympan qui s'étale sous ces voussures, est divisé en cinq compartiments. Celui du milieu est occupé par deux personnages assis sur un banc à jour : l'un, à droite du spectateur, est couronné; il semble adresser la parole à l'autre, qui paraît être une femme et dont la main droite porte un sceptre , tandis que la gauche appuie sur son sein un livre ouvert. Le linteau offre à son tour, à droite, sur un lit soutenu par des colonnettes grêles , une femme couchée que de nombreux anges soulèvent. A gauche, est encore un lit sur lequel repose une personne qui paraît morte. Un ange soutient au-dessus du lit une petite figure de femme que deux anges encensent. Cambry a vu dans ce bas-relief un de nos rois se mettant sous la protection de St. Rieul. M. Laffineur, mieux inspiré, pense qu'on pourrait voir la mort, l'Assomption, le règne de la Stᵉ. Vierge dans le ciel. Les parois latérales du portail sont couvertes de statues de

grandeur naturelle, elles sont au nombre de quatre de
chaque côté : elles représentent, à droite, un personnage
reposant sur un petit homme hideux, et portant dans ses
mains des clous et un phylactère reployé sur lui-même. Ce
serait l'inscription de la croix.—Son voisin se fait également
porter par un être humain des plus hideux, à la barbe bi-
furquée ; il tient une baguette et une couronne : c'est le
roseau et la couronne d'épines. — La 3ᵉ. statue pose sur un
animal fantastique, et ses bras soutiennent une croix:—La 4ᵉ.,
placée sur un oiseau, portait dans ses bras un enfant. D'où il
suit, d'après M. Laffineur, que tous ces personnages, le
dernier excepté, du moins on ne s'en rend pas bien compte,
auraient rapport à la Passion.—M. Didron en ferait volontiers
des prophètes.—La paroi latérale gauche présente d'abord un
tronc méconnaissable, tenant attaché par le cou un animal
qui ressemble à un chien. — Le chien ne serait-il pas un
agneau? *Sicut ovis ad occisionem ducitur.—Ecce Agnus Dei.*
— St. Jean-Baptiste a été reconnu tout récemment tenant
un agneau long-temps regardé comme un oiseau. — La 2ᵉ.
statue tient encore un animal dont l'identité problématique
permettrait de signaler un chien ou un agneau la tête en bas.
Serait-ce l'agneau de la Pâque?—Le 3ᵉ. personnage s'appuie
sur un long bâton. Serait-ce le bâton des convives de la man-
ducation de l'agneau pascal? *habebitis baculos in manibus;*
ou plutôt ne serait-ce pas le bâton sur lequel Moïse attacha
le serpent d'airain, figure de J.-C. ?—Le 4ᵉ. tient d'une main
un enfant suspendu par les cheveux, et de l'autre une épée
dont il ne reste plus que la garde. C'est peut-être le jugement de Salomon, ou une allusion au carnage des Egyptiens,
ou, ce qui nous paraît plus probable, le sacrifice d'Abraham.
—Tous ces grands personnages sont adossés, en manière de
cariathides, sur des colonnes dont ils masquent le fût. Le dé
de leurs bases est garni, sur les faces libres, de petits tableaux

délicatement traités, dont l'ensemble retrace une espèce de
zodiaque. C'est tantôt un moissonneur sciant son blé, tantôt
un vendangeur. Ici se développent des scènes de fauconnerie,
là c'est l'hiver grotesquement accroupi devant un grand feu ;
ailleurs un buveur s'épanouit devant une table armée de ses
accessoires indispensables, le verre et la bouteille ; ailleurs
enfin ce sont des animaux réels ou fantastiques. »

M. de Caumont demande quelle est l'opinion des membres
de la Société sur l'interprétation à donner aux statues équestres
qui décorent les tympans de plusieurs portails de l'Anjou et
du Poitou. Il rappelle l'opinion de M. de Chergé à ce sujet.
Ce savant archéologue n'y a point reconnu des saints, à cause
de l'absence du nimbe, et il a été porté, après beaucoup
d'études, à y voir la statue du fondateur.

M. l'abbé Duval demande la parole pour combattre l'assertion de M. de Chergé. Son travail, si remarquable, sera
reproduit intégralement dans les mémoires de la Société
française ; en voici les points principaux. — L'opinion de
M. de Chergé est plutôt négative qu'affirmative. Ces statues
ne sont pour lui les fondateurs, que faute de pouvoir être
autre chose. L'absence du nimbe ne décide rien ; à Amiens,
plusieurs saints ne sont pas nimbés. Or, peut-on admettre
sur un motif aussi faible un fait exceptionnel, en contra-
diction flagrante avec l'humilité bien connue des fondateurs
dans leurs rapports avec Dieu ? — Après avoir ainsi dégagé
la question et battu en brèche l'opinion de M. de Chergé,
M. l'abbé Duval propose successivement deux explications,
de la légitimité desquelles il fait juges les membres de la
Société. — 1°. Si l'on considère que presque partout, dans
les grands monuments, les portails ont servi à établir les grandes
scènes du jugement dernier, est-il bien difficile de reconnaître
dans les statues équestres l'ange de l'Apocalypse, monté sur
son coursier et foulant aux pieds le genre humain per-

sonnifié par un individu ? Cette opinion reçoit un nouvel appui de la présence des anges qui les accompagnent ordinairement en sonnant de la trompette. — Une seconde explication, ajoute M. Duval, permettrait d'y voir l'envoyé céleste qui vengea sur Héliodore la majesté violée du temple. La magnificence des vêtements du cavalier, le glaive qu'il porte à la main, la position des pieds du cheval qui foule aux pieds l'impie Héliodore, la parfaite conformité qui existe entre les moindres détails de la sculpture et ceux du texte des Machabées, la haute convenance qu'il y avait à placer sur le tympan d'une église un fait qui commandait si bien le respect envers elle , tout cela autorise l'interprétation de M. Duval.

M. Le Gros demande la parole pour proposer deux nouvelles hypothèses à la sagacité des archéologues présents. — Les statues en question ne seraient-elles pas celles du Thaumaturge des Gaules, du populaire St-.Martin. L'épée qu'il tient, ne serait-ce pas l'instrument dont il se sert pour partager son manteau ? L'homme qui paraît foulé aux pieds ne serait-il pas le pauvre ? — Se fondant sur la croyance populaire, qui attribue la construction d'un grand nombre d'églises à nos voisins d'Outremer , le même membre demande si le cavalier ne serait pas St.-Georges. — MM. Le Mareschal et Woillez combattent la dernière assertion de M. Le Gros , quant aux motifs sur lesquels il la base. Ils trouvent, l'histoire du pays à la main , que ces étrangers n'ont fait que détruire dans notre pays. M. Le Gros réplique que les Anglais ont malheureusement trop long-temps occupé diverses provinces et surtout celles où l'on trouve la statue équestre , pour qu'il soit permis de nier d'une manière si formelle qu'ils y aient rien créé. Cette croyance venue jusqu'à nous , à travers les siècles, n'a pu, suivant lui, s'établir sans quelque fondement.

11e. QUESTION. *S'est-on occupé de recueillir des inscriptions, conformément aux recommandations de la Société française ?*

M. Emmanuel Woillez fait passer sous les yeux de la Société six inscriptions chrétiennes du Ve. au VIIIe. siècle, découvertes à St.-Acheul ; neuf inscriptions romaines, découvertes à Beauvais ou à Amiens ; dix inscriptions relatives à la Picardie, des VIIIe. IXe. et Xe. siècles ; cinq inscriptions du XIe. siècle, découvertes dans les départements de l'Oise et de la Somme ; trois inscriptions du XIIe. siècle, provenant de diverses localités de la Picardie.

12e. QUESTION. *Connaît-on les noms de quelques architectes Beauvaisins ?*

M. Emmanuel Woillez dit, que l'opinion qui attribue à Eudes de Montreuil la construction du chœur de la cathédrale de Beauvais, n'est pas prouvée d'une manière authentique. La similitude qui existe entre les profils des piliers de cette église et ceux des piliers de la cathédrale d'Amiens, semble au contraire faire supposer que les deux édifices, élevés à 5 ans de distance (1220-1225), ont été construits sous les mêmes inspirations, et peut-être par le même artiste ou les artistes de la même école.

Ce qu'on sait de plus positif, c'est qu'en 1338, l'évêque Jean de Marigny chargea Enguerrand, surnommé le Riche, de continuer les travaux commencés.

On confia les travaux de la construction de la nef transversale à Martin *Chambiges*, de Cambrai, et à Jean Vast ; ce dernier mourut en 1524 : son fils Jean Vast lui succéda. On adjoignit à celui-ci, le 11 décembre 1528, Scipion Bernard, pour diriger les travaux à la place de Chambiges, dont la vieillesse réclamait un appui ; Chambiges mourut le 29 août 1532. Michel Lalye le remplaça le 5 novembre suivant : cet artiste, dont le nom est peu connu, termina le portail du sud, et, de concert avec Vast fils et un nommé François Maréchal, qualifié du titre d'archi-charpentier, il éleva la nef précitée jusqu'aux voûtes.

On cite encore comme ayant contribué à l'exécution des vitraux de la cathédrale de Beauvais, Jean et Nicolas le Pot, de Beauvais (1551) et Angrand ou Enguerrand le Prince (né à Beauvais), qui a peint aussi les magnifiques vitraux de l'église de St.-Etienne.

L'un des deux Vast, ajoute M. Barraud, a fait construire la voûte de Maignelay, si remarquable en ce que les arceaux sont en accolade. On prétend que cet architecte ayant été travailler à Paris sous Philibert Delorme, qui avait apporté les plus beaux dessins d'Italie, et qui avait entrepris le grand escalier des Tuileries, en ovale, à noyau vide de trois toises sur le grand diamètre et de deux sur le petit, voyant son maître embarrassé, il lui montra le moyen d'en venir à bout, et que le maître fut obligé de lui en abandonner la conduite : ce qui ne fit pas d'honneur au maître, plusieurs personnes ayant su que l'honneur était dû à l'appareilleur. Delorme croyant s'en pouvoir passer et achever l'ouvrage sur le dessin que Vast avait tracé dans la salle des gardes, lui donna un soir son congé et le paya. Mais Vast alla se cacher et s'enfermer dans la salle des gardes, où il passa une partie de la nuit à effacer son trait, et se sauva aussitôt : ce qui fut cause que le reste n'approcha pas du premier dessin, ni pour la beauté, ni pour la commodité. Il alla de là faire la voûte de Maignelay.

La séance est levée à 4 heures.

Le Secrétaire,

A. DE FRANCIOSI.

Séance du 30 avril 1843.

Présidence de Mg^r. L'EVÊQUE de Beauvais.

La séance est ouverte à 1 heure, dans la grande salle de l'Hôtel-de-Ville.

M. de Caumont invite Mg^r. l'Evêque de Beauvais à présider la séance. Siégent au bureau, M. de Caumont, M. de Givenchy, M. de Grattier, président de la Société des antiquaires de Picardie, M. Danjou, de Beauvais, M. l'abbé Barraud, M. Alexandre Delacour, adjoint. Les membres de la Société française, de la Société des Antiquaires de Picardie, et un assez grand nombre des personnes notables de la ville assistent à la séance.

M. de Caumont continue l'enquête archéologique, et pose les questions suivantes :

Quels sont les types principaux des tours romanes ?

M. l'abbé Barraud et M. Emmanuel Woillez s'accordent à dire, en répondant à cette question, que les tours romanes du département de l'Oise affectent deux formes très-distinctes. Les unes sont carrées et terminées par un toit en bâtière ou par un toit à quatre pans; les autres ont une base à pans variables, surmontée d'une pyramide élancée. M. l'abbé Barraud cite comme tours terminées par un toit en bâtière, celles de Nogent-les-Vierges, de Choisy-au-Bac, de Morienval. M. Emmanuel Woillez confirme ces assertions, et mentionne encore le clocher de Rhuis comme rentrant dans la même catégorie. Il ajoute que ces toits ordinairement en charpente sont cependant en pierre à Rhuis et à Nogent-les-Vierges, et qu'ils paraissent de la même époque que les tours elles-mêmes. Quant aux tours terminées par une pyramide, ces MM. donnent pour exemple, celles de Senlis, de Cambronne, de

Mogneville , de Plailly , en faisant remarquer toutefois que la pyramide est souvent d'une époque postérieure à celle de la tour elle-même. Cette remarque s'applique bien évidemment aux pyramides de Senlis, de Plailly , de Mogneville.

Peut-on indiquer par une date précise l'époque à laquelle le style ogival est devenu prismatique ?

A cette question M. Emmanuel Woillez répond qu'il ne peut donner de date précise , mais que dans le XIVe. siècle la transformation des moulures arrondies en moulures prismatiques se fait bien sentir.

M. l'abbé Barraud a observé à l'église S^t.-Thomas de Crépy, des accolades formées par des moulures arrondies ; l'accolade aurait donc , dans ce cas , été employée à une époque antérieure au style prismatique : ce cas est rare et très-curieux. Toutefois M. l'abbé Barraud a reconnu également des accolades formées par des moulures cylindriques dans l'église de Lafere (diocèse de Soissons.)

MONUMENTS ACCESSOIRES.

Quels sont les fonts baptismaux qui appartiennent à l'époque romane ?

M. l'abbé Barraud a découvert dans le département de l'Oise une quantité prodigieuse de fonts romans. Ce département est certainement l'un des plus riches en monuments de ce genre. A Espaubourg, il y a des fonts en plomb dont M. de Caumont donne la description dans la 6e. partie de son Cours. Les paroisses de Glaignes, de Pontpoint, de Bury , de Mogneville ont des fonts romans en pierre tout-à-fait remarquables.

M. Ledict-Duflos relate comme appartenant à la même époque ceux de Nointel ;

M. Emmanuel Woillez, ceux de S^t.-Antoine de Compiègne, d'Agnetz , de Breuil, de S^t.-Pierre-les-Bitry , de Gillocourt ;

M. Le Mareschal, ceux de Merlemont.

Les fonts de Folleville (Somme), sur les limites du département de l'Oise , sont du XVIe. siècle. Ils consistent en un bassin circulaire de marbre blanc soutenu par un soubassement en pierre dure. A l'extérieur on remarque une chaîne sculptée en relief , sur laquelle sont appliqués, de distance en distance, quatre écussons chargés des armes des familles de Lannoy et de Folleville. Sur les bords intérieurs du bassin sont écrits ces mots , en lettres majuscules : *Santa Trinitas, unus Deus, miserere nobis.* Un clocheton en bois, extrêmement élevé, sert de couvercle à ces fonts. Il se compose d'une pyramide à 12 côtés et d'une base également à 12 pans. Les arêtes de ces bases sont cachées par des colonnettes couvertes d'écailles et supportant des animaux chimériques. Sur les panneaux on avait peint des armoiries , mais elles sont maintenant presqu'entièrement effacées. — Ce couvercle n'a pas de ferrements pour aider à l'ouvrir.

Monseigneur ajoute qu'il a lui-même rencontré souvent dans les églises de campagne , des cuves baptismales remarquables ; qui l'ont beaucoup intéressé et dont il a vivement recommandé la conservation. Il se propose de rédiger à ce sujet une circulaire qu'il enverra à tous les prêtres du diocèse.

On retrouve dans le département les différentes formes de fonts indiquées par M. de Caumont dans son Cours. Ils sont le plus ordinairement semi-circulaires, ils ont 4 et quelquefois 5 ou 6 colonnes , ou bien encore ils ont un seul fût central. Personne n'en a observé qui fussent supportés par des personnages, comme ceux de Corseult et de Dinan , figurés par M. de Caumont.

M. Emmanuel Woillez parle des fonts de Tracy-le-Val , comme étant divisés en deux parties. La division est en pierre et rien n'indique qu'elle ait été faite après coup.

Quels sont les autels qu'on puisse signaler?

Les autels de St.-Germer et de Boissy sont les seuls que M. Barraud ait remarqués comme antérieurs au XIIIe. siècle. Personne n'a observé jusqu'ici d'inscription dédicatoire sur les autels. C'est un point sur lequel M. de Caumont appelle l'attention des archéologues.

Pour le XVIe. siècle M. Emmanuel Woillez donne en exemple un autel conservé dans l'église St.-Etienne de Beauvais.

Quelle disposition présentent les crédences ?

On reconnaît d'abord que, de même que dans beaucoup d'autres localités, les boiseries ou les stalles en cachent un grand nombre. M. l'abbé Barraud regarde celle de St.-Germer comme étant du XIIIe. siècle : celles de Sommereux et de Montmille sont aussi à noter. Les crédences, ajoute cet antiquaire, sont presque toujours géminées et percées d'une ouverture à la partie centrale. L'une de ces crédences servait à recevoir l'eau avec laquelle se lavait le prêtre au commencement de la messe, l'autre recevait les dernières ablutions. A Noyon, dans les galeries supérieures, M. l'abbé Bourgeois a constaté la présence de crédences.

A-t-on observé des sièges en pierre dans les églises?

M. Barraud croit que dans la crypte de St.-Médard à Soissons, des niches pratiquées dans les murailles ont servi de sièges. Il signale cette crypte comme très-remarquable.

Est-il fait mention dans les inventaires de couronnes semblables à celles de la cathédrale d'Aix-la-Chapelle, décrites dans le 6e. volume du Cours de M. de Caumont ?

Les papiers de fabrique du village d'Ermenonville, dit M. Barraud, font mention d'une couronne de ce genre.

A-t-on quelques données sur la forme des chandeliers ?

M. l'abbé Barraud a en sa possession un chandelier byzantin.

M. de Saint-Germain demande la parole pour lire un inventaire qui relate différents meubles servant à la décoration intérieure des églises. Cette lecture est écoutée avec un vif intérêt.

M. de St.-Germain mentionne en outre un catalogue très-étendu sur les objets meubles que possédait le trésor de Laon.

M. de Caumont fait observer que tous ces inventaires sont très-utiles à consulter, à cause des renseignements précieux que souvent ils renferment. Il parle à ce propos d'un inventaire de Bayeux, du XVe. siècle, qui énumère tous les objets curieux, tels que dents de baleine, œufs d'autruche, etc., que l'on exposait dans l'église les jours des grandes solennités. On y lit le passage suivant :

« Cinq cornes d'yvoire figurées de diverses figures d'oiseaux et bestes, qui sont mis en parement environ le grant autel.

« Cinq cornes de cornes ornées idem.

« Un œuf d'autruche.

« Une dent de baleine, figurée en maniere de poisson.

« Une corne entiere d'unicorne moult longue et très-precieuse.

« Une autre corne idem.

« Le manteau ducal du duc Guillaume le jour de ses noces.

« Le manteau ducal de sa femme le meme jour (comme l'en dit).

« Le bacinet (demi-casque) du duc Guillaume. »

M. Le Mareschal fait passer sous les yeux un livre d'heures, dont une des vignettes représente les divers objets qui ornaient la sainte chapelle.

M. de Caumont parle de l'ancien costume ecclésiastique,

et demande si l'on a fait des observations à ce sujet en examinant les effigies tumulaires.

M. de St.-Germain rappelle qu'il a remarqué sur plusieurs pierres tombales des bandes qui couvrent l'aube des prêtres et des abbés au-dessous de la chasuble.

M. l'abbé Barraud dit que ces sortes de bandes étaient formées d'étoffes d'or ou de soie et qu'elles portaient le nom de Plages (*Plagœ*). Elles ont été en usage jusqu'en 93 ; il en est question dans le dernier missel de Beauvais.

M. Woillez cite comme un spécimen très-curieux les *Plagœ* qui se voient sur la tombe en bronze de l'évêque Everard dans la cathédrale d'Amiens.

A-t-on trouvé des reliquaires remarquables par leur exécution et par leurs émaux ?

Le reliquaire byzantin de St.-Etienne de Beauvais et celui du Coudray, dit M. Barraud, sont peut-être les seuls vraiment remarquables qui nous soient restés. Il y en avait autrefois un grand nombre d'autres dans le diocèse, mais ils ont disparu peu à peu des églises pour aller prendre place dans les cabinets d'amateurs.

A propos des reliquaires, M. Ledict-Duflos fait remarquer qu'ils ont bien pu avoir une influence réelle sur les caractères architectoniques donnés aux monuments chrétiens. Les reliquaires ont souvent la forme d'une église avec ses portails et sa flèche. Ils sont comme des modèles en petit de nos riches cathédrales. Le trésor de Troyes, ajoute-t-il, est l'un des plus riches de France en reliquaires, chasubles et autres meubles d'église.

Reste-t-il dans le diocèse des calices anciens ?

M. l'abbé Barraud qui a fait un travail précieux sur ces objets et qui est plus à même que tout autre de donner une solution à cette question, à cause des recherches nombreuses

auxquelles il s'est livré , n'en connaît pas d'autres que ceux
qu'il a indiqués dans sa notice.

Peut-on citer d'anciens ciboires ?

M. Barraud montre un ciboire émaillé provenu d'une église
du diocèse et qui fait partie de sa collection.

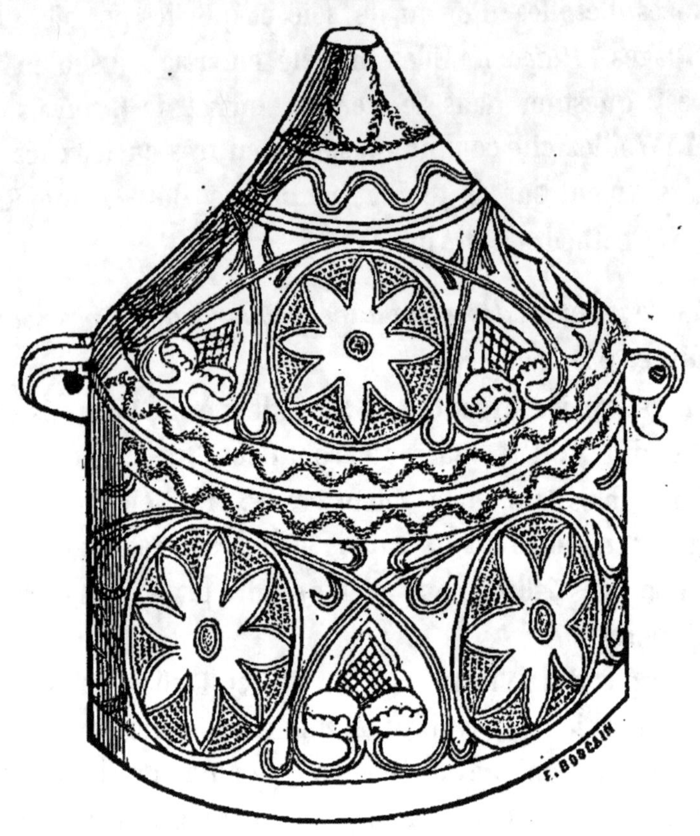

A-t-on connaissance de Christ bysantins ?

Il en existe un certain nombre, un en particulier à St.-
Maximin, près Senlis.

Avant de passer à la question sur les tombeaux , M. de
St.-Germain fait remarquer qu'il y a à St.-Etienne un instrument de paix très-curieux orné d'émaux de différentes
couleurs.

Y a-t-il des tombeaux saillants hors de terre ?

Celui de St.-Jean-aux-Bois, dit M. Weil, mérite d'être cité. M. Woillez pense qu'on s'est trop hasardé en le rattachant à l'époque romane, car il a tous les caractères du XIIIᵉ. siècle. Il est placé dans le cimetière, près de la porte de l'église, le devant de la pierre tumulaire est orné de trois quatre-feuilles encadrés. Une grande arcade ogivale couronnée d'un large bouquet de feuilles épanouies termine le monument. Ce tombeau a donné lieu à bien des versions contradictoires. Les uns veulent qu'il ait été élevé à la reine Berthe *aux Grans Piés,* femme de Pepin-le-Bref, quoiqu'il soit notoire que cette reine morte à Choisy-en-Laigne a été inhumée à St.-Denis. Une autre version répandue dans le village et plus universellement admise attribue ce monument à la reine Adélaïde ou Alix de Savoie, fondatrice du monastère. Cette dernière opinion, quoique plus vraisemblable, ne paraît pas plus exacte que la première. Adélaïde fut enterrée dans l'abbaye de Montmartre, si l'on s'en rapporte à l'inscription qui se voyait au moment de la révolution sur le tombeau de cette reine dans le chœur de Montmartre :

> *Ci gist madame Alix qui de France fut royne*
> *Femme du roy Loys sixième dict le Gros*
> *Son âme vit au ciel et son corps en repos*
> *Attend dans le tombeau la gloire souveraine.*

Les tombeaux de Saint-Leu-d'Esserent et de Morienval sont aussi en relief et fort remarquables.

Il existe un grand nombre de mausolées avec statues, mais d'une époque postérieure.

Une maison particulière de Compiègne, ajoute M. Woillez, possède un sarcophage romain en marbre blanc venant de Saint-Corneille, il est orné de têtes de Génies ayant des ailes aux tempes.

Connaît-on un grand nombre de pierres tombales ?

Un mémoire de M. l'abbé Magne répond à cette question en donnant la description de celles qui décorent le pavé de la cathédrale de Noyon. Cette notice sera insérée dans le Bulletin.

A-t-on observé des fanaux dans les cimetières?

Toutes les recherches faites jusqu'ici ont été infructueuses.

Y a-t-il des croix monumentales dans le pays.

Les croix monumentales, suivant M. l'abbé Barraud, peuvent être divisées en deux classes, les croix en fer, et les croix en pierre.

A la première classe se rapporte celle de Fontaine-les-Corps-Nuds, qui est en fer battu. Ses branches se terminent par un fleuron, qui représente à peu près la forme d'une fleur de lys. Il se compose d'un faisceau de petites tiges droites, inégales, terminées par des fruits, et de deux tiges contournées en volutes et placées latéralement; elle paraît être du XIIe siècle. L'hôtel-Dieu de Noyon possède une croix du même genre.

Les croix en pierre qui peuvent être citées sont : celles de Montgerain, qui présente un gros fût fort élevé, et orné de volutes du XIIIe ou XIVe siècle; celles de Choisy-au-Bac, de Cambronne, de Jaulzy.

Ménévillers possède une belle croix de la renaissance.

Quels sont les vitraux qu'on puisse citer?

Les vitraux de la chapelle de la St^e.-Vierge à la cathédrale sont du XIIIe. siècle, la plupart de ceux du chœur sont du XIVe. Les grisailles de St.-Martin-aux-Bois, celles de St.-Jean-aux-Bois se rattachent vraisemblablement au XIIIe. siècle. Les vitraux du XVIe. siècle de l'église St.-Etienne de Beauvais sont très-connus à cause de leur beauté.

Conserve-t-on des grilles ou des ferrements de portes d'une époque reculée?

M. de St.-Germain attire l'attention sur les grilles de St.-
Germer qui sont de la même époque que les ferrements de
la cathédrale de Paris. Les ferrements des voûteaux du grand
portail de St.-Etienne de Beauvais, la grille d'une des chapelles de la cathédrale sont encore mentionnées. A Noyon,
deux meubles couverts de ferrements remarquables sont
dans deux chapelles différentes de l'église; un troisième meu-
ble qui existe dans la même cathédrale est particulièrement
intéressant : il est de la fin du XIIIe. siècle ou du commencement du XIVe. Sa forme est celle d'une maison décorée
de riches ciselures; la façade est divisée en quatre parties
égales par une croix, et chacun de ses quatre compar-.
timents est fermé par une porte qui se compose de deux
panneaux ou volets, pouvant se replier l'un sur l'autre au
moyen de deux grandes pentures en fer. Chaque volet est
couvert à l'extérieur d'une toile sur laquelle est peint un personnage. Ces volets sont également peints à l'intérieur, des
anges jouant de différents instruments y figurent.

*Conserve-t-on des boiseries des belles époques de l'art
chrétien ?*

Les stalles de St.-Martin-aux-Bois ont été décrites par
M. l'abbé Barraud dans un travail spécial ; elles n'ont besoin
que d'être mentionnées. Les stalles de St.-Etienne de Beauvais sont dignes aussi de fixer l'attention.

Monseigneur ajoute que l'église de Montreuil conserve une
boiserie comprise en partie dans l'une des murailles qui lui a
paru d'un beau travail.

M. de St.-Germain parle des boiseries qui composent actuellement l'horloge de la cathédrale ; il rappelle l'opinion de
plusieurs antiquaires qui disent que la partie la plus ancienne
a pu servir de chaire pour la prédication : on aurait ajouté
par la suite la pyramide pour transformer cette chaire en

horloge. Cette opinion est combattue par M. Woillez qui rappelle que la cloche est du XIIIe. siècle, la boiserie doit être de la même époque. M. l'abbé Barraud dit en outre que la tour est creusée dans toute sa longueur pour laisser passer les poids, elle n'a donc pu être une chaire.

En fait de sculptures sur bois le département possède encore un grand nombre de passions bien conservées, celles de Tourotte, de Marissel, de Rochy-Condé, de Maignelay, sont mentionnées par M. de St.-Germain.

M. de Franciosi fait remarquer que nous possédons aussi à Beauvais des portes anciennes, celles de St.-Etienne, celles du palais de justice qui doivent être du XIVe. siècle; celles enfin de la cathédrale qui peuvent être données comme modèles de la sculpture sur bois au XVIe. siècle.

On passe à la lecture du rapport de la commission des vœux et du rapport de la commission de l'iconographie et des travaux architectoniques.

RAPPORT DE LA COMMISSION DES VOEUX.

La Commission des vœux avait à rechercher en premier lieu les monuments qui, par leur ancienneté, la pureté de leur forme, et en même temps par leur état d'abandon plus ou moins complet, réclamaient la sollicitude de la Société française. Elle a désigné comme étant plus particulièrement recommandables, autant à cause de leur intérêt qu'à cause de leurs faibles ressources, les églises de Mogneville, d'Angicourt et de Montmille.

La première de ces églises a une tour surmontée d'une pyramide en pierre, d'une grande délicatesse. Elle est d'une prodigieuse élévation, et de toutes les flèches en pierre que possède le département, celle de Senlis, est la seule qui puisse lui être comparée. Ce monument est dans un état complet d'abandon. La tour qui, ainsi qu'une grande partie de l'édifice , est de l'époque de transition , réclame les plus prompts secours.

L'église d'Angicourt a des parties du XIIe. siècle et d'autres du XIIIe. Elle se trouve dans un état de délaissement si complet, qu'il est urgent de venir en aide à la commune. Sa ruine causerait la perte de sculptures romanes fort précieuses.

Enfin l'église de Montmille possède une crypte très-curieuse, comme monument et aussi comme souvenir historique ; elle s'écroulera un jour ou l'autre, si l'une des murailles n'est promptement réparée.

La commission a ensuite formé des vœux , pour que l'ancienne église de la Basse-Œuvre fût débarrassée au plus tôt des constructions qui l'entourent.

Passant à l'église St.-Etienne de cette ville, elle a cru qu'il serait utile d'enlever le porche maladroitement ajouté , au XVIe. siècle, au portail septentrional. Ce porche ne présente aucun intérêt, et il a le grand désavantage de masquer des sculptures du plus haut mérite.

Le palais de justice a aussi fixé l'attention de la Commission. Elle demande la conservation de la voûte de la salle des plaids , dont elle ne voit pas la suppression nécessitée par la nouvelle destination affectée aux bâtiments. Elle réclame contre tout projet tendant à renverser les toits coniques des deux tours qui accompagnent la porte d'entrée. On a dit que cette toiture était d'une époque postérieure aux tours ; ce fait est loin d'être démontré , mais il le serait que les toits n'en devraient pas moins rester debout. La généralisation d'un principe qui permettrait de mettre à bas les parties ajoutées après coup à une construction , livrerait à la démolition la majeure partie de nos monuments, car il y en a bien peu qui appartiennent en entier à une même époque. La Commission pense qu'un monument doit être conservé en entier, quand même il serait de différentes époques, dès que ses parties présentent un intérêt artistique. On comprend que découronner les tours du palais de justice de leurs toits coniques, ce serait leur enlever ce qu'elles ont de plus original et de plus pittoresque.

La Commission demande le classement de ce palais au nombre des monuments historiques.

L'église de St.-Leu, déjà classée, n'en est pas moins dans un état déplorable, il est urgent que le gouvernement lui accorde une allocation dans le plus bref délai.

La procession de sainte Angadresme s'est faite jusqu'en ces derniers temps, dans la ville de Beauvais, avec une solennité que l'on a vu disparaître avec regret. Il ne paraît pas hors de propos de former des vœux pour que cette procession, qui rappelait le nom glorieux de Jeanne Hachette, soit rétablie avec toute la pompe des temps passés, en ce moment surtout où l'on pense à perpétuer sa mémoire par l'érection de sa statue sur la place de cette ville.

Ch. BAZIN, rapporteur.

RAPPORT DE LA COMMISSION DES TRAVAUX ARCHITECTONIQUES
ET D'ICONOGRAPHIE.

MESSIEURS,

Je viens au nom de la Commission, créée par M. de Caumont dans la séance du 29 avril, vous présenter un aperçu rapide des divers travaux architectoniques, exécutés depuis quelques années, et des réparations qu'il serait bon d'entreprendre dans plusieurs monuments historiques du département; je vous dirai aussi un mot de l'iconographie chrétienne et des moulages qu'il conviendrait de faire avec les fonds que la Société française veut bien nous allouer, pour enrichir le musée de Beauvais.

Dans les travaux exécutés depuis plusieurs années, nous

trouvons des réparations bien entendues et des réparations accomplies sous l'empire de traditions mortelles pour l'art chrétien : nous signalerons à la hâte les unes et les autres.

Grâce à M. de Caumont qui, non content de créer, de conserver et de défendre la science archéologique dans ses leçons et dans ses ouvrages, protège et restaure avec une intelligente sollicitude les monuments d'art national ; les stalles de St.-Martin-aux-Bois ont été réparées avec succès. Ces vieilles sculptures, uniques dans le département et d'un travail si délicat, étaient depuis long-temps dans un état de délabrement, présage d'une ruine prochaine, et maintenant elles sont solides sans cesser d'être belles.

Les balustrades de la cathédrale de Senlis ont été reconstruites avec intelligence, sous la direction de M. Daniel Ramée, auquel nous devons aussi les restaurations de la cathédrale de Noyon.

La Commission d'archéologie, fondée par Mg^r. Cottret, dernier évêque de Beauvais, et protégée par Mg^r. Giguoux, qui s'honore d'en être le président, a remis en lumière et exposé dans la cathédrale les magnifiques tapisseries qui depuis long-temps demeuraient ensevelies et dédaignées dans un coin obscur de la sacristie.

Le Comité archéologique de Beauvais, tuteur né des monuments de la ville, a obtenu la réhabilitation dans l'église de St.-Etienne, de peintures sur bois du XVIe. siècle, qui ornaient les volets d'un rétable, détruit depuis long-temps.

M. Weil, chargé par le conseil municipal de Beauvais des réparations de l'église St.-Etienne, les dirige avec bon goût ; il a restauré les galeries extérieures du chœur et quelques clochetons, en conservant avec respect le style de l'époque. Les balustrades de l'église de Clermont méritent aussi une mention honorable.

La cathédrale de Beauvais est maintenant en voie de réparation et les heureux précédents de M. Daniel Ramée nous donnent une garantie pour l'avenir.

Nous pourrions signaler un grand nombre d'autres restaurations heureuses opérées dans des monuments d'une importance secondaire.

Ce progrès que nous nous plaisons à signaler, est dû à la propagation des saintes doctrines, au zèle et au concert des sociétés archéologiques ainsi qu'à la sollicitude des administrations civile et ecclésiastique, et toutefois ce concours n'a pas toujours été suffisant.

Après avoir constaté les travaux sagement exécutés, c'est pour nous un devoir pénible de faire connaître les réparations de mauvais goût et les destructions qui nous ont affligés récemment.

L'enceinte gallo-romaine de Beauvais qui donnait à cette ville un caractère antique et glorieux disparaît chaque jour sous la pioche de l'ouvrier, malgré les ardentes réclamations des archéologues.

Nous devons aussi protester contre l'emploi de l'asphalte pour le pavage des monuments religieux ou au moins des plates-formes qui couronnent les chapelles et les collatéraux ; nous blâmons l'usage des différents ciments colorés ainsi que des mastics d'invention moderne : nous regrettons vivement de n'être pas de l'avis de M. Ramée sur ce point et d'avoir à blâmer l'emploi qu'il a fait de l'asphalte dans les cathédrales de Senlis et de Noyon.

Tout le monde connaît l'indigne restauration qu'a subie le rétable de Marissel. Beaucoup d'autres objets d'art ont été défigurés ; cependant pour rendre hommage à la vérité, il faut dire que ces faits deviennent de plus en plus rares, grâce à la surveillance active de la préfecture et à l'ordonnance émanant de l'autorité diocésaine qui défend toute réparation non autorisée dans les églises.

Nous savons qu'il existe des projets de travaux , et la Commission doit donner son avis à ce sujet.

On désire depuis long-temps la suppression du petit porche en bois qui masque le portail septentrional de St.-Etienne dont tous les détails sont si précieux pour l'archéologie; cette opération ne présente aucune difficulté et ne doit, ce semble, trouver aucune opposition.

Les tours de l'ancien évêché dont la charpente sculptée est si caractéristique et dont la forme pyramidale est si imposante, perdraient à jamais leur valeur archéologique , si elles se terminaient en plate-forme.

La tour romane de l'ancien palais épiscopal a besoin d'une consolidation à la base , et les contreforts qui s'échelonnent tout le long de la rue Limaçon ne peuvent perdre de leur valeur et de leur saillie sans compromettre la sûreté des bâtiments qu'ils soutiennent.

Depuis que le gouvernement a fait l'acquisition de la Basse-OEuvre, on ne s'est point encore occupé d'isoler cette antique basilique de toutes les constructions qui la déshonorent, néanmoins il est désirable qu'elle soit déblayée et qu'elle retrouve son caractère et aussi sa destination.

Les sujets d'iconographie monumentale sont rares dans notre contrée; on ne peut guère citer que les statues du portail de Senlis , le tympan de l'église de Montataire et quelques autres fragments isolés , frustes ou sans intérêt.

M. de Caumont ayant mis, avec cette obligeance qui le distingue , des fonds à la disposition des membres de la Société résidant à Beauvais pour le moulage de quelques sculptures, la commission croit devoir désigner les corniches de Chelles et de Villers-St.-Paul. Ces intéressants édifices perdus à l'extrémité du département méritent les honneurs de cette préférence par la délicatesse et l'originalité des dessins dont ils offrent un magnifique spécimen.

« Voici, Messieurs, le précis des observations que la Commission croit devoir vous soumettre pour répondre à sa destination et au vœu de M. de Caumont; je pense qu'il n'y a pas de témérité de ma part à me constituer auprès de lui l'interprète de votre reconnaissance.

Le Rapporteur de la Commission, H. BOURGEOIS,
Curé doyen de Grandvilliers.

Après la discussion qui s'engage sur les conclusions des deux rapports, la Société française alloue une somme de 500 fr. pour les réparations à faire aux monuments du diocèse de Beauvais, et une somme de 100 fr. pour les moulages en plâtre.

La Commission, chargée de l'emploi des fonds, sera présidée par M. Barraud, inspecteur des monuments de l'Oise.

Avant de lever la séance, Monseigneur remercie vivement M. de Caumont d'avoir bien voulu venir encourager par sa présence les études archéologiques dans son diocèse. Il exprime en même temps tous les regrets qu'il a éprouvés de n'avoir pu se trouver à Beauvais à l'ouverture de la session.

M. de Caumont est très-sensible aux marques d'intérêt que Monseigneur a bien voulu témoigner à la réunion de la Société, en venant la présider lui-même. Il s'estime heureux de pouvoir remercier Monseigneur de l'heureuse impulsion qu'il a donnée aux études archéologiques en fondant, dans son séminaire, le cours d'archéologie que M. l'abbé Barraud professe d'une manière si distinguée.

La séance est levée à 4 heures.

Le membre de la Société, remplissant les fonctions de secrétaire.

Ch. BAZIN.

SÉANCE

Tenue au Mans par la Société française pour la conservation des Monuments, le 11 juin 1844, pendant la session de l'Institut des provinces.

Présidence de M. CAUVIN , inspecteur divisionnaire.

La séance est ouverte à 7 heures du soir , dans une salle de l'Hôtel-de-Ville , sous la présidence de M. Cauvin , inspecteur divisionnaire. On remarque au bureau M. de Caumont, directeur de la Société ; M. le Mq". de La Porte , membre du conseil ; M. l'abbé Tournesac , inspecteur de la Sarthe ; M. Richelet , membre du conseil. M. l'abbé Voisin est invité à remplir les fonctions de secrétaire en l'absence de M. Anjubault.

Membres présents : MM. Jousset-Desberries , Pallu , de La Pommeraie, Hucher , Etoc-Demazy , l'abbé Guillois , curé du Pré , l'abbé Lochet, l'abbé Livet, l'abbé Guyard , Duguet, David , Guéranger , etc.

Lecture est donnée du procès-verbal de la séance précédente ainsi conçu :

DIVISION DU MANS.

Séance du 16 *novembre* 1843. La séance est ouverte à 7 heures , à l'Hôtel-de-Ville , sous la présidence de M. Cauvin. On remarque au bureau M. l'abbé Tournesac, inspecteur de la Sarthe ; M. Madeleine, inspecteur de la Mayenne ; M. Richelet, membre du conseil. M. l'abbé Voisin, secrétaire.

M. Madeleine expose un plan d'ensemble des fouilles exécutées à Jublains, et lit un rapport présenté à M. le Ministre pour obtenir une somme de 5,000 fr., dans le dessein de continuer les travaux. M. Richelet soumet quelques observations sur cès nouvelles fouilles à faire. L'assemblée, par l'organe de son président, vote des remercîments à M. Madeleine.

Plusieurs membres émettent le vœu qu'une demande soit adressée, au nom de la Société française pour la conservation des monuments, à M. le Préfet de la Sarthe, dans le but d'obtenir un *musée départemental*, destiné à recueillir les objets antiques trouvés dans la province. Une commission, composée de MM. Etoc-Demazy, Richelet, Tournesac, Drouet, Huchér et l'abbé Voisin, est nommée pour rédiger et présenter cette demande.

M. l'abbé Tournesac lit une description de l'église paroissiale de Notre-Dame, à Sablé, et de ses vitraux peints. Une partie du bas-côté méridional semble, dit-il, appartenir au XVe. siècle, ainsi que les voûtes et les arcades qui correspondent aux trois petites fenêtres de ce même bas-côté. Mais les vitraux peints, selon cet honorable membre, ne dateraient que de la seconde moitié du siècle suivant.

M. Hucher communique à l'assemblée un travail qu'il vient de faire sur plusieurs blasons, conservés jusqu'à ce jour dans l'ancienne église paroissiale d'Ecommoy.

M. l'abbé Voisin lit un rapport sur différents travaux scientifiques et artistiques, exécutés depuis peu de temps par plusieurs membres de la Société, sur les origines des Cénomans, et enfin sur la restauration d'une crypte et des tombeaux des premiers évêques du Mans, dans l'église paroissiale du Pré.

L'assemblée arrête à ce sujet, qu'à la prochaine séance générale de la Société, des fonds seront demandés pour la restauration d'une ancienne crypte dans l'église du Pré.

Une commission, composée de MM. Tournesac, Richelet, Hucher et l'abbé Voisin, est désignée pour examiner dans ladite église les restaurations qui y ont été faites dernièrement, et pour donner son avis sur celles qui seront faites prochainement.

Après la lecture de ce procès-verbal, M. Cauvin prend la parole et s'exprime ainsi :

« J'ai pensé qu'il serait avantageux de réunir les membres « de la Société française pour la conservation des monuments, « à l'époque où son fondateur et plusieurs membres de « l'Institut des provinces se trouvaient dans notre ville.

« Sur tous les points de la France on s'applique à con- « server les monuments que le génie du moyen-âge a élevés.

« On fait des efforts pour exhumer de nos anciennes archives « les pièces qui renferment les éléments de l'histoire générale « du royaume et de l'histoire particulière de ses provinces.

« Dans cette honorable tâche, le Maine ne reste pas en « arrière.

« M. Duchemin de Villiers, ancien magistrat, vient de « publier un Essai sur l'état du pays de Laval, depuis les « temps les plus éloignés jusqu'à l'avénement de Charlemagne.

« Des recherches historiques sur la paroisse de la Trinité « de Laval et sur le chapitre de St.-Tugal, par M. l'abbé « Boullier, remplissaient les colonnes du Mémorial de la « Mayenne, lorsque la mort, en frappant son auteur, a in- « terrompu cette publication. M. le Curé de la Trinité, atteint « depuis plusieurs années d'une grave maladie qui lui laissait « peu de repos, a succombé dernièrement.

« Nous devons à M. Desportes une Bibliographie du « Maine, en un vol. in-8°. de plus de trois cents pages.

« M. l'abbé Voisin, auteur de plusieurs ouvrages estimés,
« vient de donner au public la vie de St. Julien et des
« autres SS. Pontifes, ses successeurs.

« M. Hucher prépare sur la numismatique du pays un
« travail précieux, qui sera enrichi de trois planches repré-
« sentant plus de soixante-douze types monétaires.

« Ainsi le Haut et le Bas-Maine montrent un égal zèle
« pour l'illustration du pays. »

M. l'abbé Tournesac prend la parole pour lire un rapport
sur les études archéologiques dans le diocèse du Mans.

RAPPORT DE M. TOURNESAC.

MESSIEURS,

Le besoin de recevoir des instructions touchant le mode
de restauration et les convenances de décorations dans nos
églises s'est fait sentir tout aussitôt que le nombre des membres
de notre Société s'est augmenté, et que les études archéologiques ont été développées dans le séminaire et dans nos
réunions scientifiques.

Afin de répondre aux demandes de plus en plus multipliées,
je me suis occupé de confectionner des plans d'églises, de
chapelles, d'autels en pierre et en bois, peints et dorés, avec
ou sans imageries, et de former des ouvriers pour la sculpture en bois et en pierre dans l'art chrétien, et de diriger
des peintres suivant les règles de ce même art, en faisant
copier ou imiter ce que nous possédons de plus précieux du
moyen-âge.

Dans le département de la Sarthe, existe une division d'un
grand nombre de membres de la Société française, une commission archéologique formée par M. le préfet.

Nous comptons au chef-lieu des hommes qui s'occupent

courageusement et avec persévérance des recherches historiques et de la conservation de nos monuments.

Sous-tous ces rapports et ceux que je vais avoir l'honneur
de vous communiquer, Messieurs, le département de la
Sarthe peut tenir l'un des premiers rangs, je crois, parmi
ceux où les études archéologiques ont le plus porté de fruits.
Ici permettez-moi, Messieurs, de nommer M. Cauvin, notre
digne et vénérable doyen, au zèle duquel appartient la pros-
périté des travaux de notre Société.

Le diocèse du Mans possède plus de 800 églises, sur lequel
nombre j'en ai visité plus de 500 depuis 1836, époque à
laquelle je fus nommé inspecteur par le conseil administratif
de la Société française.

Depuis ce temps je travaille à la statistique monumentale
de notre ancien Maine.

La description de chaque église est accompagnée du plan
par terre, et quelquefois de dessins des parties les plus
remarquables, telles que portes, fenêtres, chapiteaux, autels,
fonts baptismaux, tours ou clochers, etc.

La crainte de faire attendre trop long-temps un rapport si
étendu nécessairement, me décide à rédiger ce que je possède,
et à donner plus tard un supplément qui ne contiendra du
reste aucune église d'un intérêt supérieur.

Le tableau ci-joint vous offre, Messieurs, les divers genres
de travaux exécutés depuis cinq ans.

Vous remarquerez que les deux fabriques de vitraux peints
établies au Mans et à S^te.-Croix depuis peu d'années complètent le plus bel ornement qu'on puisse rendre à nos églises.

Bouère. — Cette église, dédiée à St.-Cyr et à S^te.-Julitte,
était un prieuré simple, fondé au XIIe. siècle, dépendant de
l'abbaye de Marmoutiers; elle est en forme de croix latine,
avec trois absides orientales. Cinq vitraux viennent d'être
posés : trois, dans le chœur, représentent la vie de St. Cyr et

de S^te. Julitte ; et les deux autres , la Vierge et St. Martin. Deux autels en pierre de Caen, dans le style riche du XIIe. , occupent les deux petites absides. Ils sont décorés dans le devant d'arcades , séparées par des colonnes au fût sculpté et varié. Pour répondre au besoin actuel du culte, j'ai été obligé d'établir un gradin élégi très-richement et un tabernacle en pierre dans le même style ; le tout peint et doré, produisant un fort bel effet.

St.-Charles-la-Forêt. — Cette église, où a été baptisé M. Jean-Baptiste Bouvier , vient d'être augmentée , à la partie orientale , dans le style du XVIe. siècle, parce que le monument est de cette époque.

Deux vitraux représentant la vie de St. Jean-Baptiste ornent le chœur. J'ai composé un plan d'autel que j'ai fait exécuter en pierre, dans le style du XVIe. siècle, entièrement peint et doré.

Château-Gonthier. — S^t.-Jean , cette antique église, l'une des plus remarquables du département de la Mayenne, a été décorée de vitraux, dans le style du XIIe. siècle, pour les bas-côtés de la nef. Ils représentent en pied les douze apôtres et les évangélistes.

Eglise conventuelle de N.-D. à S^te.-Croix, près le Mans. —Dans l'établissement des frères de St.-Joseph, institués pour l'instruction des enfants, je fais construire une église dans le style du XIIIe. siècle. Sa longueur dans œuvre est de 43 mètres, son élévation jusqu'à la voûte sera de 18 mètres. La largeur de la nef est de 10 mètres sans y comprendre les bas-côtés.

Evron. — Les religieuses de la Charité venaient de faire construire une chapelle , lorsque, en 1836 , je fus envoyé à Evron par Mg^r. l'évêque, pour remplacer M. l'abbé Arthur Martin , qui avait fait exécuter ses plans de la tribune, des stalles et de la chaire.

Je m'occupai à composer des plans pour le reste du mobilier, et M. Blottière, que je fis venir au Mans pour étudier les caractères de l'architecture et de la sculpture au XVe. et au XVIe. siècle, exécuta successivement en bois de chêne des forêts du Nord les objets suivants :

1°. Le maître-autel décoré de 14 niches disposées sur les deux faces.

2°. Un gradin élégi et un tabernacle représentant une église, surmonté d'une exposition terminée par une flèche à jour.

3°. Deux châsses découpées à jour.

4°. Deux bénitiers.

5°. Deux crédences.

6°. Trois tabourets des chantres et un parquet imité des anciens compartiments de dallages du XVIe. siècle.

7°. Le siège à dossier du célébrant et quatre pliants.

8°. Le siège du chapelain et son prie-dieu.

9°. Un chandelier pour le cierge pascal.

10°. Six chandeliers, véritable chef-d'œuvre d'élégance et de patience.

Je ne dis rien des neuf ventaux de portes et des revêtis de chambranle, parce que ce travail, quoique remarquable, n'est pas aussi intéressant que tous ceux cités précédemment.

Ecommoy. — La nouvelle église de S^t.-Martin a été consacrée le 27 septembre 1843.

Les plans sont de M. Delarue, architecte de la cathédrale. La forme de cet édifice est celle d'une croix latine ayant deux latéraux le long de la nef, et terminée, au nord, par une abside à trois pans pour le sanctuaire et le chœur.

Le style est imité du XVIe. et du XIIIe. siècle.

Trois grandes verrières dans les trois pans de l'abside représentent, en 45 médaillons, la légende de St. Martin. Le choix des sujets appartient à M. l'abbé Lottin, chanoine de l'église du Mans, et la composition des cartons à M. Hucher, savant numismate de notre ville.

St.-Gervais-en-Blin. — L'ancienne église, qui n'avait rien de remarquable, a été remplacée, il y a trois ans, par une église romane du XIIe. siècle, dont j'ai composé les plans et dirigé les travaux.

St.-Marc-sous-Ballon. — Cette intéressante église du XIIIe. siècle, autrefois prieurale de Bénédictins de l'abbaye de la Couture au Mans, possède depuis quelques semaines un autel et un tabernacle; le tout exécuté d'après mes plans, suivant le style du XIIIe. siècle, en belle pierre de Tonnerre.

J'ajoute enfin, pour ne pas continuer la nomenclature de tous ces genres de travaux, que je vais faire confectionner des briques émaillées suivant les dessins si remarquables qui existent encore dans le chœur et le sanctuaire de l'église du prieuré conventuel (aujourd'hui paroissiale) de St.-Hippolyte à Vivoin.

Une cuve de fonts baptismaux, de forme octogone, ayant des sculptures sur ses faces, et que je crois devoir appartenir à la fin du XIIe. siècle, sera prochainement reproduite, et plus d'une fois, j'en ai l'espérance, pour remplacer les fonts en marbre trop communs depuis trente ans.

Voilà, Messieurs, un aperçu rapide de la science archéologique dans le diocèse du Mans.

Il fait voir les heureuses dispositions des ecclésiastiques et des fabriques, qui aujourd'hui ne font entreprendre aucun travail dans les églises sans avoir consulté les autorités supérieures, civiles et ecclésiastiques, dont l'autorisation n'est accordée qu'après avoir elles-mêmes pris avis des hommes les plus versés dans les études archéologiques.

Je viens de terminer la description de la cathédrale du Mans, et je vais ajouter à ce travail la notice descriptive des monuments qui existent dans cette ville et même de ceux qui y ont été détruits depuis un demi-siècle. J'y joins les plans que j'ai levés sur les lieux, ou que j'ai composés pour les églises détruites, à l'aide des limites des jardins, cours ou maisons, et à l'aide des renseignements fournis par les anciens habitants.

M. David, architecte-voyer de la ville du Mans, expose à la Société le résultat des fouilles qui ont été faites dernièrement à la Bourdonnière, commune de St.-Saturnin, à peu de distance du Mans. On a trouvé, presque à la superficie du sol, une vingtaine de squelettes, avec des ornements entièrement semblables à ceux qui sont figurés dans le Cours d'antiquités monumentales de M. de Caumont, pl. XXXe., et à ceux qui ont été trouvés, il y a quelques années, auprès de Conlie : anneaux, fibules, boucles et agrafes de ceinturon militaire, etc. On a trouvé également dans le même lieu une monnaie au type d'Antonin-le-Pieux ; ce qui porterait à croire que cet enfouissement date de l'époque gallo-romaine. M. le président, au nom de la Société, remercie M. David de sa communication, et le prie de veiller à la conservation d'objets semblables, provenant des fouilles qu'il est à portée de faire.

M. l'abbé Lochet lit un mémoire sur l'établissement des confréries dans le diocèse du Mans et sur la cérémonie du *Deposuit*. (Ce mémoire paraîtra dans le Bulletin monumental).

M. l'abbé Voisin lit ensuite un mémoire sur les voies romaines qui venaient aboutir au Mans. (Ce mémoire sera imprimé dans le Bulletin.)

M. Hucher fait de vive voix un rapport sur le travail qu'il a entrepris dans le dessein de réunir tous les documents relatifs à la numismatique dans le diocèse du Mans, ou autrement la province du Maine.

M. l'abbé Voisin prend la parole pour rappeler que, dans la

dernière séance, une commission avait été chargée d'examiner dans l'église du Pré plusieurs travaux qui venaient d'y être entrepris, et surtout pour la peinture polychromique des statues. Le rapport de la commission a été favorable à ces travaux, et l'on a pensé que de semblables essais devaient être encouragés, pourvu toutefois que les peintures ne soient pas employées à cacher la richesse de la matière employée, et la finesse de la sculpture, comme on l'a fait trop souvent dans nos derniers jours.

M. de Caumont entretient l'assemblée sur plusieurs questions relatives à l'administration des fonds de la Société, et au congrès qui doit avoir lieu à Saintes, le 15 du présent mois.

M. Cauvin invite les membres présents à assister à la séance publique de l'Institut des provinces qui aura lieu le lendemain 12 juin, à 2 heures.

La séance est levée à 9 heures.

Le Secrétaire,

L'abbé A. VOISIN,
Ancien vicaire de Blois.

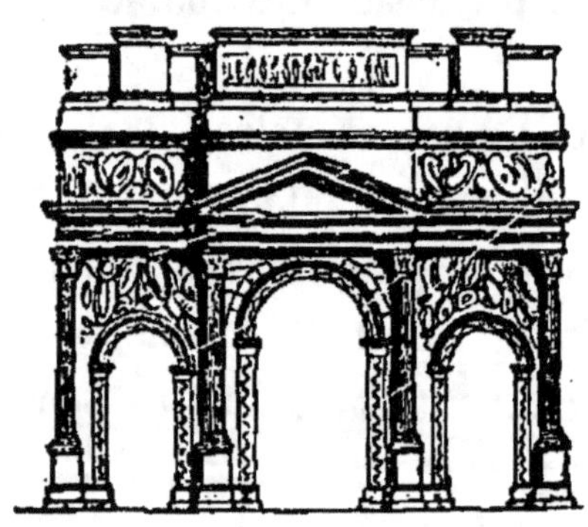

Congrès archéologique annuel.

SÉANCES GÉNÉRALES

Tenues à Saintes, les 15, 16 et 17 juin 1844, par la Société française pour la conservation des monuments (1).

Séance du 15 juin 1844.

OUVERTURE DU CONGRÈS.

La séance est ouverte à 9 heures et 1|2 du matin dans la vaste salle de la Cour d'assises.

Sur l'invitation de M. de Caumont, MM. Jouannet, inspecteur divisionnaire, Lesson, de l'Institut, membre de la Société, à Rochefort, Calvet, inspecteur du Lot, Moreau, inspecteur des monuments de la Charente-Inférieure, Moufflet,

(1) Le Congrés archéologique de Saintes a présenté le plus vif intérét : M. le président du tribunal avait eu la bonté de mettre la salle de la Cour d'assises à la disposition de la Société française. M. Limal , maire de Saintes , non content d'offrir à la compagnie les sallons de l'Hôtel-de-Ville , avait-fait transporter dans ce beau local une grande quantité de tableaux prétés par tous les amateurs de la ville et par lui-même, dont la collection est très-riche. Cette exhibition de tableaux et d'objets d'arts avait attiré une grande affluence de curieux : toutes les mesures relatives aux séances avaient été prises par M. La Curie et le bureau de la Société archéologique, de manière à en assurer le succés : aussi tout a été conduit à la satisfaction des membres de la Société française et des amis de l'archéologie.

vice-président de la Société archéologique de Saintes, Des Moulins, membre du conseil, prennent place au bureau, ainsi que M. Gaugain, secrétaire, M. l'abbé La Curie, secrétaire-général du congrès, assisté de MM. Fillon, de Chasteigner et Barthélemy, secrétaires-généraux adjoints.

M. de Caumont prend la parole. Il serait inutile de donner des détails sur les travaux de la Société française pour la conservation des monuments, sur le plan qu'elle s'est proposé, et sur les services qu'elle a rendus, dans un pays où elle compte un grand nombre de collaborateurs. Les travaux entrepris depuis l'année précédente témoignent assez de son état prospère, et le zèle des nouveaux membres qu'elle compte dans son sein permet de lui prédire un avenir brillant. M. de Caumont remercie ensuite M. le président et MM. les membres de la Société archéologique de Saintes qui ont préparé avec zèle les travaux du congrès.

M. de Caumont, pour mettre de l'ordre dans les travaux de la session, propose d'établir trois commissions composées ainsi :

COMMISSION DES VOEUX.

MM. Des Moulins, *président ;* Dangibault, *secrétaire ;* De Glanville, Gaugain, Fillon, Moufflet, Barthélemy, Beaugier, Duret.

COMMISSION D'ICONOGRAPHIE ET DE MOULAGE.

MM. Lesson, *président ;* Moreau, *secrétaire ;* De Chasteigner, Gaudin, Calvet, Duret, Forestier, Fillon, l'abbé Person, Béchade, l'abbé Rochet.

COMMISSION CHARGÉE D'EXAMINER LES MONUMENTS DE LA VILLE.

MM. Rondier, *président ;* De Chasteigner, *secrétaire ;* Beaugier, Fillon, Barthélemy, Lesson, Bechade, Rosan.

Ces mesures préparatoires ainsi terminées, M. de Caumont invite M. Jouannet, de Bordeaux, membre de l'Académie des inscriptions, à présider les deux séances de ce jour, et il rappelle de la manière la plus flatteuse pour ce respectable et savant archéologue les nombreux et longs services rendus par lui à la science.

Votre présence au fauteuil, ajoute M. de Caumont, en s'adressant à M. Jouannet, sera d'un bon augure pour le succès de cette session : nous sommes tous ici vos élèves, nous sommes heureux et fiers de nous réunir sous votre présidence. M. Jouannet répond à l'allocution de M. de Caumont, et déclare la séance ouverte.

1re. *séance du 15 juin.*

Présidence de M. JOUANNET.

M. le secrétaire-général donne lecture de la correspondance.

M. de Courcy écrit une lettre contenant des détails sur l'ancienne cathédrale de St.-Pol-de-Léon, sur St^e. Ozanne et sur des tombeaux signalés dans l'abbaye de Prières.

Dans le dernier volume du Bulletin monumental, on trouve dans une note de M. de Caumont sur les tombeaux et les cryptes de Jouarre les lignes que voici : « Un tombeau du « XIIIe. siècle, extrêmement remarquable par la beauté de « la statue qui le recouvre, existe dans la même crypte. « Cette statue est regardée à Jouarre comme celle d'une reine « d'Ecosse, appelée, dit-on, S^{te}. Ozanne. J'ignore absolu- « ment sur quoi se fonde cette tradition, mais je trouve la « statue si belle, que j'ai le projet de la faire mouler en « plâtre. » (Tome 9, p. 189.)

Loin de nous la pensée de vouloir lutter d'érudition avec le savant auteur de cette note ; mais nous croyons pouvoir la compléter à l'aide des Bollandistes (T. 3 de septembre) et de dom Lobineau , auteur de la vie des saints de Bretagne. On voit donc par les œuvres de ces hagiographes, que S[te]. Ozanne ou Osmane, était fille d'un des rois qui se partageaient l'Irlande aux Ve. et VIe. siècles.

Ses parents ayant voulu la marier avec un prince payen , elle abandonna sa patrie et s'embarqua pour l'Armorique où elle fut baptisée par l'évêque de S[t]. Brieux , et où elle passa le reste de ses jours enfermée dans une cellule. Des miracles témoignèrent, après sa mort, du pouvoir qu'elle avait auprès de Dieu , et , pendant les ravages des Normands, son corps fut porté à St.-Denis en France, où elle fut toujours honorée. Le propre du diocèse de St.-Brieux , où l'office de S[te]. Osmane se fait toujours le 9 septembre , s'exprime ainsi sur la translation du corps de la sainte en France. *Sacrum Osmanæ corpus interiorem in Galliam , sub Danorum incursionem , deportatum , in regio S. Dionysii cœnobio reconditum fuit.*

Nous pensons donc que l'église de Jouarre pourrait avoir reçu en présent des religieux de St.-Denis une partie des reliques de S[te]. Osmane , et que par suite on aura élevé à la sainte, dans la crypte de Jouarre , le curieux tombeau décrit par M. de Caumont.

Nous croyons devoir signaler aussi une erreur qui s'est glissée à la page 641 du dernier volume du Bulletin monumental. M. Heuzé y annonce que le propriétaire de l'abbaye de Prières (Morbihan) a retrouvé dans l'ancienne église abbatiale les tombeaux de Jean V· et d'Anne de Bretagne. Il est impossible que les tombeaux de ces princes soient à Prières, car Jean V , mort en 1442, a été, au dire de tous les historiens, enterré dans la cathédrale de Tréguier. Quant à Anne de Bretagne, son tombeau et celui de son second mari,

Louis XII, se voient toujours à St.-Denis, et non à Prières,
ni à Nantes, comme l'a écrit de son côté M. Mérimée, ins-
pecteur-général des monuments historiques de France, p.
295 de son Voyage dans l'Ouest. Mais deux autres princes de
la maison de Bretagne ont été effectivement enterrés à Prières.
Le premier est Jean I, dit le Roux, fondateur, en 1252, de
cette abbaye de l'ordre de Citeaux (abbatia Beatæ Mariæ de
Precibus). Ce prince mourut en 1286, comme le dit l'épitaphe qui était anciennement sur son tombeau :

> - *Hic jacet in annis Dux quinquaginta Britannis.*
> *Dextera robusta, fuit ejus forma venusta.*
> *Hæc loca fundavit; prudens hostes superavit,*
> *Pervigili cura juste dupplans sua jura.*
> *Hic fidei cultor, scelerum justissimus ultor,*
> *Pauperis et miseri custos, defensio Cleri;*
> *Pacificans gentem domuit quemcumque tumentem.*
> *Anno milleno, bis C. sex octuageno,*
> *Sub dena luce citra sollemnia Luce*
> *Migravit iste: tecum sine fine sit iste !*

L'autre tombe doit être celle d'Isabeau de Castille, morte
en 1328, femme de Jean III, duc de Bretagne, arrière-petit-
fils de Jean I.

L'église de Prières menaçant ruine au commencement du
XVIIIe. siècle, fut démolie et rebâtie en 1716. D. Morice,
auteur de la grande Histoire de Bretagne, rapporte que les
restes de Jean I et d'Isabeau de Castille furent replacés dans
la nouvelle église, sous une tombe de marbre, du côté de
l'évangile, avec cette inscription :

> *Hic jacet*
> *Illustris Britanniæ Princeps*
> *Johannes dictus Rufus.*
> *Vir decorus facie, dexterá robustissimus,*

Inimicis formidandus,
Religionis amator, scelerum vindex æquissimus,
Cleri pauperumque defensor,
Cœnobii hujus fundator et præcipuus benefactor,
Qui obiit die VIII mensis octobris
Anno reparatæ salutis humanæ M. CC. LXXXVI.
Marmore sub eodem
Requiescunt ossa D. Isabellis de Castilla
Uxoris quondam Seren. Principis
Johannis hujus nominis III, Ducis Britanniæ,
Quæ obiit die XXIV. mensis julii
Anno M. CCC. XXVIII.
Requiescant in pace. Amen.

Il serait à désirer que M. Heuzé indiquât ce qu'on a retrouvé de ces tombeaux ; car si ce sont eux qu'a remplacés l'inscription de 1716, la découverte serait encore plus précieuse.

M. l'abbé Auber mande que presque tous les vœux émis par le congrès, dans la session précédente tenue à Poitiers, sont en grande partie accomplis. Ces heureux résultats sont dus à l'influence d'une commission d'archéologie établie par les soins de Monseig^r. l'évêque, et composée de 10 membres choisis dans le sein de la Société des antiquaires de l'ouest.

M. Rainguet, de St.-Fort, adresse au congrès une notice sur les monuments antiques situés aux environs de Saint-Fort.

M. le baron de Crazannes exprime ses regrets de ne pouvoir venir prendre part aux travaux du congrès de Saintes ; il déplore la démolition de l'arc de triomphe, et recommande instamment aux membres qui assisteront à la session de veiller à ce que ce monument ne soit pas anéanti.

M. Royer, secrétaire du salon littéraire, fait savoir que des membres de cette Société verront avec plaisir ceux du Congrès se réunir à eux. Des remercîments sont votés à MM. les membres du salon.

M. Moufflet, vice-président de la Société archéologique de Saintes, obtient la parole et prononce le discours suivant :

Messieurs de la Société française,

Unie à vous par de vives sympathies, la Société archéologique de Saintes appelait depuis long-temps de ses vœux le jour où d'intimes communications la rattacheraient à vous par des liens plus étroits. Ces communications, dont la promesse nous avait rendus si fiers, ouvrent aujourd'hui : nous les saluons avec joie, nous voudrions dire avec l'espoir de vous les rendre précieuses ; mais nous ne nous faisons pas illusion : clients obscurs, nous ne pouvons rien pour la gloire de nos patrons, à moins que ce n'en soit une pour vous de ne nous avoir pas dédaignés, et de nous avoir généreusement tendu la main.

Toutefois, Messieurs, votre condescendance n'aura pas été stérile, nous l'espérons. Ce que nous ne pouvons pas, notre vieille terre de Saintonge le fera. Elle sourit en vous voyant, pélerins infatigables de la science des souvenirs, venir lui demander, à elle aussi, compte des temps passés ; elle vous offre ces antiques et nombreuses pages monumentales, épelées jusqu'ici à grand'peine par ses enfants, mais dont vos yeux plus pénétrants auront bientôt apprécié toute la valeur ; et elle aura acquitté la dette de notre reconnaissance, en fournissant ainsi sa part de matériaux à un édifice qu'il vous sera glorieux d'avoir élevé.

Sur cette terre en effet vous attendent des souvenirs de tous les âges, vivants dans les monuments restés debout, vivants même dans les ruines, contrastant résultat d'idées créatrices et de causes destructives, que l'histoire écrite a peut-être moins vivement signalées. Trois civilisations sont accusées ici par les monuments, celle des peuples primitifs, celle que le peuple romain imposa d'abord à nos pères vaincus, et qui fut ensuite adoptée par eux, enfin la civilisation née du christianisme.

Nos monuments appartenant à l'ère des Celtes, sans offrir la variété et le grandiose qui se retrouvent dans les parties de la France, où la théocratie druidique paraît avoir eu ses principales résidences, sont cependant plus nombreux que notre latitude géographique n'aurait autorisé à le penser, lorsque l'antiquité avait été moins étudiée. Ils attestent, comme ceux des autres provinces, une race d'hommes simples, dont l'esprit tout spontané n'avait pas encore été conduit par la réflexion à demander des jouissances aux délicatesses de l'imagination. Ce sont des dolmens, des menhirs, des tumulus et des tombelles, trophées de religion et de mort, seules choses qui parussent à ces peuples dignes d'attention et de souvenirs, trophées n'empruntant une signification que de la profondeur du sentiment qui les élevait, et pourtant, grâce à leur insignifiance apparente, mieux préservés de la destruction que tant d'autres monuments dans lesquels brillaient l'impression des plus suaves ou des plus hardies inspirations de l'art.

Assurément le mérite artistique a été bien faible pour protéger ce qu'avaient édifié sur notre sol les superbes dominateurs de la Gaule. La capitale des Santons, bien qu'elle n'eût pas été élevée à la dignité de métropole, paraît néanmoins avoir été pour les Romains une des villes de leur prédilection. Ils en avaient fait en quelque sorte un autre Rome. Mediolanum était le point d'intersection de plusieurs de leurs voies; ils lui avaient donné un capitole, plusieurs autres temples, un amphithéâtre presque aussi vaste que leur colysée, des bains, des aquéducs pour lesquels de profondes vallées dis-

paraissaient sous de gigantesques arceaux ; et, lorsque la mort
de Germanicus eut jeté la désolation dans tout l'empire, ils
y avaient érigé, sous le patronage de l'ombrageux Tibère,
un arc triomphal à la mémoire de leur César tant regretté.
Quelle métropole, entre les plus illustres de la Gaule, fut
dotée par eux avec plus de profusion, avec plus d'amour?
Et cependant de tout cela, que pouvons-nous offrir aujourd'hui à votre admiration ou à vos études ? Pas un seul
monument debout, des ruines, rien que des ruines , des
fragments, des pierres éparses. Quel sujet de regrets pour
nous, Messieurs, pour nous, innocents de tant de dévastations, si ces ruines, si ces pierres mêmes n'avaient un langage intelligible à votre science, s'il ne vous était possible
d'apprendre d'elles ce que les monuments eux-mêmes vous
auraient dit de la domination et du caractère du peuple-roi !
Au reste , les vestiges de la domination romaine ne sont pas
tous concentrés dans la ville de Saintes, ou dans ses environs,
il en existe dans toute la Saintonge ; nous aurons même à
signaler à votre docte attention deux monuments conservés
presque entiers, et dont la destination , inconnue jusqu'ici ,
sera sans doute déterminée par vous.

Mais si les monuments créés à grands frais par la puissance
des Romains ont été chez nous si vite défigurés, et en quelque
sorte annihilés, quoiqu'ils eussent été construits avec la solidité qui attestait la confiance de ce peuple dans l'impéris-
sable durée de son empire, d'autres édifices, monuments du
christianisme, élevés par une pensée moins confiante dans la
vie qui passe, ont mieux réussi à triompher des efforts du
temps et de ceux des hommes. Peu d'entre eux sont antérieurs au XIe. siècle ; mais les églises de ce siècle et du
suivant se rencontrent à chaque pas dans notre Saintonge.
Ils offriront une ample matière à vos études. L'ornementation
en est le plus souvent riche et variée, plus peut-être que

dans d'autres contrées, ainsi que l'a remarqué déjà M. de Caumont dans son précieux Cours d'antiquités monumentales. Peut-être devait-il en être ainsi chez un peuple dont les ancêtres avaient vécu en rapports plus intimes, avec les Romains, et qui avaient pu conserver mieux le souvenir de leurs arts.

Le nombre de nos églises du style roman secondaire est tel, comparativement aux autres provinces, que nous avons dû en rechercher la raison. Le sentiment religieux aurait-il été plus développé à cette époque dans la Saintonge, les ressources du culte plus étendues, la richesse du peuple plus grande, le bon vouloir de ses états féodaux plus ardent ? La domination anglo-normande, qui pour nous date du milieu du XII⁰. siècle, et a duré plus long-temps qu'ailleurs, fournirait-elle une explication ? Car nous avons dû remarquer dans les tableaux statistiques de M. de Caumont qu'après la Saintonge, la Normandie occidentale est le pays qui compte le plus d'édifices de cette époque. Par l'effet de ces circonstances, nos édifices chrétiens auraient-ils été construits avec plus de soin, partant plus solides, de sorte qu'à l'époque de transformation qui suivit, la nécessité ou le goût de l'innovation se fût fait moins vivement sentir ? Quelle que soit la raison cherchée, le fait n'en sera pas moins digne de remarque.

Notre pays ne présentera donc à votre examen que peu d'églises de l'époque ogivale. Quelques-unes avaient pourtant été élevées avec grand luxe, ainsi que l'atteste ce que nous en voyons encore dans la tour et le portail de St.-Pierre de Saintes et dans l'admirable flèche de Marenne; mais elles ont, à quelques parties près, disparu dans la tourmente des guerres de religion ; et, en examinant la mesquinerie des restaurateurs, on ne peut que gémir, ou sur le dépérissement du sentiment catholique, ou sur l'appauvrissement des ressources après les convulsions de la guerre. Toutefois les chefs-d'œuvre cités tout à l'heure, et qui ont survécu, pourront, Messieurs, vous fournir matière à d'intéressantes observations.

A côté de ces monuments d'une antique foi, la Saintonge voit se dresser en petit nombre des édifices d'architecture militaire, dignes encore de fixer l'attention des archéologues. Ce sont, pour une époque certainement antérieure au XIe. siècle, les donjons de Broue, de Lisleau, de Pons, et très-probablement les restes de construction que vous aurez occasion de voir sur le haut d'un tertre retranché, appelé dans le pays terrier de Toulon, et dans lequel des antiquaires ont cru reconnaître l'emplacement d'un camp romain. D'une époque plus rapprochée, nous citerons les belles parties anciennes des châteaux de Crazannes et de la Roche-Courbon. Tous ces édifices sont à peu de distance de Saintes, et présentent, le premier surtout, un type d'architecture, que l'on ne retrouve plus guère debout aujourd'hui.

Les amis de l'antiquité qui habitent ce pays, pouvaient-ils rester indifférents au milieu de tant de richesses à explorer, de tant de souvenirs à conserver? Pouvaient-ils ne pas chercher à imiter, dans la mesure de leurs forces, tant d'exemples de dévouement au culte du passé, qui leur étaient donnés de toutes parts? Votre voix avait pénétré jusqu'ici, M. le Directeur, les efforts et les succès de la Société française nous étaient connus. La pensée nous vint donc de nous réunir, et d'essayer quelques tentatives en faveur de tant de choses précieuses, sans cesse menacées par le temps et par l'incurie des hommes. Il s'en fallait d'ailleurs beaucoup que les traditions, en matière de goût et de sentiment de conservation, eussent disparu en Saintonge; toutefois les hommes qui y restaient fidèles agissaient dans l'isolement. Nous conçûmes l'espérance de donner par l'union plus d'efficacité à leur zèle : notre Société s'organisa.

Chacun de nous depuis lors a concouru à l'œuvre, plusieurs par des recherches approfondies, tous par un vif dévouement. Et ici qu'il soit permis à celui qui ne peut s'expliquer l'honneur qu'il a de vous parler aujourd'hui, comme
vice-président de la Société, de rendre, au nom de tous, un
public et solennel hommage aux travaux aussi consciencieux
qu'intéressants d'hommes qui vous sont déjà tous connus et
qui sont nos collègues.

M. Lesson, que vous recommande un plus imposant suf-
frage, celui de l'Institut, dont il est membre correspondant,
M. Lesson, qui a parcouru toutes les mers, en un mot,
fait le tour du monde, pour ajouter au trésor des sciences naturelles, n'a pas jugé les études archéologiques indignes
d'occuper ses loisirs. Son patriotisme lui a inspiré l'idée d'appliquer son pénétrant esprit d'observation à tout ce que nous
possédons de monuments. Il a parcouru jusqu'aux moindres
de nos bourgades. Peut-être vous dirait-il avoir constaté à
cette occasion, que tous les barbares ne sont pas dans la
Nouvelle-Hollande, ou dans quelqu'autre île de la Mélanésie;
mais, si la Société française désire obtenir des renseignements précis sur l'art ancien dans la Saintonge, elle peut
les lui demander. Il tient à la disposition des amis de la
science des collections d'un autre genre que celles qui lui
ont fait affronter tant de périlleux hasards : il leur ouvrira
ses albums riches de plusieurs centaines (le nombre exact
m'échappe) de dessins, de plans et de descriptions de toutes
sortes, recueillis par lui-même, ou reproduits par le crayon
d'un artiste à sa solde.

Aux travaux de M. Lesson, nous joindrons, comme
ayant ouvert de précieuses sources de documents, les inves-
tigations aussi étendues que variées de M. l'abbé La Curie,
sur la délimitation et la topographie ancienne du pays, la
statistique de ses monuments de tous les âges, le tracé de

toutes les voies et embranchements de voies romaines.
Un besoin de synthèse, qui lui est habituel, a porté M.
l'abbé La Curie à résumer dans une carte que vous apprécie-
rez aussi favorablement que nous, le résultat de ces investiga-
tions, qu'il a d'ailleurs développées avec une science remarquable dans de nombreux mémoires.

M. Dangibault, un de nos savants magistrats, a dirigé
ses recherches vers d'autres matières. Les archives de la ville
de Saintes ont été patiemment explorées par lui, et il y a
fait de précieuses découvertes, qui nous ont initiés à la connaissance des mœurs municipales et privées des temps déjà
éloignés de nous. En outre, une question piquait depuis
long-temps notre curiosité. Le célèbre Bernard de Palissy
avait habité Saintes ; il raconte lui-même dans ses mémoires,
que c'est à Saintes qu'il fit la découverte de l'admirable
émail dont il recouvrait ses figurines. Il s'agissait donc de
retrouver l'emplacement de la maison dans laquelle il avait
passé de si laborieux jours, de si soucieuses nuits. A force
de recherches, M. Dangibault est arrivé à résoudre le pro-
blême, de la manière la plus précise et en même temps la plus
sûre pour quiconque connaît son talent de ne rien omettre
dans l'examen d'une question.

D'autres études ont été faites par d'autres membres : c'est
vous dire que l'existence de la Société n'a pas été sans
réalité.

Mais en s'organisant, la Société archéologique n'avait pas
seulement pour but de se livrer à des études de pure théorie,
elle se proposait en outre d'agir pour conserver. Sa sollicitude,
sous ce dernier point de vue, n'a manqué à aucun événement. Chaque fois que l'avenir d'un monument précieux
a été mis en péril, sa voix s'est élevée pour le défendre.
Malheureusement aucun résultat heureux n'est venu jusqu'ici
récompenser son zèle ; et, il faut le dire, l'indifférence avec
laquelle l'expression de ses vœux a été accueillie l'a plus d'une

fois découragée. Votre présence au milieu de nous, espérons-le, en témoignant de l'intérêt que vous inspirent ses travaux, donnera peut-être plus tard plus d'autorité à ses réclamations et leur vaudra un meilleur accueil.

Toutefois, et c'est un devoir de justice pour nous de le dire avant de terminer, s'il n'eût dépendu que de nos concitoyens et de notre administration municipale que nos vœux fussent exaucés, le succès aurait toujours répondu à notre appel, car leur sympathie est acquise à nos travaux. Vous n'en pourrez douter, Messieurs, quand vous saurez qu'à la nouvelle de votre prochaine arrivée dans nos murs, sur un seul signe du magistrat, homme de talent et de goût, qui administre la cité, tout ce que nos concitoyens possèdent de tableaux remarquables et d'autres objets d'art a été envoyé avec empressement pour l'ornement des salons de l'Hôtel-de-Ville, qu'il se proposait d'ouvrir à vos amicales réunions du soir. Que ce magistrat veuille bien recevoir ici le tribut de notre reconnaissance ! C'était pour nous une dette sacrée à acquitter. En effet, par le bienfait d'une si gracieuse hospitalité, nous passerons plus de temps auprès de nos maîtres; de plus fréquents épanchements les associeront à nos pensées. Pourquoi la Société française ne se laisserait-elle pas séduire à l'accueil de notre premier magistrat? Pourquoi, devenus nos amis, ne prendriez-vous pas désormais nos intérêts en main, quand il faudra frapper avec plus d'autorité aux portes du pouvoir qui peut seul les protéger? Oui, Messieurs de la Société française, nous comptons sur votre appui : vous nous l'accorderez, non pas à cause de nous, mais en faveur de la science que vous avez véritablement créée, et dont vous ne voudrez pas laisser périr ici l'heureuse influence.

Seconde séance du 15 *juin* 1844.

Présidence de M. JOUANNET.

La séance est ouverte à 2 heures de l'après-midi.

Le procès-verbal de la séance précédente est lu et adopté.

M. Barthélemy , secrétaire , lit une lettre de M. Fabry-Rossius , de Liège , contenant des documents sur l'église abbatiale de St.-Mathias à Trèves , tirés de l'ouvrage de Bucelinus , intitulé *Germania sacra et profana.* M. Fabry-Rossius annonce en outre que M. Delsaux , jeune élève de l'académie de peinture de Liège , a entrepris la gravure de l'église de St.-Jacques de cette ville, et qu'il entreprendra peut-être plus tard celle des églises gothiques de la même ville.

M. Hippolyte d'Aussy , de St.-Jean d'Angely , écrit pour réclamer contre la démolition de l'arc de triomphe.

M. de Caumont commence l'enquête archéologique , et indique les questions à traiter sur les monuments celtiques.

M. Lesson a la parole. Après avoir résumé les souvenirs de Saintes, rappelé la civilisation de cette cité de l'époque celtique , et indiqué les divers monuments qui restent de cette époque, tels que tombelles et tumulus , dont plusieurs même n'ont pas été fouillés ; après avoir signalé les peulvans et les pierres druidiques qui existaient ou existent encore sur le territoire de la Saintonge , M. Lesson signale particulièrement les trois dolmens de Beaugé qui forment une sorte de triangle et communiquent par des galeries souterraines. Il est encore un fait curieux observé par M. Lesson relativement aux tombelles , c'est la présence à l'intérieur de niches conduisant à un centre commun où reposent des squelettes.

Le congrès , après avoir écouté avec attention et un vif

intérêt les observations de M. Lesson, qui résument toutes les études faites à cet égard jusqu'à ce jour, lui adresse des remercîments par l'organe de son président.

M. Calvet fait connaître les remarques qui lui ont été suggérées par une étude consciencieuse sur les haches de pierre découvertes dans le département du Lot, du Cantal et de l'Aveyron : il lui a semblé tout d'abord qu'il existait une différence notable entre celles qui avaient été trouvées sous les dolmens et celles qui provenaient de fouilles pratiquées dans les tombelles ; il considère que l'on doit signaler avec attention les lieux où on en trouve pour se fixer sur leur fabrique.

M. de Chasteigner fait observer que l'on peut considérer différentes fabriques parfaitement distinctes, desquelles on pourrait établir que le plus ou moins de largeur dans le méplat de ces haches peut aider à voir celles qui proviennent du Poitou, par exemple, et celles qui proviennent de Périgord ou d'Auvergne.

M. Lesson pense que la variété de forme qui existe entre ces instruments, peut faire supposer, que servant à des usages divers, leur forme était combinée pour remplir le but proposé : il en résultait aussi, selon lui, une variété dans le système de manche que l'on y adaptait.

M. l'abbé Rochet rappelle que la circoncision des Juifs s'opérait avec un couteau de pierre.

M. de Chasteigner présente le croquis d'un objet en silex jaune, trouvé récemment à Poitiers, et qu'il croit être un fer de lance.

M. Des Moulins dit que, dans le Midi, ces instruments sont nommés pierres du tonnerre, et que les paysans en ayant trouvé sous des arbres foudroyés avaient été confirmés dans cette erreur. Quant à la présence des haches sous les arbres, M. Des Moulins l'explique en supposant qu'en cet endroit même un monument celtique a pu exister , et qu'après sa destruction , le lieu où il avait existé ayant été encore respecté , des arbres avaient pu y croître librement.

MM. de Chasteigner , Jouannet , Lesson , Calvet , présentent diverses observations. M. de Chasteigner annonce qu'un travail sur ces importantes questions occupe en ce moment MM. de Gourgues et Des Moulins, dont les noms seuls suffisent pour assurer du talent avec lequel ce sujet sera traité.

M. Fillon annonce la découverte d'une grotte située dans les environs de Charroux, dans laquelle on a trouvé un dépôt d'armes en silex. Un grand nombre de ces objets étaient contenus dans des blocs de travertin avec du charbon et des ossements humains.

M. le secrétaire-général donne lecture d'un rapport de M. Rainguet sur une grotte située à St.-Fort : ce travail sera annexé aux documents publiés par le Congrès.

.On passe aux antiquités romaines.

M. Jouannet annonce la découverte, faite aux environs de Bordeaux , de 364 médailles romaines appartenant toutes à la famille des Contantins : ces médailles, renfermées dans un vase de terre, présentaient quelques types qui ont paru inédits à M. Jouannet , et 32 revers différents en tout. Deux exemplaires présentaient une croix sur un globe , et cette particularité paraît d'autant plus valoir la peine d'être signalée que jusqu'alors les médailles de Jovien paraissaient être les premières sur lesquelles avait paru ce signe chrétien. M. Jouannet profite de cette occasion pour rappeler que les antiquités du moyen-âge ne doivent pas faire oublier celles du bas-empire dans lesquelles il reste encore de belles découvertes à faire.

M. de Caumont demande si les itinéraires romains ont été fixés d'une manière positive. M. La Curie met sous les yeux de la Société une carte de la Saintonge, exécutée sous sa direction, et indiquant le réseau de voies romaines retrouvées jusqu'à ce jour : à l'appui de ce précieux document, M. La Curie prend la parole, et communique un mémoire dont la lecture sera continuée dans la prochaine séance.

M. Lesson adhère aux conclusions émises dans cette séance par M. le secrétaire-général : toutefois, il expose qu'à son avis *Novioregum* pourrait bien être situé à la pointe de Lussac. Il cite ensuite une antique légende, laquelle mentionne une voie romaine omise par M. La Curie et aboutissant à Angoulins.

La séance est levée à 5 heures du soir.

L'un des Secrétaires ,

Anatole BARTHÉLEMY.

Première séance du 16 juin 1844.

Présidence de M. LIMAL, maire de Saintes.

La séance est ouverte à 7 heures et 1|2 du matin, sous la présidence de M. le maire de la ville de Saintes; MM. de Caumont, Jouannet, Lesson, Calvet, Des Moulins siégent au bureau; un grand nombre de membres se pressent dans la salle. M. A. de Chasteigner remplit les fonctions de secrétaire.

M. La Curie continue la lecture de son travail sur les voies romaines de la Saintonge; il est écouté avec la plus grande attention.

M. Lesson prend la parole pour donner quelques explications sur le même sujet; il partage une grande partie des opinions de M. de La Curie; mais il ne croit pas, comme lui, que le terrier de Toulon n'ait été fortifié qu'au moyen-âge ; il pense que c'était un camp romain ayant la forme d'une ellipse et non d'un carré, comme l'ont dit Bourignon et autres antiquaires.

M. Rondier, de Melle, donne lecture d'un mémoire sur les voies allant de la Saintonge dans le Poitou. Ce travail sera imprimé dans l'un des volumes de la Société des Antiquaires de l'Ouest, qui a réclamé cette faveur.

M. le Président fait observer à M. La Curie qu'il doit avoir des motifs pour regarder le terrier de Toulon comme fortifié au moyen-âge.

M. La Curie dit que la maçonnerie formée par des pierres de taille, placées sans ordre, n'indique rien de romain.

M. Moreau dit que MM. Millin et Mérimée n'y ont, en effet, rien vu de romain, mais qu'à cette époque la tour du milieu était encore en partie sous terre.

M. Lesson fait remarquer que son peu d'étendue, le prétoire qui est au centre, tout indique un camp romain qui ne date peut-être que du IVe. siècle; mais il le croit réparé postérieurement peut-être au moyen-âge.

M. de Caumont propose une visite à l'exposition des objets d'arts, et nomme M. Fillon rapporteur de cette visite.

Sur la demande de M. Lesson, les membres du Congrès votent des remercîments à M. le maire, pour les soins qu'il a mis à rendre cette exposition aussi digne que possible de l'intérêt des amateurs.

L'ordre du jour amène la discussion sur la question n°. 1 du programme. — Les dolmens, tombelles et autres monuments de l'ère celtique en Saintonge, semblent se rallier avec symétrie; ils sont, pour la plupart, sur les anciennes voies. Que peut-on inférer de cette disposition ? a-t-on remarqué une disposition semblable ?

M. de Chasteigner demande la parole pour dire, que dans l'arrondissement du Blanc (Indre), M. de Boismorand a observé des faits parfaitement en rapport avec la question du programme, et qu'une tradition populaire regarde encore quelques-uns de ces points comme des centres de réunions pour les habitants dans des moments d'invasion.

M. Rondier dit qu'il a remarqué de longues lignes de dolmens, dans un ordre parfait, et tous sur la ligne droite de la Sèvre, toujours sur le bord des voies gauloises.

M. Baugier, de Niort, fait observer que tous les monuments celtiques de la Motte présentent aussi une certaine correspondance de positions, et que tous sont sur des éminences.

M. Calvet donne de précieux renseignements sur la position de ces monuments dans les départements du Lot, de l'Aveyron et du Cantal : les dolmens y sont posés, sans qu'on puisse y reconnaître aucun ordre, ils sont en général sur des hauteurs ; les tombelles ou tumulus, au contraire, y sont à mi-côte et à la naissance des vallées (combes en patois du pays.)

M. Moreau croit qu'en Saintonge les dolmens suivent certaines divisions géologiques ; il reconnaît aussi qu'ils forment dans ce pays des lignes caractérisées, dont plusieurs se coupent à angle droit.

M. Fillon demande la parole, et donne les renseignements suivants sur la disposition des dolmens en Vendée :

A Avrillé et Aubernard (Vendée), dit-il, les monuments gaulois, qui couvrent une grande étendue de terrain, semblent tous avoir pour centre commun le beau dolmen de la Fribouchère, dans un rayon de quelques mille mètres, plusieurs autres dolmens sont debout, et l'on peut dès-lors deviner ceux qui ont été détruits. Des lignes de menhirs bien distincts, lorsque l'on étudie une carte des lieux, sont répandues tout à l'entour, et semblent former l'avant-garde du monument principal.—Quant aux tumulus que l'on peut encore reconnaître, ils sont placés sans ordre.

M. Fillon signale encore la découverte de cavernes gauloises taillées dans le schiste aux Moutiers-les-Mauxfaits.—Ces excavations ont dû, selon lui, servir d'habitation, puisque l'on y rencontre des débris de poterie et des armes en silex.

M. de Chasteigner dit que ces renseignements sont tout-à-fait en rapport avec ce qu'il a pu observer : les voies romaines qui sont près des lignes de dolmens, ont remplacé les voies gauloises, qui, comme nos routes, devaient être aux frontières des territoires. Les dolmens s'y trouvaient aussi dans le même but de démarcation, de même qu'ils pouvaient avoir en même temps un but religieux, et servir de points de ralliement. Cependant il ne fait pas entrer dans cette catégorie les groupes nombreux de dolmens qui, comme à Taurus (Vienne), ont servi de lieu de sépulture.

Sur la demande de M. Forestier, M. de Caumont donne quelques renseignements sur les monuments de la Bretagne ; les dolmens de Lock-Maria-Ker étaient souvent couverts de terre, ils sont maintenant dégagés pour la plupart. Celui de Gavarnis présente à l'intérieur des ornements et des sculptures bizarres.

M. Rozan fait passer une note par laquelle il indique, dans le département du Lot, un dolmen très-remarquable.

MM. Vallein et Surault lisent différentes notes.

MM. l'abbé Rochet, Lesson, Duret, prennent aussi la parole.

La séance est levée à 10 heures, et renvoyée à 2 heures pour la visite des monuments.

Le Secrétaire,

Alexis DE CHASTEIGNER.

5

Seconde séance du 16 *juin* 1844.

Présidence de M. LIMAL.

La séance est ouverte à 2 heures sous la présidence de
M. Limal, maire de Saintes. MM. de Caumont, Jouannet, Moreau, Lesson, Moufflet, Calvet, La Curie, Gaugain et Beaugier
prennent place au bureau. —M. Fillon et M. de Chasteigner
remplissent les fonctions de secrétaires. — M. de Caumont
annonce qu'une commission est allée visiter le musée de la
ville, et que M. Jouannet a bien voulu se charger de rendre
compte de la visite et donner la description des inscriptions
inédites.

M. le président fixe ensuite l'itinéraire que doit suivre la
Société pour visiter les monuments, et décide qu'elle exa-
minera aujourd'hui S^te.-Marie-des-Dames, l'emplacement de
l'arc-de-triomphe et les anciens bains romains.

M. de Chasteigner est désigné pour remplir les fonctions
de rapporteur de la visite au premier monument.

Au retour de cette promenade, M. le secrétaire présente le rapport suivant :

MESSIEURS,

Etranger à votre ville, si intéressante sous le rapport archéologique, il m'est plus difficile qu'à un autre de vous
rappeler dignement tous les trésors de cette magnifique
façade, due au ciseau de notre école d'Aquitaine, dont les
œuvres magnifiques nous dédommagent de l'absence de ces
églises ogivales, à la fois si belles et si répandues dans le
nord de la France. Je pourrai difficilement vous rappeler
que vous avez bien étudié l'œuvre si exacte, et qui deman-
derait pour être rendue un si grand nombre de dessins;

mais votre bienveillance ne me manquera pas , j'espère ,
et confiant en elle , je vais tenter de rappeler vos souvenirs.

L'église primitive de S^te.-Marie-des-Dames fut bâtie en
1047, par Geoffroy Martel, comte d'Anjou, alors maître
de la Saintonge , et sous le règne d'Henri Ier. , roi de
France.

Cette église tenait au monastère de S^te.-Marie, de l'ordre
de S^t. Benoît, fondé la même année par Geoffroy Martel,
et par Agnès , son épouse , qui l'enrichirent de toutes sortes
de donations.

Les seigneurs du Périgord , de Taillebourg, de Parthenay,
de Tonnay-Charente , de Tonnay-Boutonne ; les barons
d'Othon et plusieurs autres se déclarèrent dans la suite pro-
tecteurs de l'abbaye.

Les papes Léon IX, Nicolas II, Urbain II, Calixte II ,
Innocent II , Eugène III, Alexandre III , Benoît XII , et un
grand nombre d'autres ; les évêques de Saintes , les rois de
France et d'Angleterre lui accordèrent de grands privi-
lèges.

Elle eut trente abbesses des premières familles de France ,
pendant près de sept siècles de durée.

La dédicace de l'église abbatiale eut lieu le 2 novembre
1047 par Archambauld, archevêque de Bordeaux, accompagné d'un grand nombre d'évêques et d'abbés.

Elle eut plusieurs fois depuis à souffrir , ainsi que le monastère qui fut détruit le 28 juin 1327 par les Bâtards à
la solde de l'Angleterre ; le 9 novembre 1648, il fut de nouveau dévasté par un incendie auquel l'église échappa en
grande partie.

Louis XIV en fit réparer les voûtes, à la prière de la
reine mère ; c'est à la même époque que l'on doit attribuer
la construction du fronton triangulaire qui couronne la

façade, et au centre duquel est un cartouche portant peut-être les armes de France (1).

Pour mieux étudier la magnifique façade du XIIe. siècle , je proposerai de la diviser en trois zônes , la 1re. comprenant les portails, la 2e. les fenêtres, et la 3e. le fronton. Trois portails occupent la zône inférieure : celui du milieu a seul été ouvert, il est formé par 10 colonnes dont les chapiteaux supportent 8 voussoirs en retrait et à plein cintre , reliés entre eux par des rinceaux ; des entrelacs, des feuillages et de petits animaux.

Le 1er. voussoir, en commençant par celui d'en bas, nous montre six anges en adoration devant la main de Dieu au milieu d'un nimbe , tandis que le corps entier est caché dans le ciel, type signalé comme rare par M. Didron dans son Iconographie de Dieu.

Le 2e. nous donne des feuillages et des entrelacs.

Au centre du 3e. est un Agnus Dei nimbé, accompagné des 4 symboles des évangélistes espacés au milieu de feuillages.

4e. Feuillages et animaux symboliques.

5e. Toute cette archivolte est ornée de statuettes en demi-reliefs, représentant le massacre des innocents. Chaque groupe est formé d'un soldat , d'une femme et d'un enfant, ayant pour la plupart des poses variées.

Le 6e. est un rinceau formé par un cep de vigne.

On reconnaît sur le 7e. les vieillards de l'Apocalypse , vêtus de longues robes , tenant d'une main un instrument de musique se rapprochant du violon ou de la guitare, et de l'autre, du moins pour la plupart, un vase à parfums.

Enfin sur le dernier, se pressent des griffons monstrueux.

Passant à l'examen des colonnes et des chapiteaux qui supportent ces archivoltes, vous avez remarqué les deux colonnes

____

(1) Voir le cartulaire de S[te].-Marie-des-Dames et les archives de a ville.

du fond de la baie, qui sont couvertes de petites bandes et
d'ornements interzigzagués; le chapiteau de cette colonne de
droite présente la tentation du premier homme; au centre,
le serpent sur un arbre; à gauche, Eve; et derrière elle,
Dieu, la tête ornée d'un nimbe cruciforme : car, ainsi que
l'observe M. Didron, ce n'est pas toujours le signe du Christ;
Adam est à droite de l'arbre qui ressemble fort à un palmier,
et derrière lui Satan le poussant à accepter la pomme.

Le portail de gauche est formé de 4 colonnes en retrait,
soutenant une seule archivolte surmontée d'un rinceau ; ce
voussoir paraît représenter l'Assomption de la Vierge. Le
Christ nimbé est suivi de deux personnages vêtus de longues
robes et tenant des livres à la main ; en face de lui la Vierge
est accompagnée de la même manière. Sur le chapiteau qui
relie ce portail à celui du milieu est une scène qui est assez
difficile à expliquer, mais qui pourrait être une scène de la
trêve de Dieu. Un personnage à pied, vêtu d'une longue robe,
sépare deux cavaliers la lance en arrêt, derrière lesquels sont
deux femmes éplorées. La disposition du portail de droite
est la même que celle du portail de gauche ; mais l'archivolte présente un sujet plein d'intérêt et d'une conservation

parfaite : c'est la cêne. Le Christ, assis à table avec les douze

apôtres nimbés, tient à la main un poisson, son emblême,
comme on sait; à sa gauche, un apôtre lui présente le pain
sous la forme d'une hostie avec une petite main au milieu ;
ce précieux sujet nous donne une idée du type qu'elles
avaient à cette époque. A sa droite, un des apôtres, une
main sous la table et le corps contourné, paraît vouloir se
glisser au-dessous : ne serait-ce pas Judas ? L'artiste semble
avoir voulu le désigner, en lui donnant la plus hideuse figure.
M. de Glanville a bien voulu dessiner une partie de cette archivolte. Sur un des chapiteaux de cette porte, deux hommes
armés de marteaux paraissent sculpter la pierre ; c'est peut-
être un souvenir de l'artiste, auteur d'une œuvre si belle. Sa
modestie et peut-être les réglements de son ordre l'empê-
chaient de se nommer, mais il a voulu se conserver avec
son œuvre et se retrouver modestement dans un coin.

Je ne vous ai donné, Messieurs, que la description d'un
bien petit nombre de chapiteaux ; mais il me serait bien
difficile de vous donner par quelques mots une idée exacte
de ces animaux, accouplements hideux de diverses espèces ,
de ces feuillages aussi variés que la nature, de ces mille
sujets, caprices bizarres ou gracieux du ciseau du sculpteur
roman. Il est d'autres sujets, Messieurs, que je ne tenterai
pas non plus d'expliquer, tels que ceux représentés sur deux
chapiteaux voisins, et dont la simplicité des mœurs d'alors
explique seule la présence sur une église; il est des choses
dont les significations, si elles sont toutefois symboliques,
nous ont échappé et nous échapperont sans doute long-
temps encore. Partout la pierre est ciselée, et les recoins
les plus ignorés sont couverts de lozanges, de fleurons, etc.
Au-dessus des portails régnait une large frise ornée de personnages assez grands; ils ont été rasés au niveau du mur. On
ne voit plus que leurs silhouettes, si je puis m'exprimer
ainsi.

La seconde zône nous présente la même disposition que celle des portails, trois fenêtres dont les archivoltes sculptées retombent sur des colonnes longues et grêles ; celle du milieu fut seule ouverte. Dans celle de gauche, à la place d'honneur, du côté de l'évangile, on reconnaît la place du cavalier. Le centre de la fenêtre opposée était occupé par le Christ, au milieu de deux personnages.

La 3e. zône de la façade est formée par le fronton triangulaire, bâti après l'événement de 1648, et qui est venu se superposer sur la façade, sans doute primitivement carrée, comme à S^t.-Pierre d'Angoulême, Notre-Dame de Poitiers, l'église de Civray, etc.

L'intérieur de l'église, en faisant abstraction des murs qui la divisent actuellement, pour la faire servir soit de magasins, soit d'écurie, présente la forme d'une croix latine terminée par trois absides.

Les murs de la première travée vous ont présenté des caractères particuliers, avec des arcatures soutenues par des colonnes à ornements, très-simples ; il est probable que c'est la seule partie de l'édifice qu'on puisse attribuer à la première construction de 1047, et ce qui tend à confirmer cette opinion, est la présence, de chaque côté de la nef, d'énormes pilastres en retrait avec des colonnes demi-engagées aux trois faces et placées devant ce mur sans être liées à lui ; ces piliers, dont les chapiteaux sont formés de crochets de feuillages, tous semblables, chose fort rare, comme vous le savez, présentent les caractères de la façade du XIIe. siècle. Vient ensuite une voûte, refaite à une époque bien postérieure, avec un beau pendentif au centre, représentant la Vierge et l'enfant Jésus.

La croisée du transept est surmontée d'une coupole.

La grande abside paraît du XIIe., avec des voutes en berceau, ornées de onze fenêtres ou arcatures, les chapiteaux, comme tous ceux de l'intérieur, y sont simples, mais bien touchés.

Quant aux deux absides voisines , elles doivent, je crois, avoir été faites après la destruction de 1327.

A l'extérieur, le monument n'offre rien de bien remarquable; vous avez cependant reconnu, sur la partie de la nef à laquelle j'assigne la date de 1047 , des contreforts à peine saillants, type de cette époque.

La coupole du transept est surmontée d'une tour romane à deux étages; le premier carré orné de trois arcatures sur chaque face; le second, rond, également avec des fenêtres; le tout surmonté d'un toit en pierres imbriquées comme le clocher de Notre-Dame de Poitiers.

Messieurs, après avoir admiré un édifice aussi remarquable et auquel pour la ville de Saintes se rattachent de précieux souvenirs, vous avez déploré le triste abandon dans lequel il se trouve ; transformée d'abord en écurie et maintenant en magasin de la caserne , la nef est coupée en divers sens par des murs qui la masquent entièrement.

Espérons que les vœux exprimés par les membres de la Société française seront entendus, et qu'ils décideront M. le Ministre à faire entreprendre les travaux projetés et promis depuis si long-temps.

Après avoir examiné l'église de S^{te}.-Marie-des-Dames, la société s'est rendue sur les lieux qu'occupait l'arc-de-triomphe, où elle a vu les piles de maçonnerie qui le soutenaient. — Là elle n'a pu s'empêcher de déplorer la malheureuse pensée qui a présidé à la destruction du monument le plus remarquable de Saintes, et qui devait avoir d'autant plus de prix pour la ville, qu'il rappelait un grand souvenir historique. Elle émet donc le vœu que l'arc-de-triomphe soit relevé, et réparé avec le plus grand soin , afin de faire revivre un de ces débris, qui partout ailleurs ont été conservés avec la plus religieuse vénération, lors même qu'ils gênaient la circulation publique. — En Italie, par exemple, tous sont restés à leur place, et dernièrement encore Grégoire XVI a ordonné de prendre cette sage mesure à l'égard de plusieurs antiquités.

La Société a remarqué qu'on aurait pu faire ainsi pour le monument qui nous occupe, en portant le quai plus en avant dans la rivière.

Maintenant c'est à l'administration à veiller aux travaux qui seront entrepris ; les soins apportés à d'autres restaurations sont un garant du zèle qu'elle mettra à faire revivre en quelque sorte les nobles restes qui seront la gloire de Saintes.

La Société est ensuite allée visiter les bains antiques. Elle n'a pu remarquer que quelques larges niches, où étaient placées des baignoires et des débris de fourneaux en briques. —Quelques fûts de colonnes doriques se voient à côté.

M. de Caumont a expliqué dans quel état il trouva les bains lors de son passage à Saintes, il y a 15 ans, et présenté le dessin fort exact qu'il fit alors des baignoires et des murs existants, dessin qui a été publié dans le tome II de son Cours d'antiquités monumentales. Ces détails ont intéressé

BAIGNOIRES DE SAINTES TELLES QU'ELLES ÉTAIENT EN 1830.

vivement l'assemblée , qui sait que plus tard M. de Caumont fit des démarches pour déterminer le conseil municipal à acheter ces intéressants débris. Malheureusement elles n'amenèrent pas le résultat désiré.

Le Secrétaire,

DE CHASTEIGNER.

VISITE A L'ÉGLISE DE St.-EUTROPE ET AUX ARÈNES , LE 17 JUIN.

Présidence de M. RONDIER , de Melle.

La Société s'est réunie , à six heures du matin , le 17 juin , pour visiter l'église St.-Eutrope et les arènes.

M. Barthélemy , secrétaire , a fait au retour le rapport suivant :

MESSIEURS ,

Vous savez que l'évêque Pallade , au VIIe. siècle , dédia au pieux martyr Santon dont il venait de retrouver les reliques , l'église qu'il projetait de mettre d'abord sous le vocable de St. Etienne. L'exiguité et l'obscurité de la crypte où avaient été déposés les restes de saint Eutrope nécessita un changement , alors qu'à l'instigation de l'évêque Boson et de l'archidiacre Geoffroy , le duc d'Aquitaine enleva l'église aux laïques pour y établir un ordre religieux régulier , en 1096.

La partie romane de St.-Eutrope remonte à cette dernière date. Vers le XIVe. siècle environ, on y fit des modifications que vous avez pu remarquer dans le mur latéral gauche de la crypte ; au XVe. siècle, on construisit la flèche que la foudre a abîmée récemment ; au XVIIe. , on allongea le chœur ; et enfin, en 1830, on éleva ce portail dont vous avez pu remarquer l'architecture bizarre et inqualifiable.

L'église autrefois se prolongeait jusqu'à l'extrémité de la place qui la précède : cette dernière partie , destinée aux cathécumènes , était plus basse que la première , et correspondait avec elle par plusieurs marches ; elle contenait un vaste amphithéâtre d'où l'on descendait dans la crypte.

Vous avez pu, Messieurs, voir ce qui restait de l'abside romane : elle était ornée de deux ordres de fenêtres en plein cintre , séparés chacun par une zône; les baies supérieures sont surmontées d'un oculus et d'une arcature supportée par deux colonnettes. Vous avez vu les ornements qui sont sculptés ordinairement sur des monuments du XIe. siècle , tels que damiers et cables : deux particularités sont toutefois remarquables , ce sont les cordons de marguerites et de losanges dont les exemples sont assez rares.

Vous avez ensuite pénétré dans la crypte par une ouverture pratiquée au nord du transept; cette partie souterraine de l'édifice, longue de 42 mètres et large de 3,85, s'étend sous toute l'église actuelle , dont elle reproduit la forme.

La voûte plein cintre est supportée par un double rang de piliers carrés figurant une nef aux bas-côtés , se prolongeant circulairement autour du sanctuaire , et dissimulés par des colonnes courtes, surmontés de chapiteaux représentant une foule de feuillages et d'ornements variés , et supportant un énorme tore. Vous avez remarqué que la base des piliers de droite est commune à chacun des groupes, et que le contraire existe à gauche. Leurs piliers, à droite et à gauche , ont été modifiés au XVe. siècle ; ils sont quadrangulaires et dépourvus de chapiteaux. Celui de droite porte l'inscription suivante :

> *Loys tres puissant roy regnant*
> *De pa' ic suis tout refait ,*
> *L'eglise de ceans tenant*

Jean Grani que XVII
L'on disait l'an M. CCCC.
Et LX a compli et fait
Au mois d'avril fuz en cest sans
Que monoie ici perfait.

Celui de gauche a une corniche sur laquelle est gravée l'inscription suivante : *Tres exelent prince Loys dauphin de Viennois qu'a ofert VI escus de coy a esté fait cestuy piler estant prieur de la Baulme ..... celier du Roy nre s..... LXV. Oddo de la Baulme prieur de ceans.*

Au milieu de la crypte, au-dessus de l'excavation où on l'a trouvé, vous vous êtes arrêtés devant le sarcophage de St.-Eutrope, et le congrès s'est accordé pour émettre le vœu tendant à faire élever devant ce précieux monument un autel composé d'une table soutenue par quatre colonnettes qui ne masquent en rien la vue du sarcophage qui, vous avez pu vous en assurer, se compose d'un coffre quadrangulaire couvert d'une pierre prismatique et quadrangulaire ; sur l'une des faces supérieures de laquelle on lit le mot ЄVTROPIVS.

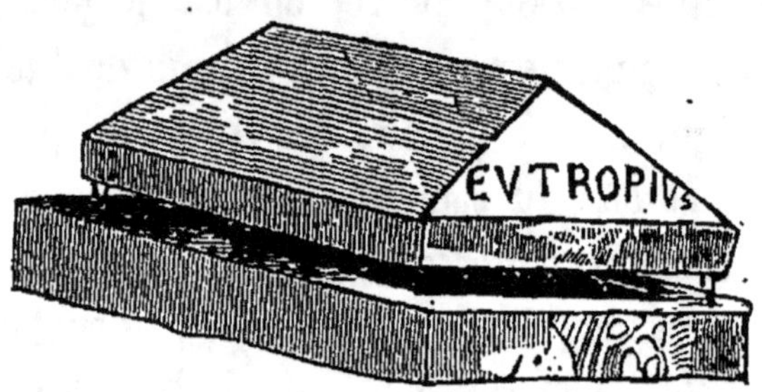

Vous ne vous êtes pas accordés sur la date de cette inscription : plusieurs de vous la croient antérieure à 1096, d'autres la considèrent comme contemporaine de cette époque : les partisans de la première opinion, je dois le dire, sont favorisés par un passage de la chronique de St.-Cybard qui décrit le tombeau de St.-Eutrope tel que vous l'avez vu, en indiquant même ceux de ses angles qui sont ébréchés.

Toutes les voûtes de la crypte ont été refaites postérieurement à la reconstruction de 1096, vous avez pu voir les
reprises qui en sont résultées ; l'époque de ce changement est
difficile à fixer : quelques-uns des membres du congrès l'ont
fixé à la fin du XIIe. siècle, d'autres ayant remarqué un tore
en ogive dans le bas-côté du nord ont proposé une date plus
récente encore.

Vous avez remarqué une large cuve baptismale romane,
incrustée probablement de
têtes de lions , dont M.
Beaugier vous a présenté un
dessin fort exact, ainsi que
quelques traces indiquant
que toute la crypte avait été
peinte en brun avec des
traits rouges simulant l'appareil.

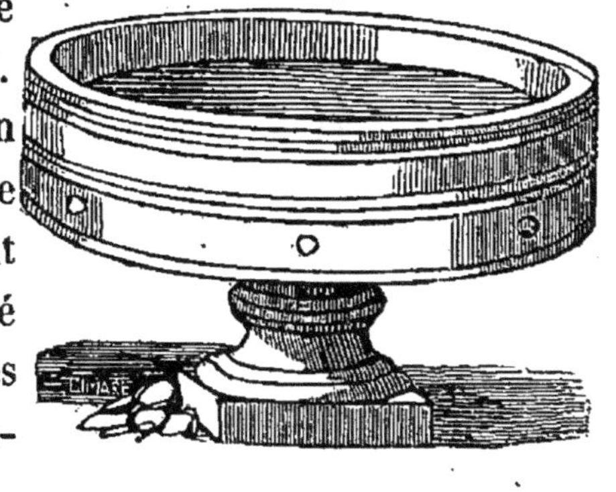

Avant de quitter la crypte, vous avez vu les deux pe-
ites absides voûtées en cul-de-four, situées à l'extrémité
est des nefs latérales, et faisant saillie extérieurement au
nord et au sud, ainsi que les chapelles placées dans chacun
des transepts.

Telle qu'elle est maintenant, Messieurs, cette crypte vous
a paru aussi bien conservée que si elle n'avait pas eu à
souffrir des siècles : les chapiteaux des colonnes ne sont nullement brisés, les sculptures ont presque toutes autant de netteté
et de fraîcheur que si elles sortaient des mains de l'ouvrier.
C'est qu'aussi, Messieurs, il n'y a pas long-temps que le
sculpteur était là. Vous savez tous que M. l'abbé La Curie,
notre confrère , a trouvé ce monument presque comblé par
les terres, abîmé , brisé, et qu'hier il vous l'a rendu aussi
beau que s'il voulait rivaliser avec l'architecte de 1096, Benoît dont nous savons le nom, grâce à M. de Chasteigner

qui l'a trouvé dans le manuscrit de St.-Gybard : et ce que vous n'oublierez pas, Messieurs, c'est que notre collègue a fait tout cela seul, à peu de frais, uniquement avec le secours d'ouvriers qu'il a lui-même dirigés, et qui ont sculpté le roman, guidés seulement par leur adresse · et leur goût naturel.

Avant d'entrer dans l'église supérieure, vous vous êtes arrêtés à l'entrée, non pas certainement pour voir le portail, mais pour délibérer sur l'escalier qu'il était convenable d'établir pour descendre dans la crypte. Deux opinions ont été proposées : la première a pour but de pratiquer ce passage soit dans une tourelle, soit dans un amphithéâtre que l'on édifierait devant l'édifice : la seconde, de construire deux escaliers dans les chapelles de droite et de gauche des transepts ; mais ce dernier projet plus convenable peut-être au premier abord, ne devrait être mis à exécution qu'autant que cette disposition n'aurait pas pour résultat d'ébranler dans le transept nord la solidité de la flèche. On s'est accordé *à préférer l'établissement d'un escalier en avant du portail et descendant directement dans la crypte sans communication avec l'église.*

La nef de l'église supérieure est la seule partie où l'on voie encore paraître l'architecture romane ; les voûtes des bas-côtés ne formant qu'un quart de cercle viennent s'appuyer en arc boutant sur la nef principale, ogive romane à côtés parallèles ; sur les chapiteaux des colonnes vous avez remarqué, Messieurs, des sculptures magnifiques dont quelques-unes vous ont retracé le pèsement des âmes, Daniel dans la fosse aux lions, et d'autres groupes qu'une visite aussi courte que la nôtre n'a pu nous permettre d'interpréter.

Messieurs, avant de terminer, il me reste à parler du moderne : vous avez observé que l'influence de M. La Curie n'avait pas pénétré dans l'église comme dans la crypte. En haut, vous avez déploré le badigeon qui, empâtait les admirables chapiteaux placés en entrant à droite et à gauche ; vous avez vu la chapelle de St.-Eutrope peinte en azur et en or, les colonnes perdues sous le plâtre, et des scupltures simulées en couleurs éclatantes. Permettez-moi de vous rappeler la chaire construite en pierre et peinte en bois, la tribune, au-dessus de la porte, soutenue par des colonnes de bois peintes en marbre. Permettez-moi encore de parler de la chapelle de la Vierge, si bizarrement décorée, et les boiseries du chœur, sur lesquelles on a voulu, je crois, imiter l'acajou. Les membres du congrès ont déploré tous ces actes de mauvais goût, et nous nous sommes dirigés vers les arènes, en offrant nos félicitations aux restaurateurs de la crypte et en maudissant franchement les badigeonneurs et enlumineurs de l'église haute.

Le Secrétaire,

Anatole BARTHÉLEMY.

1re. séance du 17 juin 1844.

Présidence de M. DE LESSON, membre de l'Institut.

La séance est ouverte à 9 heures et demie, sous la présidence de M. Lesson. MM. de Caumont, Jouannet, Lymal, Moreau, Moufflet, Baugier, Gaugain et Calvet occupent le bureau.

M. Fillon remplit les fonctions de secrétaire.

M. de Chasteigner demande la parole pour donner lecture de son mémoire sur la découverte de monnaies du moyen-âge, dans la crypte de St.-Eutrope. — Ce travail étant publié dans la Revue numismatique, l'extrait suivant sera seulement inséré dans le Bulletin.

NOTE DE M. DE CHASTEIGNER.

La magnifique crypte romane de l'église 'de St.-Eutrope était, depuis long-temps, dans un état de dégradation que continuait à augmenter l'abandon dans lequel elle se trouvait.

Des sommes furent allouées à diverses fois, et M. l'abbé La Curie, de Saintes, fut chargé de surveiller les réparations; il dut d'abord faire dégager les bases des colonnes et pour cela retrouver l'ancien sol de la crypte, après avoir enlevé un mètre de terres; à la place du maître-autel, qui existait encore à l'époque de la révolution, le rocher se trouva ex-cavé, et à un décimètre plus bas se montra un blocage de moellons. Sous une première couche on avait formé un petit gîte en mortier dans lequel était la plupart des monnaies composant la trouvaille. On enleva successivement cinq autres couches formant une sorte de voûte plate. Au-dessous était un tombeau en pierre de 1ᵐ. 24ᶜ. sur 0ᵐ. 85ᶜ., sur lequel était gravé ce seul mot EVTROPIVS; le couvercle était lié à l'auge par des tenons de fer, scellés en plomb : on ne pouvait reconnaître le dessin du scel. — L'auge, pleine de charbon, ne contenait que des mailles de METALO, considérées par M. Lecointre comme monnaies des comtes de Poitou, avant 1189. — Noyée dans le charbon, se trouvait une capse en plomb soudée à un convercle de même métal : elle contenait un peu de terre et des ossements. — Sur le couvercle était un second plus grand, paraissant avoir appartenu à une capse plus grande aussi et détruite. — Entre les deux, il y avait encore des abababes de *metalo* et du charbon. Les monnaies trouvées dans ces divers endroits étaient royales, baronales et étrangères.

Le nom d'Eutropius sur le couvercle de ce tombeau

trouvé dans l'église de St.-Eutrope, le rapport des chroniqueurs et diverses circonstances peuvent faire penser que
le tombeau était celui du saint patron de la ville. Ce procès
est pendant devant l'autorité ecclésiastique.

Nos monnaies peuvent, jusqu'à un certain point, servir
de témoignage en cette affaire ; aussi, sans nullement préjuger la question, j'émettrai quelques observations basées sur
la concordance de nos médailles avec les récits des contemporains.

Pallade, évêque de Saintes, faisant, au VIIᵉ. siècle, bâtir
une église à St.-Etienne, trouva les reliques de saint Eutrope, martyrisé par les bouchers de la ville, déchaînés contre
lui d'après les ordres du gouverneur, lui dédia l'église et
plaça son corps dans la crypte. Au XIᵉ. siècle, l'église
étant entre les mains des laïques, l'évêque Boson et l'archidiacre Geoffroy conseillèrent à Gui Geoffroy, duc d'Aquitaine, d'y établir un ordre religieux régulier ; il y consentit
en octobre 1079, et au mois de janvier 1081, Gui Geoffroy
donna à Dieu et au monastère de Cluny, en la personne de
l'abbé Hugues, l'église de St.-Eutrope, qu'avec le consen-
tement des légats du Saint-Siége, il avait achetée des mains
des laïques ; mais l'ancienne crypte était obscure, incomplète
et trop petite (crypta enim spatio erat angusta, opere incom-
posita, obscuritate penè tenebrosa).

Les clunistes choisirent un emplacement voisin, plus com-
mode, pour y élever une nouvelle église. En 1096, le nouvel
édifice, construit par un architecte nommé Benoit (1), était
terminé : les clunistes alors retirèrent les restes du saint

____

(1) Le manuscrit de St.-Cybard le désigne ainsi, lorsque les clunistes allèrent dans l'ancienne crypte retirer les reliques de saint
Léonce : « Erat senior quidam *novi operis conditor* et péritus, Bene-
dictus nomine, artifex qui loci conscius, etc..... »

placés dans un tombeau parfaitement semblable à celui qui a été découvert (Mss. de St.-Cybard) ; ils l'exposèrent quelques jours à la vénération des fidèles, puis, en grande pompe, le placèrent dans le rocher vif sous l'autel de la crypte. La même année, Urbain II passa à Saintes au temps de Pâques, et consacra l'autel de l'église supérieure : l'évêque Ranulphe consacra celui de la crypte.

Le pape Urbain II repassa à Saintes 10 ans après. Une charte qui m'a été communiquée par M. Fillon, porte, à cette occasion, une singulière mention : « *Quando Urbanus Papa fuit Santonas, et signum crucis apparuit in cœlo, anno ab incarnatione Domini M C VI.* »

Ce monument resta apparent jusqu'au XVIe. siècle, et les reliques furent honorées des fidèles jusque vers 1562, époque où François Novet, prieur du monastère de St.-Eutrope, fuyant les protestants, fut obligé de se sauver à Bordeaux, emportant le chef du saint, qui avait sans doute été retiré du tombeau, lors de l'ouverture de 1096. Novet mourut à Bordeaux, et le chef de saint Eutrope fut rendu à Saintes en 1602, par l'archevêque cardinal de Sourdis, à l'évêque Pierre de La Courbe.

Il est maintenant facile de voir combien la suite de nos monnaies est en rapport avec ces récits ; pas une n'est antérieure au XIe. siècle, époque où le tombeau fut déposé dans la crypte nouvelle, et nous suivons, soit par les baronales, soit par les royales, règne par règne, je dirai presque année par année, jusqu'à François Ier., époque où les guerres religieuses obligèrent de préserver les reliques des mains des protestants.

L'existence des mailles de *Metalo* est une nouvelle preuve en faveur de l'excellent système de notre collègue, M. Lecointre, en nous prouvant que c'était la monnaie courante dans nos provinces en 1096, lors du scellé du tombeau.

Toutes les autres pièces de la plus minime valeur, comme numéraire, étaient placées dans cette espèce de tronc comme un souvenir de la piété et de la charité du peuple ; la mémoire des largesses des seigneurs et des rois était assez bien conservée par leurs chartes. Je pourrais citer parmi les rois, Philippe-le-Hardi, Charles VII, François Ier. ; parmi les barons, Alphonse de Poitiers, Edouard III, etc. , qui témoignaient de leur dévotion au patron de la Saintonge par des fondations de cierges et par de riches donations.

J'ai voulu, comme il arrive trop souvent, chercher une raison pour expliquer le grand nombre de monnaies bretonnes qui, à elles seules, composent le tiers des baronales, et après avoir long-temps cherché, je suis revenu aux idées les plus naturelles, à penser qu'elles avaient été déposées là par quelques matelots bretons ou quelques maçons limousins, sans doute aussi nombreux alors qu'aujourd'hui, et honorant, du moins ces derniers, en la personne de saint Eutrope, le compagnon et l'envoyé de leur apôtre saint Martial.

J'ai insisté peut-être un peu longuement sur ces derniers détails ; mais j'ai pensé que mes auditeurs verraient avec intérêt passer sous leurs yeux les pièces d'un procès encore en litige, sur lequel nos monnaies doivent jeter quelques lumières.

La Société remercie M. de Chasteigner des détails curieux qu'il vient de lui donner sur divers points historiques relatifs à l'église de St.-Eutrope.

M. de Caumont demande ensuite quels sont les monuments de l'époque romaine les plus remarquables du département.

M. l'abbé La Curie donne la liste des localités dans lesquelles on a trouvé des débris de *villæ*.

Arrondissement de Marennes : Arvert (plusièurs) , les Mathes, Saint-Augustin. — *Arrondissement de Rochefort :* Fouras et St.-Coutant. — *Arrondissement de St.-Jean-d'Angely :* St.-Julien de l'Escap, Mazeray, le Pin, Bernay, St.-Martin , Migré , Sonnac, Agonnay, Archingeay, Champ-dolent, les Nouillets. — *Arrondissement de Jonzac :* la Guitinière, Meaux, Arthenac , St.-Maigrin , Antignac , Corignac, Moulons , Bussac. — *Arrondissement de Saintes :* Saintes , Colombiers, Courcoury, Lajard.

M. La Curie dit ne pas connaître de *villæ* dans l'arrondissement de la Rochelle , ni dans l'île d'Oléron.

M. Eschasseriaux parle de l'amphithéâtre qui existe dans sa maison des Arênes.

M. de Caumont demande si l'on a trouvé des aquéducs gallo-romains dans les campagnes. M. Lesson en fait connaître deux à Pas-Colin et à Paterre (commune d'Etaules). M. de Caumont , passant aux autres monuments romains , prie les membres de donner des détails sur le temple gallo-romain dont les ruines existaient près de l'église St.-Maurice et de la muraille gallo-romaine.

M. Moreau donne les détails qui suivent sur ce sujet : En 1815 , en déblayant les terres qui étaient amoncelées autour de la croix, située près de la rue de Bordeaux, on découvrit une base de colonne. Averti par M. de Crazannes, il se transporta sur les lieux , et l'on mit bientôt au jour six nouvelles colonnes. Selon lui , elles appartenaient à un temple et non à l'église ancienne de St.-Maurice, placée tout près de là , sur l'emplacement même de la maison de Mme. de La Borde.—Afin de mieux saisir les détails qui sont donnés, M. le Maire envoie chercher une épreuve d'un vieux plan ou vue de Saintes, du XVIe. siècle.—M. de Caumont demande quelles étaient les peintures et mosaïques dont parle M. de Crazannes , et qui , d'après lui , ornaient à l'intérieur les murs de la Cella.—Aucun des membres ne peut donner de renseignements sur ce point.

M. l'abbé Daunas et M. Giraudias ajoutent que les colonnes étaient sur deux rangs, et qu'elles faisaient probablement partie d'un péristyle. —Le second de ces membres dit encore que, lors du déblaiement, on découvrit une grande étendue de murs, ayant environ 40 ou 50 mètres de profondeur et qui se reliaient aux colonnes de l'est à l'ouest. — A cette même place on avait postérieurement établi un cimetière, dont les tombes supérieures étaient du XVIIᵉ. siècle, et celles des couches inférieures, faites en pierres, ressemblaient aux monuments de même genre déterrés à St.-Eutrope. —Un fait remarquable, c'est que chaque cadavre avait une pièce dans la bouche.—Ces monnaies, dont M. Giraudias ne peut préciser l'époque, sont déposées, dit-il, au musée de la ville. M. de Caumont qui a vu en place, en 1830, les colonnes de ce temple, et les a mesurées, présente la planche qu'il a publiée dans le 3ᵉ. volume de son Cours, et donne quelques détails sur le temple d'Isernore (Ain), qu'il a comparé dans ses conférences à celui de Saintes. — MM. Moufflet, La Curie et Moreau, présentent encore quelques observations de détail.

M. le président demande quels renseignements on peut donner sur le temple de St.-Saloine, qui devint plus tard église. — M. Moreau, prenant la parole, dit que c'est un monument romain, mais que ce ne peut être un temple. Au bas du coteau sur lequel se trouvait cette construction, il y avait une chaussée et un pont pour passer le cours d'eau.— Plus tard, ajoute M. Moreau, on établit une église, qui, si l'on en croyait une légende, d'après lui douteuse, remonterait à Charlemagne. M. La Curie répond à l'opinion de M. Moreau par la lecture d'un passage du *Gallia Christiana*, qui établit formellement que c'est au règne de Charlemagne qu'il faut placer cette église. — La Sauvagère prétend que ce monument fut un temple dédié à Minerve. — M. La Curie regarde cette opinion comme peu probable.

M. Moreau parle ensuite de la muraille gallo-romaine, et en trace le pourtour qui passait par le moulin Cailleteau, puis s'étendant le long de la vallée de l'amphithéâtre, revenait par la rue des Balais, celle de la Cordelière, le bois d'Amour, les Bains, la Pinellerie et rejoignait le moulin Cailleteau. — M. le président fait quelques observations relatives aux niches circulaires que l'on voit dans le mur qui s'étend au-dessus des arènes. — M. de Caumont dit qu'à Trèves, près de l'entrée des arènes, on voit un mur avec des niches semblables qu'il a décrites dans le 3e. volume de son Cours : il conclut en outre que celui de Saintes ne faisait pas partie des fortifications. — MM. Limal, Calvet, Lesson et Moreau prennent encore part à la discussion. — M. Moreau, passant aux autres restes antiques de la ville, dit que les corniches doriques du musée, qui sont du haut-empire, proviennent d'un grand temple situé au Capitole. Quant à la corniche corinthienne, elle est bien postérieure. — Il attribue au IIIe. siècle les fragments que l'on voit aux bains.

La séance est levée.

Le Secrétaire,

FILLON.

2e. *Séance du 17 juin.*

Présidence de M. LESSON, membre correspondant de l'Institut.

Prennent place au bureau MM. de Caumont, Limal, maire de Saintes ; La Curie, Calvet, Jouannet ; Moreau, Moufflet,

Gaugain, Person, secrétaire : on remarque dans la salle une
nombreuse réunion.

M. le président trace le plan à suivre pour l'étude de
l'archéologie dans le riche pays de Saintonge, dont il fait
une description brillante, quoique improvisée. Il esquisse
rapidement la domination romaine, l'invasion des barbares
qu'il considère comme l'instrument des vengeances divines,
l'action régénératrice du christianisme qui couvre le sol de
constructions romanes, si multipliées et si riches dans nos
contrées, puis l'ogive et son élégance, et enfin la dégénéres-
cence de l'art.

La discussion est ouverte sur les monuments romains.
M. le président appelle la question sur les arènes ou amphithéâtres. La parole est à M. Moreau sur les arènes de Saintes.
Il pense que cet amphithéâtre pouvait être, dans certaines
circonstances, transformé en naumachie : il tire surtout cette
conclusion de l'aquéduc destiné, d'après son avis, à porter
l'eau aux arènes, et que l'on voit tout près du monument.

M. le président ouvre le débat sur quelques faits du mémoire, et cherche à concilier les divers auteurs qui ont parlé
de ce monument. D'après ses grandes dimensions, il pense
qu'il a dû contenir de 20 à 25,000 spectateurs; quant à sa
destination aux naumachies, M. le président rappelle la
difficulté d'amasser une masse d'eau assez considérable,
enfin le voisinage du fleuve et la présence de l'eau dans les
environs, offrant ainsi ce qui était nécessaire pour ces sortes
de spectacles assez rares du reste chez les Romains.

M. l'abbé La Curie pense que les antiquaires qui sont en
faveur de la naumachie, ont été trompés par ce qu'ils ont
nommé aquéduc. Il donne la description et les dimensions de
cette construction qui, à son sommet percé de distance en
distance pour laisser pénétrer le jour, aurait pu être un
chemin de ronde ; il suit du reste une partie de l'enceinte
romaine.

M. Duret pense, d'après l'étendue des arênes, que les Romains les ont construites non seulement pour les habitants de *Mediolanum*, mais encore pour les populations environnantes, ce qui ne put avoir lieu qu'après qu'ils eurent assuré solidement leur domination dans le pays. Il pense aussi que la mutilation de ce monument peut provenir des trois causes suivantes : 1°. d'un excès de zèle religieux des premiers chrétiens qui, au souvenir du sang de leurs frères répandu dans cette enceinte, auraient pu commencer leur dévastation ; 2°. des barbares qui auraient commencé cette démolition ou qui l'auraient seulement continuée, si les chrétiens l'avaient commencée; 3°. enfin des dévastations particulières qui auraient exploité ce local pour les matériaux qu'on en pouvait tirer. Il parle aussi contre la possibilité d'y établir une naumachie, d'après le niveau de l'aquéduc comparé avec celui des arênes ; il fait remarquer le voisinage de la rivière et l'absence des traces d'un canal d'écoulement.

M. l'abbé Rochet, en réponse à M. Duret, fait observer que si les premiers chrétiens avaient dû manifester leur aversion pour le paganisme, c'est plutôt sur les temples que sur les arênes que leur vengeance eût dû se porter.

M. Duret défend sa supposition, et soutient qu'il était naturel qu'ils agissent ainsi contre ces monuments.

M. Calvet ajoute quelques faits du département du Lot sur la question des arênes et théâtres.

Quant à l'époque de la construction, il pense que l'existence des arênes, théâtres, etc., ne doit pas être prise pour règle décisive dans l'appréciation de l'état de la civilisation locale au moment où le monument fut élevé. Il faut, au contraire, considérer la construction des théâtres comme un des moyens de civiliser le peuple soumis par la force des armes. Née dans le camp, Rome voulait être partout avec ses soldats, et constater partout sa puissance et son génie. Le

Forum , le Capitole , le théâtre , les arènes , les thermes , popularisaient Rome et sa civilisation ; déjà vaincue , la Gaule était ainsi *romanisée* , en même temps que le soldat trouvait partout sa Rome puissante et chérie. De là la construction de nombreux monuments par les Romains , avant même que les cités gauloises eussent éprouvé le besoin de les avoir.

Pour ce qui regarde la destruction , M. Calvet l'attribue encore à plusieurs causes.

L'invasion des barbares entraîna la dégradation de plusieurs monuments ; tout ce qu'il y avait de riche et de précieux devait appeler la main avide autant que destructive des hordes conquérantes.

Ainsi encore les luttes sanglantes qui marquent l'existence des divers chefs de la race dite Mérovingienne , ont cruelle- ment pesé sur les monuments de la Gaule , et nos contrées conservent encore le souvenir de l'affreux mandat que *Théo- debert* reçut de son père *Hilperick*. Partout dans l'Auvergne, dans la Saintonge , dans le Quercy , dans les provinces limi- trophes , il suffit de creuser quelque peu pour trouver les traces du monstre. Partout il pilla , brûla , détruisit , et nos ruines attestent l'exactitude du récit de Grégoire de Tours.

Mais une autre cause devait entraîner la destruction des édifices romains. Une religion sainte avait apparu : arrachant l'homme à la dégradation matérielle et morale qui lui était imposée par le polythéisme et l'organisation sociale de l'époque, le christianisme passa des catacombes sur le trône des Césars et la croix rédemptrice couronna l'enseigne romaine. Le mépris des idoles, symbole d'un culte matériel, fut le premier résultat de la pensée chrétienne. Bientôt la destruction de la divinité façonnée par la main de l'homme devint un acte fréquent , et motiva le martyre de plusieurs néophites. Après la courte réaction polythéiste du règne de Julien, de ce prince dégradé par l'apostasie, grand par le génie et par le savoir ;

quand le christianisme vainquit à toujours le paganisme , il fut moral de détruire ces temples où si long-temps l'encens avait brûlé pour la matière ; ces théâtres où la corruption avait si long-temps donné ses affreux enseignements ; ces arênes où des combats d'animaux avaient appelé de plus affreuses luttes , où le gladiateur avait cédé la place à la vierge chrétienne , où les membres du martyr avaient été déchirés par les bêtes et traînés sanglants aux yeux d'une population immense. Alors sans doute il fut pieux de détruire ces monuments profanes , et si le catéchumène apprit du prêtre chrétien qu'il devait désormais brûler ce qu'il avait adoré , la population gallo-romaine apprit de ses évêques comment l'église de Jésus pouvait être bâtie avec des matériaux payens. A Cahors , par exemple , au VII*e*. siècle , DESIDERIUS utilise les édifices de la civilisation profane , et son exemple n'est pas perdu , même au XIV*e*. siècle ; les faunes implantés dans les murs de la cathédrale disent à qui veut s'en assurer , leur origine et leurs destinations diverses.

Marcia , sénatrice romaine , avait fait cadeau à Constantin de 17 magnifiques colonnes provenant d'un temple , et destinées par ce prince à son beau monument de *la sagesse du Verbe incarné* , aujourd'hui S*te*.-Sophie de Constantinople.

Les faits sont innombrables , et malheureusement l'insouciance des siècles postérieurs a continué l'œuvre de destruction.

Le développement que fait M. Calvet de ces savantes considérations est accueilli par de vifs applaudissements.

MM. Duret et Rochet échangent quelques observations suscitées par le discours de M. Calvet.

M. de Caumont demande à la Société s'il existe à Saintes quelque chose qui puisse indiquer où était situé le forum , et exprime le vœu qu'on rassemble tous les documents relatifs aux monuments romains qui ont existé à Saintes et à ceux sur lesquels on n'a pas encore de renseignements.

M. le président appelle l'attention et la sollicitude de la Société d'archéologie de Saintes sur cette question.

M. Calvet parle ensuite de la dégradation croissante des arènes, opérée par des plantations ennemies de leur conservation, et demande qu'on s'occupe de la formation d'un comité spécial, chargé d'aviser aux moyens à prendre pour s'opposer aux envahissements faits déjà. Il cite entre autres choses la fontaine de S^{te}.-Eustelle, ancienne propriété communale, maintenant aliénée à un particulier. Il rappelle aussi que l'expropriation forcée pour cause de conservation des monuments est un moyen souvent utile et qui peut être employé.

M. le Maire remercie M. Calvet de la sollicitude de la Société française pour la conservation des arènes. Il indique des difficultés d'exécution, et fait espérer cependant qu'on arrivera à arrêter cette dévastation de chaque jour.

M. le président, au nom de la Société, remercie M. le Maire de l'intérêt qu'il met à donner suite à la proposition de M. Calvet.

A la demande de M. Forestier, M. le président fait un résumé de la discussion sur les arênes.

M. Duret soutient l'attribution qu'on fait de la construction de ce monument au second siècle. M. le président pense que la question de l'existence d'une naumachie est résolue négativement.

Sur la 3e. question : *Les restes des thermes qui existent à Saintes peuvent-ils donner lieu de penser qu'ils aient appartenu à un établissement public ?*

M. Moreau, sur cette question, lit une note de laquelle il ressort qu'en 1781 M. Bourignon, fouillant dans ce lieu, y trouva des fragments de terre cuite, ce qui le conduisit à soupçonner les découvertes subséquentes, qui furent faites en

1811 par le propriétaire du terrain, qui mit à nu, par des déblaiements successifs, les diverses parties des ruines de ces thermes, qui possédaient environ cinq salles de bains, proportionnées aux trois divers degrés de température qu'on était dans l'usage de se procurer.

M. de Caumont a décrit et figuré ces bains dans son Cours d'antiquités.

Après la lecture de M. Moreau, M. le président demande la résolution de la question, à savoir si ces thermes étaient un établissement public ou privé.

M. l'abbé La Curie, vu le petit nombre de baignoires, émet l'opinion qu'ils n'étaient pas publics. M. Rochet partage la même opinion qu'il développe. M. le président résume la question et en donne la solution dans le même sens que ces deux messieurs. Toutefois, plusieurs membres pensent que ces bains étaient publics, et que vraisemblablement il y en avait d'autres à Saintes.

M. Jouannet, chargé de vérifier le relevé des inscriptions des pierres gravées, déposées au musée de la ville, reconnaît l'exactitude de M. l'abbé La Curie dans ce travail, et annonce son rapport sur cet objet pour le lendemain.

Sur la 6e. question : *Dans quel but ont été élevées les constructions massives du genre de celles qui existent en Saintonge, et qui sont connues sous les noms de tour de Pyrelonge et de fanal d'Ebéon? Sont-elles, comme en Saintonge, placées sur d'anciennes voies ?*

M. le président donne la description des deux pyramides d'Ebéon et de Pyrelonge.

M. Calvet décrit trois monuments analogues existant dans l'Agennais, et sur lesquels M. Rozan promet de donner une note Deux de ces monuments portent le nom de tourrasse. Le premier, près d'Aiguillon, est placé sur la voie d'*Agin-*

num à *Burdigala*, vers le point où celle de *Divona Cadur-
corum* venait-joindre la première. Il est à quelques minutes
du camp romain occupé par l'église et le village de St.-Côme.
Le second, à peu près détruit, est en face d'Agen, sur la
rive gauche de la Garonne et à côté de la voie.

Le troisième est aussi sur la rive gauche, à côté de la
voie qui conduisait chez les *Sociates,* en face du camp de
St.-Côme, d'Aiguillon et de la première tourrasse. Une
niche, à trois mètres au-dessus du sol, pouvait recevoir un
factionnaire ou une statue de Mercure. Le monument était
couronné par une plate-forme munie d'un garde-fou.

Ces trois monuments sont en blocage revêtu d'un petit
appareil ; on trouve chaque jour des médailles romaines aux
pieds de la tourrasse d'Aiguillon. M. Calvet pense que les
Romains construisirent ces édifices dans le Ier. ou le IIe.
siècle de l'occupation.

M. le président revient sur la description plus détaillée du
monument de Pyrelonge et d'Ebéon, et rapporte l'opinion
qui tend à faire douter que ces monuments soient romains.

M. de Caumont prend part à cette discussion, et regarde la
construction de Pyrelonge comme bien évidemment romaine.

M. Duret parle d'une construction située près de Trèves (la
pyramide d'Igel) qui, quoique plus ornementée que les
monuments en question, a cependant avec eux beaucoup
d'analogie.

M. de Caumont cite une inscription qu'il a relevée sur le
monument d'Igel qui est un tombeau érigé à la mémoire des
secondins.

M. de Chasteigner considère les tours d'Ebéon et de Pyrelonge, situées sur le bord d'une grande voie romaine, comme
des fanaux, et les regarde comme des monuments militaires
romains servant de signaux par des feux ou torches, dans le
genre de ceux représentés sur la colonne trajane; il pense

aussi que le petit nombre des monuments de ce genre n'est pas une raison de croire qu'il n'en reste pas encore quelques-uns.

M. le président résume la discussion.

M. de Caumont demande que, d'après l'usage du congrès, on consacre une journée à des promenades dans les lieux les plus intéressants des environs. Plusieurs membres prennent part à la discussion de cette communication, sur laquelle on doit revenir demain. M. de Caumont invite aussi les membres des diverses commissions à se réunir le soir, à 7 heures, dans le lieu ordinaire des séances.

La séance est levée à 5 heures et demie.

Le Secrétaire,

L'abbé PERSON,

Membre de la Société.

Première séance du 18 juin.

Présidence de M. le Cte. DE VAUDREUIL.

La séance est ouverte à 8 heures; M. de Caumont invite M. le Cte. de Vaudreuil, président de la société archéologique de Saintes, à présider la séance. MM. de Caumont, Jouannet, Calvet, Gaugain, La Curie, de Chasteigner, Fillon, siègent au bureau.

M. Duret remplit les fonctions de secrétaire.

M. de Caumont annonce que l'enquête va être commencée sur les monuments du moyen-âge.

Il demande si l'on connaît dans le pays quelques édifices

ou quelques débris d'édifices antérieurs au IXe. siècle : il présente les détails suivants d'architecture qu'il croit se

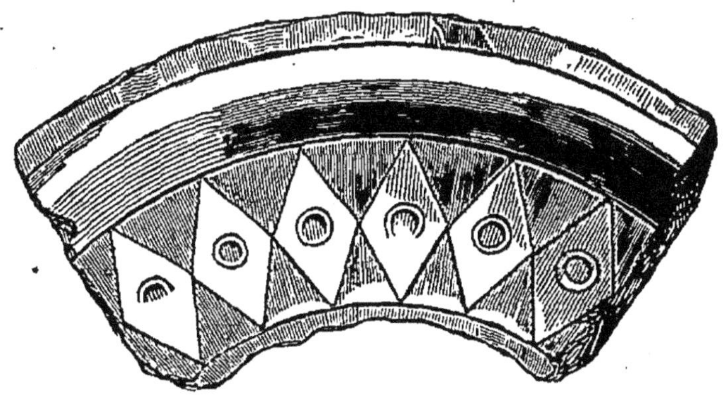

rapporter à la première période, et adresse diverses questions tendant à obtenir la solution de la première. Personne ne peut citer d'édifices qui se rapportent, en Saintonge, à la première période romane. M. de Caumont rappelle qu'il existe au musée un fragment d'archivolte, que M. Fillon a bien voulu dessiner à sa demande, et qui pourrait remonter aux premiers temps du christianisme. On remarque, sur l'archivolte, des dauphins, et des colombes buvant dans une coupe.

Après quelques discussions sur le caractère des édifices religieux de la première époque, on passe au roman secon daire. M. de Caumont demande l'énumération des principaux édifices appartenant à ce style : elle est donnée par les ouvrages de M. Lesson et par MM. La Curie, Moreau, de Chasteigner.

Les sculptures de l'époque romane occupent ensuite la compagnie, et d'abord la discussion est portée sur les statues équestres qui déjà, l'année dernière, ont fait l'objet d'une longue discussion à Poitiers. M. Fillon met sous les yeux de l'assemblée le dessin qu'il a fait du cavalier de St.-Hilaire-de-Melle.

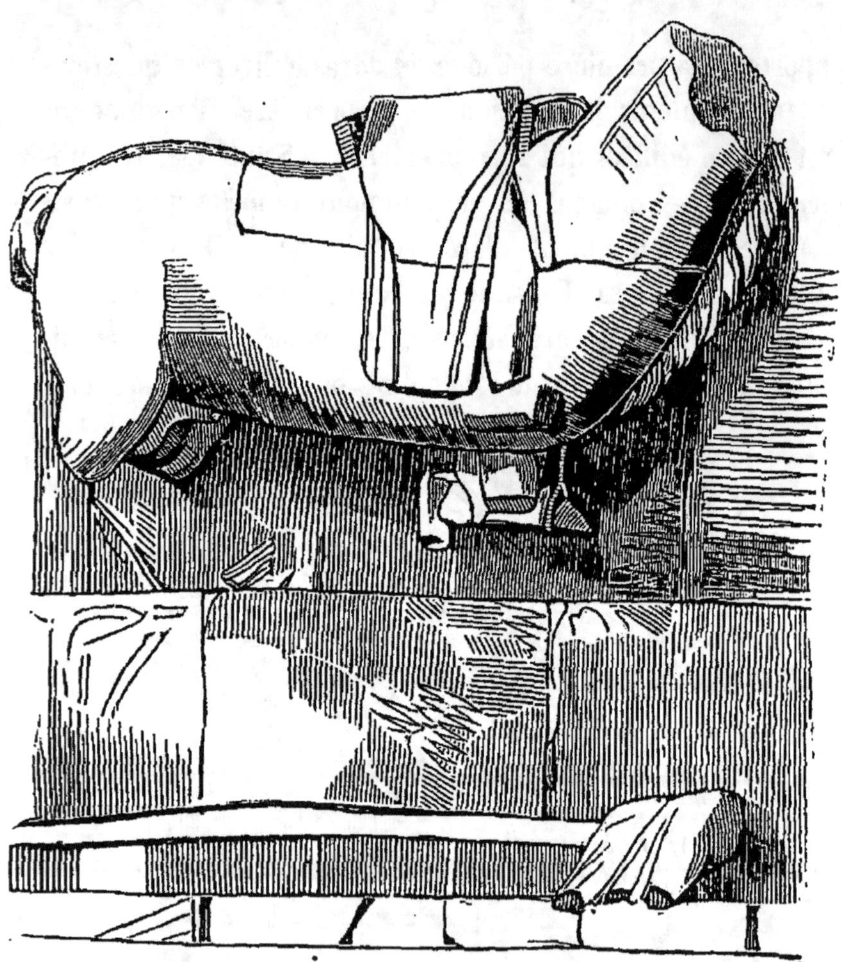

M. de Caumont parle des figures plus entières de Parthenay, d'Airvault et de St.-Etienne-le-Vieux, à Caen, qui

toutes trois appartiennent au XIIe siècle et représentent
évidemment le même sujet.

On passe à la lecture d'un mémoire remis à la Société
par MM. Jourdain et Duval.

MÉMOIRE DE MM. JOURDAIN ET DUVAL.

MESSIEURS,

Nous soumettons à la Société française quelques observations que nous avons faites, au sujet des statues équestres
des églises du Poitou. M. de Chergé, inspecteur des monuments historiques de la Vienne, a développé dans l'une
des séances du congrès archéologique tenu à Poitiers,
l'année dernière, une opinion que nous ne pouvons partager.
Selon le savant antiquaire, les grandes statues équestres du
Poitou représenteraient les fondateurs des églises sur lesquelles elles ont été placées.

Notre première objection contre ce système d'interprétation repose sur un principe aujourd'hui incontestable et avoué
par les habiles archéologues dont nous combattons le sentiment, savoir (nous nous servons des expressions même de
M. de Chergé) : « que la sculpture du moyen-âge ne con-
« sacrait guère son ciseau à la reproduction, sur les édifices
« religieux, de personnages et de faits purement historiques. »
Dire « qu'un fondateur riche et puissant était tout autre
« chose qu'un personnage purement historique ; dire
« que ses pieuses largesses l'élevaient bien vite, pour un
« moment et pour un cas spécial, à une hauteur telle que
« l'homme mortel disparaissait pour faire place au pieux
« protecteur appelé à participer plus tard aux priviléges et
« au bonheur des saints » , c'est se tirer habilement d'affaire
lorsqu'on se trouve en lutte avec ses propres doctrines sur le

caractère purement religieux de l'iconographie des portails, mais à coup sûr le moyen paraîtra plus ingénieux que solide. En effet, lorsqu'il a été reconnu et que l'étude apporte encore tous les jours de nouvelles preuves que l'histoire profane contemporaine n'a pas laissé de traces sur les tympans des églises, s'est-il rencontré une seule occasion, un seul fait, qui aient donné lieu à distinguer entre telle histoire ou telle autre, tel personnage ou tel autre? L'exclusion n'a-t-elle pas toujours paru s'étendre aux rois comme aux fondateurs, aux hommes d'église comme aux simples fidèles, aux citoyens comme aux magistrats ?

Il faut remarquer d'ailleurs la place éminente qu'occupent le plus souvent les statues équestres des églises du Poitou. Elles se présentent d'ordinaire sur les grandes façades, souvent dans le lieu le plus honorable de la façade, le tympan. Est-ce bien là, Messieurs, la place d'un fondateur, là où les regards des fidèles vont chercher partout les enseignements de la foi, soit dans la personne du Sauveur apportant au monde la parole du salut, soit dans le juge suprême qui rend à chacun selon ses œuvres, soit dans les actes si instructifs aussi de la Mère de Dieu ou des saints patrons? Pour répondre à l'opinion d'un savant antiquaire (M. Didron) qui avait cru reconnaître l'illustre St. Martin dans la statue équestre du portail de St.-Nicolas de Civray, M. l'inspecteur des monuments de la Vienne déclare « qu'il « ne lui est pas possible d'admettre que la place d'honneur « eût été ainsi affectée à un saint secondaire quant à l'église « de Civray, tandis que le saint patron qui avait droit à tous « les honneurs du temple qui lui était dédié eût été relégué, « sans pitié dans un coin obscur du temple. » Ce raisonnement ne manque pas de justesse; mais comment ne pas voir qu'il a son application bien plus rigoureuse, si on fait du personnage équestre du tympan, non plus un saint, mais un simple mortel? Si, selon M. de Chergé, on n'a pas pu préférer à St. Nicolas, le grand St. Martin, encore moins sans doute le fondateur.

Ajoutons que, de l'aveu même de M. de Chergé, de toutes les magnifiques églises du Poitou qui reconnaissent Pépin pour fondateur, aucune n'a été décorée de son image.

La seconde raison qui nous met en garde contre l'opinion émise à Poitiers, est puisée dans la faiblesse même du motif sur lequel on l'appuie principalement. « L'absence du « nimbe, dit la conclusion, autorise particulièrement à « admettre, comme l'opinion la plus vraisemblable, l'opinion « qui fait des grandes statues équestres de l'église du Poitou « la représentation du fondateur. »

Cette raison ne nous paraît pas péremptoire, premièrement parce que les grandes statues colossales des portiques ne sont pas constamment couronnées du nimbe : à Amiens, aucune des images des apôtres, des prophètes et saints du principal portail n'offre ce caractère, si généralement admis d'ailleurs; secondement, parce que la statue équestre peut avoir trait à une histoire sacrée ou biblique, sans qu'elle représente pour cela un saint. On en sera convaincu lorsque nous développerons notre opinion personnelle sur cette grave question.

Dirai-je que l'avis de M. de Chergé me semble plutôt négatif qu'affirmatif? que l'on ne se résout à nommer ces images celles des fondateurs, que parce qu'on ne leur trouve pas d'autre signification? Ce n'est en effet qu'après avoir très-bien démontré que les statues équestres ne nous offrent ni Constantin, ni Pépin, ni Charlemagne, ni St.-Martin, que M. de Chergé en vient à soupçonner qu'elles sont peut-être un témoignage de la puissance et de la piété du fondateur dont on aurait accepté, de bon gré ou de force, l'image. Or, on ne se méprend pas sur la valeur d'une opinion négative : elle n'est souvent qu'un pis aller.

Sommes-nous à même, Messieurs, de vous dire là-dessus quelque chose de plus satisfaisant? car vous nous attendez là sans doute. Il est facile de montrer le côté faible d'un système, très-difficile d'en trouver un meilleur.

Loin de nous la prétention de vous offrir une solution complète de la difficulté. Nous voulons seulement vous communiquer quelques-unes de nos idées. Exploitées par de plus habiles, et principalement par ceux qui ont eu sous les yeux les monuments mêmes dont nous ne connaissons que des descriptions ou des dessins, elles jetteront peut-être quelques lumières sur le sujet.

L'Apocalypse a fourni, comme on sait, aux jugements derniers de nos églises, plusieurs détails importants. Les quatre cavaliers qui paraissent à l'ouverture des sept sceaux ont trouvé place en beaucoup de porches, notamment à celui d'Amiens. Les artistes poitevins n'auraient-ils pas choisi cette circonstance, comme l'argument sommaire du drame terrible du jugement final? L'idée serait belle, sans doute ; elle rentrerait surtout dans le système si généralement adopté depuis, de décorer les tympans de ces images à la fois consolantes et terribles. Vous jugerez vous-mêmes, Messieurs, si cette interprétation est admissible. Voici le texte sacré :

« En même temps je vis paraître tout d'un coup un
« cheval blanc; celui qui était monté dessus avait un arc et
« on lui donna une couronne, et il partit en vainqueur
« pour continuer ses victoires...... Il sortit, après, un autre
« cheval qui était roux, et le pouvoir fut donné à celui qui
« était dessus d'enlever la paix de dessus la terre, et de faire
« que les hommes s'entre-tuassent et on lui donna une grande
« épée.... A l'ouverture du 3ᵉ. sceau, je vis paraître tout
« d'un coup un cheval noir, et celui qui était dessus avait
« en sa main une balance..... Le 4ᵉ. sceau ouvert, je vis

« paraître un cheval pâle, et celui qui était monté dessus
« s'appelait la Mort, et l'enfer le suivait...... »

Vous avez sans doute pensé comme nous, Messieurs, que
le cavalier qui monte le cheval blanc est celui qui a le plus
de rapport avec les statues équestres du Poitou. Il a sur la
tête une couronne : il part en vainqueur pour continuer ses
victoires, ce qui n'expliquerait pas trop mal le personnage
que l'on voit quelquefois en Poitou sous les pieds du cheval.
Ajoutons que les interprètes reconnaissent dans ce cavalier
une figure de Jésus-Christ, et qu'à ce titre il mérite bien
l'honorable place où on l'a fait poser au tympan.

Puisque le cavalier, selon le texte, doit porter un arc, il
serait de la plus haute importance de rechercher si les objets
mutilés que les statues à cheval tenaient dans leurs mains,
ne seraient pas des arcs. Une épée indiquerait le deuxième
cavalier, figure de la guerre ; une balance, le troisième,
figure de la famine.

Au tympan de l'église de Civray, j'ai cru remarquer, sur
le dessin, une voussure historiée d'anges sonnant de la trompette. Le dessin est de trop petite dimension pour que je
puisse l'affirmer; mais, s'il en était ainsi, il faut avouer que
notre hypothèse approcherait de bien près de la vérité. A
côté des messagers célestes, appelant les hommes au jugement, qui ne reconnaîtrait, sous les traits du cavalier symbolique, leur souverain juge ?

Vérification faite sur les monuments mêmes de cette explication, il serait possible, Messieurs, qu'elle ne fût pas la
véritable. Nous sommes loin de nous le dissimuler. Pour
juger sainement des choses, il faut les avoir sous les yeux,
les palper, les soumettre, si j'ose dire, à l'analyse du regard
le plus attentif et le plus minutieux. Souvent, il suffit d'une
ruine, du plus petit débris, pour étayer un système ou pour
le renverser. C'est pour cela que nous offrons aux savants

archéologues auxquels les églises du Poitou sont familières,
une seconde interprétation dont nous aimons à les faire juges.
Elle est encore empruntée aux Ecritures, livre 2e. des Machabées, ch. 3e.

« La Cité Sainte, dit le texte sacré, jouissait d'une paix
« parfaite et les lois y étaient exactement observées, à cause
« de la piété du grand-prêtre Onias... Il arrivait de là que
« les rois même et les princes se croyaient obligés d'avoir
« pour le lieu saint une grande vénération, et ornaient le
« temple de riches présents, en sorte que Seleucus, roi
« d'Asie, faisait fournir de son domaine toute la dépense qui
« regardait le ministère des sacrifices. Mais Simon, qui
« commandait à la garde du temple, s'efforçait de faire
« quelqu'entreprise injuste dans la ville, malgré la résistance
« du prince des prêtres. Et voyant qu'il ne pouvait vaincre
« Onias, il alla trouver Apollonius qui commandait en ce
« temps là dans la Célésyrie et dans la Phénicie. Il lui dé-
« clara qu'il y avait dans Jérusalem des sommes immenses
« d'argent amassées dans un trésor... ; et qu'on pourrait
« bien faire tomber tous ces trésors entre les mains du roi.
« Apollonius en donna l'avis au roi, qui fit venir Héliodore,
« son premier ministre, et l'envoya avec l'ordre de faire
« transporter tout cet argent. Héliodore se mit aussitôt en
« chemin, dans l'intention d'exécuter les desseins du roi.
« Etant arrivé à Jérusalem, et ayant été reçu dans la ville
« par le grand-prêtre avec toutes sortes d'égards, il lui dé-
« clara le sujet de son voyage, et il demanda si ce qu'on
« avait dit était véritable. Alors le grand-prêtre lui repré-
« senta que cet argent était en dépôt dans le temple, que
« c'était la subsistance des veuves et des orphelins.... Hélio-
« dore insista, et répondit qu'il fallait, à quelque prix que
« ce fût, que l'argent fût porté au roi.
« Il entra donc dans le temple le jour qu'il avait marqué

« pour exécuter cette entreprise. Cependant toute la ville
« était remplie de crainte et d'effroi. Les prêtres se proster-
« naient au pied de l'autel avec leurs robes sacerdotales, et
« ils invoquaient celui qui est dans le ciel et qui a fait la
« loi touchant les dépôts, le priant de conserver les dépôts
« de ceux qui avaient été mis dans le temple. Nul ne pou-
« vait regarder le visage du grand-prêtre sans être blessé au
« cœur.... Plusieurs accouraient aussi en troupe, de leurs
« maisons, conjurant Dieu, par des prières publiques, de
« ne pas permettre qu'un lieu si saint fût exposé au mé-
« pris.... Pendant que les prêtres invoquaient le Dieu tout-
« puissant, afin qu'il conservât inviolable le dépôt de ceux
« qui le leur avaient confié, Héliodore ne pensait qu'à exé-
« cuter son dessein, étant lui-même présent avec ses gardes à
« la porte du trésor pour le forcer.

« Mais l'Esprit du Dieu tout-puissant se fit voir alors par
« des marques bien sensibles, en sorte que tous ceux qui
« avaient osé obéir à Héliodore étant renversés par une
« vertu divine, furent tout d'un coup frappés d'une frayeur
« qui les mit tout hors d'eux-mêmes. CAR ILS VIRENT PA-
« RAÎTRE UN CHEVAL SUR LEQUEL ÉTAIT MONTÉ UN HOMME
« TERRIBLE, HABILLÉ MAGNIFIQUEMENT; ET QUI, FONDANT
« AVEC IMPÉTUOSITÉ SUR HÉLIODORE, LE FRAPPA EN LUI
« DONNANT PLUSIEURS COUPS DES PIEDS DE DEVANT; ET
« CELUI QUI ÉTAIT MONTÉ DESSUS SEMBLAIT AVOIR DES
« ARMES D'OR......

« Héliodore tomba donc tout d'un coup par terre, enve-
« loppé d'obscurité et de ténèbres, et ayant été mis dans
« une chaise, on l'emporta et on le chassa hors du temple. »

Tel est le récit du livre des Machabées. Il serait, selon
nous, difficile de trouver ailleurs une explication plus satisfaisante des statues équestres des églises. Outre que les principales circonstances de l'apparition du cavalier miraculeux

et du châtiment d'Héliodore concordent parfaitement avec les détails de la sculpture, ne peut-on pas affirmer qu'il n'y a peut-être aucun sujet plus digne que celui-là d'occuper le tympan des églises? Le respect dû aux temples et au droit d'asile, si important à inculquer aux peuples et à leurs chefs dans des temps de discorde et de lutte, était solennellement annoncé au frontispice du lieu saint par la représentation de ce grand souvenir des vengeances de Dieu, exercées contre les violateurs du temple. Ce cavalier magnifiquement armé et non moins terrible, apprenait bien aux puissants batailleurs du moyen-âge, qu'il y avait au-dessus d'eux un maître plus puissant et capable, quand il le veut, de briser les plus intrépides guerriers et de vaincre les vainqueurs mêmes. Toute la moralité de la statue équestre pouvait se remettre dans la conclusion du récit des Machabées.

« Ainsi celui qui était entré dans le trésor avec un grand
« nombre d'archers et de gardes, était emporté sans que
« personne le pût secourir, la vertu de Dieu s'étant fait
« connaître manifestement ».

Ce mémoire terminé, M. Fillon obtient la parole, et présente le rapport suivant sur l'intéressante église de St.-Pierre-d'Aulnay.

MÉMOIRE DE M. FILLON SUR L'ÉGLISE DE St.-PIERRE-D'AULNAY.

Messieurs, je viens vous rendre compte des travaux de restauration que M. l'abbé La Curie fait exécuter à St.-Pierre-d'Aulnay. Cette magnifique église, que beaucoup d'entre vous connaissent, était dans un tel état de dégradation, qu'il fallait porter le plus promptement possible remède aux lézardes qui se montraient de toutes parts, si l'on ne voulait pas voir tomber en ruines ce beau monument de l'art du XIIe. siècle. Heureusement il se trouva un homme de goût, qui sut passer par-dessus les difficultés, et depuis quelque temps des ouvriers intelligents sont occupés à rendre St.-Pierre à sa première splendeur. Déjà la grande abside et les deux absidioles ont vu remplacer les pierres rongées de leurs pourtours, et retrouvé leurs toitures en dalles imbriquées, les fenêtres cintrées leurs arcades, et le grand pignon son couronnement. Les lierres énormes qui étaient venus s'attacher aux murailles, envelopper jusqu'au clocher, et, par les écartements considérables qu'ils avaient produits, menacer la sûreté de l'édifice, ont entièrement disparu. A l'heure qu'il est, la brigade de M. l'abbé La Curie s'occupe de l'intérieur des fenêtres des absides, et bientôt elle aura rendu à son état primitif le chevet de l'église. Il est à désirer, Messieurs, que ces travaux se continuent ; plusieurs autres parties réclament d'ailleurs les mêmes réparations et le mur du nord surtout, qui menace de s'écrouler, demande les plus prompts secours. On pourrait aussi faire disparaître la vilaine sacristie qui y est accolée, ou bien en construire une plus en rapport avec l'architecture du monument. La base de la flèche elle-même est aussi dans le plus déplorable état. Les colonnes sont en partie dépouillées de leurs contreforts et plusieurs d'entr'elles sont tellement fendues, que ce n'est pas sans quelque crainte que l'on se risque à les aller examiner. Ajoutez à cela que le beffroi porte sur les murs, qui, chaque jour, ont énormément à souffrir de l'ébranlement des cloches. Il faudrait que l'on remédiât à cet inconvénient comme on l'a fait à St.-Porchaire de Poitiers.

Maintenant permettez-moi, Messieurs, d'entrer dans quelques détails descriptifs. Nous commencerons d'abord par la façade. Elle est divisée en trois parties. La porte occupe celle du milieu. Cette porte est ornée de plusieurs archivoltes

en retrait représentant alternativement des vertus et des
vices, au-dessous desquels se voient des inscriptions dési-
gnant chaque personnage, et de diverses petites figures qu'il
est difficile d'expliquer. Au-dessus on remarque encore l'emplacement qu'occupait le cavalier dont les débris sont déposés
dans l'église, en compagnie d'une belle statue mutilée du Père
éternel en pape. Je crois ce dernier monument du XVe. siècle.
La statue équestre, dont je viens de parler, était d'un travail
assez grossier, comme vous pouvez en juger en examinant le
croquis que j'en ai fait en rapprochant les restes de cette statue.
D'après le rapport de quelques personnes âgées ; j'ai appris,
que sa tête était ornée d'une couronne à quatre-feuilles, du
genre de celles que l'on voit aux hauts seigneurs du temps de
Louis VII. Il portait une espèce de vêtement sans manches,
qui couvrait son armure. Le cheval avait le pied droit de
devant levé et appuyé sur une de ces petites figures accroupies,
que l'on remarque dans la plupart des groupes du même
genre, qui ornent les façades des églises (1). A ce sujet, je
rappellerai l'opinion qui a été émise l'an dernier, et qui avait
pour but de les regarder comme les fondateurs. Si je me
range à cette idée, c'est que je sais toute l'importance qu'at-
tachaient les seigneurs à leurs droits sur les églises, et il
n'est pas alors étonnant qu'ils tinssent à perpétuer de la sorte
le souvenir de leurs fondations. Quant à la figure accroupie
sous le pied du cheval, je pense qu'elle rappelle une idée de
conquête. Il nous suffit en effet, pour s'en convaincre, si l'on
peut prendre pour exemple des monuments plus anciens et
surtout ceux de l'époque romaine, de jeter un coup-d'œil sur
un *aureus* de Domitien et plusieurs bronzes du Bas-Empire.
Dans ces temps de guerres continuelles, tous les seigneurs
pouvaient se vanter de quelques avantages remportés sur

(1) A Aulnay, cette statue passe pour être celle de Charlemagne.

leurs ennemis, et il n'est pas étonnant de les voir s'entourer des attributs de la victoire. A droite, le tympan est occupé par le crucifiement de St. Pierre ; dans celui de gauche, le Christ est accompagné de deux saints personnages. Les archi-voltes qui les entourent ne sont composées que d'enroule-ments et de feuillages. Cette belle façade a été autrefois altérée par des constructions de la fin du XVe. siècle qui y ont été accolées. Il n'en reste plus que quelques débris, qu'il serait facile de faire disparaître, afin de pouvoir mettre au jour les détails si délicats dont je viens de parler (1).

On entre dans le transept du midi par une superbe porte admirable-ment conservée. Les archivoltes re-présentent les vieillards de l'Apoca-lypse, et une suite de figures, fan-taisies d'une verve incroyable. Ce sont des tortues à cols de cigogne, des canards, des bœufs, des boucs jouant de la harpe, des ânes prélas-sant gravement dans leurs chappes, une série enfin de caricatures que les amateurs du symbolisme reli-gieux peuvent tenter d'expliquer, mais où ils ne pourront s'empêcher de reconnaître plus d'une sanglante allusion. Des frises, formées d'ani-maux et de petites figures de la plus grande délicatesse, ajoutent encore à la beauté de cette

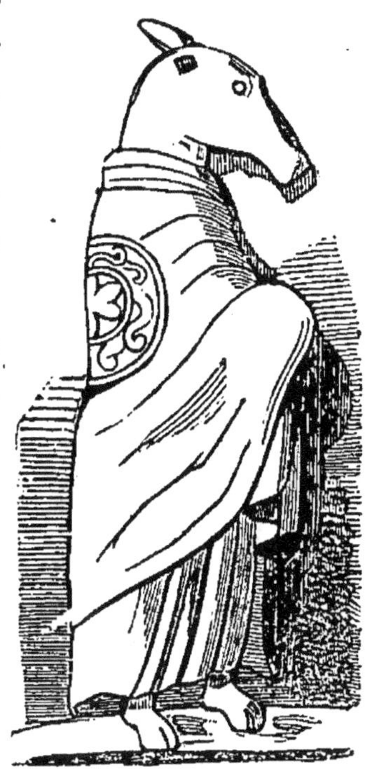

(1) Une réparation, selon moi de la plus haute importance, devra être exécutée aussi à cette partie du monument. Elle aurait pour but de boucher la petite fenêtre, si mal placée, qui perce le pignon, et de la remplacer par un *oculus* qui aurait le double avantage d'or-ner la façade et de donner plus de jour à l'intérieur.

porte , qui a plus d'un point de ressemblance avec celle de
S^te.-Marie-des-Dames. Je ne ferai que signaler la singula-
rité que présente le peu de rapport qui existe entre les
fenêtres et les arcatures extérieures des murs latéraux , les
modillons , les belles frises de la grande abside et les ornements dont je vous présente un dessin. Cette dernière sculpture orne les côtés de la fenêtre du fond. Si maintenant
nous passons à l'intérieur, on remarquera que l'édifice a trois
nefs et forme une croix latine. Cette fois au moins nous ne
sommes pas affligés par la vue d'un ignoble badigeon, et M. le
curé d'Aulnay, que je ne saurais assez louer pour son extrême
complaisance ni assez remercier de son aimable hospitalité, aime
trop son église , il a des idées trop artistiques pour ne pas la
préserver de toute souillure. La décoration des chapiteaux est
assez simple ; cependant on en remarque deux qui représentent Samson , auquel Dalilah , aidée de sa suivante , coupe
les cheveux , et Caïn tuant Abel. Des inscriptions expliquent
le sujet. Je signalerai aussi les énormes têtes qui se voient
sur quelques autres. Autrefois l'église était entièrement ornée
de peintures. Autant que l'on peut en juger par les restes
qui paraissent dans les transepts de droite , représentant un
homme tirant de l'arc et retenu par une femme , elles étaient
du XIVe. siècle. Je termine, Messieurs, en manifestant l'espérance que St.-Pierre-d'Aulnay sera entièrement réparé , et
surtout que la direction en sera confiée à ceux qui s'en
occupent aujourd'hui. L'homme intelligent qui exécute ces
travaux et dont le fils a déjà si bien fait ses débuts dans la
crypte de St.-Eutrope, offre toutes les garanties pour des restaurations plus étendues ; d'ailleurs n'a-t-il pas pour le diriger
M. l'abbé Amiet, et M. La Curie qui possède le talent
bien rare de faire exécuter de grandes choses avec peu
d'argent? Formons des vœux pour qu'il répande son secret.

L'enquête est ensuite continuée sur les caractères du *roman saintongeais.*

M. de Caumont parle des tours : en Saintonge comme en Poitou, elles offrent parfois à leur sommet une pyramide octogone assez élégante (N.-D. de Saintes , etc.)

Mais ces tours sont habituellement sur les transepts ; il n'y a pas, comme en Normandie et dans quelques autres provinces , de tours pyramidales très-élevées , de cette forme, près des portails. Ces derniers s'épanouissent plus à l'aise que dans le nord, sous leur riche manteau couvert de broderies.

Une chose remarquable, continue M. de Caumont, c'est la rareté du type des tours romanes octogones du Poitou et de la Saintonge dans les provinces du nord : la Normandie nous en offre à peine quelques exemples qui sont loin d'être comparables à ceux du Poitou (Jumièges, S^{te}.-Marie-l'Aumont, Cottun , etc.). On peut seulement citer comme remarquable , dans le Calvados, la tour de Trévières ; mais, comme les précédentes , elle n'appartient pas au type poitevin , et la tour de Tracy-le-Val (Oise) , qui s'en rapproche bien plus , et dont

voici l'esquisse, est
un type exceptionnel
pour la contrée où elle
se trouve.

Je ne peux, dit M.
de Caumont en termi-
nant, que renvoyer au
mémoire que j'ai plu-
sieurs fois cité dans nos
enquêtes précédentes,
et que j'ai rédigé sur
les formes de tours qui
prédominent dans les
diverses contrées de la
France, mémoire qui
doit paraître dans un
des volumes de l'Ins-
titut des provinces. On
peut aussi consulter
pour la géographie des
styles, mon Essai sur
le synchronisme de l'ar-
chitecture, publié dans
le 2ᵉ volume du compte-
rendu du Congrès scien-
tifique de France, 7ᵉ.
session.

TOUR DE TRACY-LE-VAL.

Coupoles. Plusieurs églises de Saintonge étaient voûtées en coupoles. M. Duret cite l'église des Nouilliers, dont le clocher s'est malheureusement écroulé depuis peu de temps, et celles de Sablonceaux et de St.-Romain-de-Benêt. Chacune de ces églises est à une seule nef. M. Lacurie indique l'église de l'ancienne abbaye de La Tenaille.

Cryptes. M. Lacurie cite comme ayant des cryptes les églises suivantes :

Arrondissement de Saintes. St.-Eutrope de Saintes—église souterraine entière. St.-Pierre de Saintes—crypte placée dans la cour du cloître, aujourd'hui comblée. Ancienne église, St.-Martin à Pons—église entière, aujourd'hui abandonnée. Talmont—ossuaire en avant de la nef. Meursac—ossuaire à gauche de la nef. St.-Saturnin de Séchaud—ossuaire à gauche de la nef. Thézac—ossuaire à gauche de la nef. Corme-Royal —église entière comblée (sous la place publique). Médis— ossuaire à gauche de la nef. Berneuil—ossuaire à droite. Fléac—ossuaire à droite de la nef.

Arrondissement de Marennes. St.-Just—ossuaire à gauche. St.-Jean-d'Angle—ossuaire sous le clocher.

Arrondissement de Jonzac. St-Fort-sur-Gironde—ossuaire. Mirambeau—ossuaire à gauche.

Arrondissement de Rochefort. St.-Martin (île d'Aix)— caveau sépulcral des barons de Chatelaillon.

M. Rainguet dit que la crypte ou ossuaire de St.-Fort-sur- Gironde est placée latéralement.

M. de Caumont fait remarquer qu'il faut bien distinguer entre les cryptes romanes, placées *sous le chœur* des églises, et les caveaux funéraires qui ont pu être ajoutés après coup et latéralement aux nefs principales. Plusieurs des indications données par M. Lacurie paraissent se rapporter à ce dernier genre de constructions souterraines qui ne sont pas des cryptes proprement dites.

M. l'abbé Rochet parle spécialement de la crypte qui existe sous l'église de Surgères.

Un membre ajoute que l'on dit dans le pays qu'il y a eu à Surgères deux cryptes superposées.

La position de l'église de Surgères, dans un terrain bas et près d'un ruisseau, porte M. Duret à douter de la possibilité du fait.

Appareils de maçonnerie. M. Lacurie dit que l'appareil moyen est le plus ordinairement employé. Les contreforts sont peu saillants. Ils semblent plutôt destinés à orner les édifices qu'à en soutenir les murailles. En tout cas, on remarque qu'on en a soigneusement profité en tant qu'ils pouvaient aider à la décoration extérieure des églises.

M. Fillon cite quelques-uns des contreforts de l'église d'Aulnay qui sont terminés par un cône surmonté d'une boule, ce qui imite assez exactement la coiffure de chœur adoptée par le clergé de certains diocèses. Ces ornements particuliers sont comme les contreforts plaqués aux murailles.

M. de Caumont dit que des contreforts semblables existaient à St.-Germer, département de l'Oise, mais qu'on ne les rencontre guère dans le nord : ils peuvent donc être indiqués comme un des caractères de l'architecture romane en Saintonge.

Eglises romanes à dates certaines. M. Lacurie cite la crypte de St.-Eutrope, de 1081 à 1096.

M. Rochet, l'église de Surgères, de 1097.

M. Moufflet, l'église de Ste.-Gemme, de 1070 à 1076.

M. Duret, les églises de Marétay et de St.-Héric qui ont dû être bâties dans les premières années du XIIe. siècle, et l'église de Thézac achevée peu avant 1084. Le clocher de cette dernière église est peut-être le plus remarquable de toute la Saintonge, du moins parmi ceux qui appartiennent au roman secondaire.

Orientation des églises. Parmi les églises dont l'orientation fait exception à l'usage généralement suivi, M. Duret cite, dans l'arrondissement de St.-Jean-d'Angely, l'église de Fenioux, l'une des plus anciennes du pays, près de laquelle se trouve la charmante lanterne des morts dont les archéologues ont déjà parlé, et l'église de La Villedieu qui est beaucoup plus moderne. Elles ont, l'une et l'autre, leur abside tournée au nord. Celle de la Villedieu est sur le bord de la route de Saintes à Poitiers. Quant à celle de Fenioux, elle est placée sur la crète d'un coteau et parallèlement au vallon qui est au pied. Il eût été très-difficile, ou du moins très-dispendieux, de la placer dans une position autre que celle qu'elle occupe.

M. de Caumont dit qu'il a personnellement remarqué que la position des églises *anciennes* non orientées tient toujours à des difficultés de terrain.

M. Surrault cite l'ancienne église de St.-Savinien à Melle, dont l'abside est appuyée sur les murs de la ville et tournée vers le *nord-est.*

M. Rainguet signale, comme étant aussi dirigée vers le *nord-est,* l'église de St.-Romain de Beaumont.

M. Duret fait remarquer que cela est de peu d'importance et ne constitue peut-être pas une exception, parce que l'orientation n'est jamais d'une exactitude astronomique.

Il saisit cette occasion pour signaler une erreur commise par M. Lesson dans ses *Lettres archéologiques sur la Saintonge,* où il dit expressément que l'église de Marétay, déjà citée, est tournée au nord : elle est, au contraire, tournée à l'est.

Existe-t-il des sièges anciens en pierre chœur des églises?

Aucun des membres présents ne répond affirmativement à cette question.

Ornementation. MM. Fillon et Surrault disent qu'ils ont remarqué la plus grande analogie dans les ornements employés en Poitou et en Saintonge. M. Fillon cite cependant, comme tout-à-fait exceptionnels les chapiteaux à larges masques ou figures d'hommes que l'on voit à l'intérieur de l'église d'Aulnay.

M. de Caumont croit qu'il existe entre les deux architectures des nuances bonnes à indiquer ; il exprime le vœu que trois membres de la Société se réunissent en commission pour étudier le système d'ornementation en Saintonge. M. le président invite MM. Fillon , Moufflet et Brejon à se charger de ce travail.

Existe-t-il en Saintonge des Lions auprès des portails des églises ?

Aucun ornement de ce genre n'est signalé par les membres présents.

M. de Caumont fait remarquer que ces lions sont quelquefois placés en France à une assez grande hauteur ; tandis qu'en Italie ils sont de grande dimension, taillés en marbre rouge et placés au bas des façades des églises. Il rappelle, à cette occasion, que le siége de Salomon était supporté par des lions; l'emploi de ce genre d'ornement provient sans doute de là.

M. le président demande s'il n'y a pas un lion à l'église de Surgères.

M. Rochet déclare n'en avoir pas vu. Il pense au surplus, comme M. de Caumont, que les lions sont une allusion au trône de Salomon, qui était lui-même la figure de Jésus-Christ.

M. Duret demande si l'on a remarqué qu'en général les églises qui ont appartenu aux Bénédictins sont plus belles et infiniment plus soignées que les églises ordinaires.

M. Béchade, de Marmande, dit qu'il a observé ce fait dans l'Agennais.

M. le curé d'Aulnay dit que l'on connaît la charte par

laquelle l'abbaye, située jadis près de sa belle église, fut donnée aux Bénédictins, en 1038.

M. de Caumont a remarqué que, dans le Calvados, les églises qui dépendaient des abbayes étaient toujours plus grandes et plus belles que les autres.

M. Calvet a fait la même remarque pour le Lot.

Le Secrétaire, DURET.

Seconde séance du mardi 18 juin.

Présidence de M. CALVET, inspecteur des monuments du Lot.

La séance est ouverte à 2 heures, sous la présidence de M. Calvet, inspecteur du Lot. Siègent au bureau MM. de Caumont, Lacurie, Moufflet, Rondier, Jouannet, Gaugain.

La salle est, comme toujours, occupée par de nombreux auditeurs. Avant de reprendre l'enquête archéologique, M. le président invite M. Forestier, ingénieur des ponts et chaussées à donner les détails qu'il a promis sur la construction de l'arc de triomphe.

L'arc de triomphe, dit M. Forestier, est composé de grands blocs de pierres de taille, dont quelques-uns ont jusqu'à 2^m. 30 de longueur; ils ne sont liés par aucun mortier, mais assemblés par des queues d'aronde en bois, une sur chaque face; ces queues d'aronde, dont une est déposée sur le bureau, ont environ 20 centimètres de long, et ne se trouvent que dans les massifs intérieurs; lorsque les pierres sont trop grandes il y en a deux sur chaque face. Les pierres extérieures étaient reliées par des crampons de fer scellés en plomb.—La taille des pierres est assez soignée et elles sont parfaitement ajustées. Pour obtenir la juxtaposition dans les joints verticaux, les pierres ne sont taillées que sur 7 à 8 centimètres, et un démaigrissement assez fort se fait re-

marquer d'une manière régulière dans les pierres sans exception. Outre les cavités faites pour les queues d'aronde, il
en existe d'autres sur les faces latérales de quelques pierres,
ayant 0,15 1|2 de long sur 0,045 de large, et 0,09 de pro-
fondeur, dans lesquelles on n'a trouvé ni bois, ni fer. Il est
probable qu'ils ont dû servir à l'ajustage des pierres dans la
construction, en y plaçant les instruments pour ne pas écorner
les blocs. Quant à la nature de la pierre, c'est celle du pays.
Quelques personnes ont pensé qu'elle venait des carrières
du Douhet ; M. Forestier croit qu'elle provient d'une carrière située rue des Balets.

M. Moreau dit que cette pierre pourrait aussi provenir
d'une carrière abandonnée maintenant, et située place des
Cordeliers : on la nomme pierre des Douves.

M. Duret fait observer que Bourignon avait dit qu'il
n'existait pas de queues d'aronde dans l'arc de triomphe ;
cette assertion est évidemment erronée, comme le prouvent
les faits.

M. le président donne connaissance d'une découverte faite
à Agen, en faisant des travaux pour le canal latéral de la
Garonne ; on mit au jour, vis-à-vis Agen, plusieurs squelettes couchés les uns à côté des autres ; tous avaient au cou
un carcan qui les liait les uns aux autres par une chaîne de
fer ; ils avaient également tous les jambes enchaînées par
une même chaîne. On remarquait sur eux des traces de
combustion. On avait pensé d'abord que ce pouvait être
saint Caprais et ses compagnons. Cependant autour d'eux on
ne trouva aucune indication chrétienne, mais un grand
nombre de coupes, de vases en terre, en verre, etc., enfin
un petit cype en marbre blanc.

M. Calvet fait ensuite part de l'intérêt que Mgr. l'évêque
d'Agen porte aux études archéologiques et de sa sollicitude pour
la conservation des monuments religieux de son diocèse. Il

vient de publier dans ce but une lettre pastorale fort remarquable que M. le président remet à M. de Caumont.

Les deux questions suivantes sont adressées.

1°. *A-t-on trouvé à Saintes des inscriptions chrétiennes anciennes ?*

M. l'abbé Lacurie répond qu'on n'en connaît qu'une seule qui est déposée au musée, où elle figure sous le n°. 15.

2°. *Quelle était la position qu'occupait à Saintes le premier cimetière chrétien ?*

Aucune indication précise n'est fournie sur ce point. M. de Caumont s'étonne de ce qu'on ne possède pas de détails sur la topographie ancienne de la ville. Il recommande cet objet intéressant aux recherches de la Société archéologique.

M. Jouannet lit un rapport remarquable sur les inscriptions du musée.

SUR QUELQUES INSCRIPTIONS FUNÉRAIRES RECUEILLIES DANS LA VILLE DE SAINTES ET DÉPOSÉES DANS SON MUSÉE ;

Par M. JOUANNET, membre correspondant de l'Institut.

Messieurs,

Invité par notre honorable directeur, M. de Caumont, à relever quelques inscriptions déposées dans le musée de votre ville, je me suis empressé de me rendre aux désirs d'un homme si utile à la science, et si cher à tous ceux qui la cultivent. Je l'ai fait avec d'autant plus de plaisir que je savais toutes ces inscriptions déjà relevées par votre honorable secrétaire, ce savant modeste qui apporte tant de lumières et d'exactitude à tous ses travaux. Ainsi, de l'opération qui m'était demandée je pouvais me promettre le bonheur du paresseux, celui de trouver besogne faite. Cependant, pour n'être pas tout-à-fait un servile copiste, j'ai demandé au pied métrique l'honneur des mesures, honneur facile qui ne refuse personne, et ne craint pas l'envie.

Je vais suivre l'ordre établi dans le livret intitulé *Guide des visiteurs du musée de Saintes.*

N°. 1.

D.   M.

MEMORIAE

IANVARÌS NAT

XXXV

NERVIVS. A. N

MNV PRETIA

RI. B. VR. C. POS

Ce marbre a été lu ainsi par Visconti :

Diis Manibus et MEMORIAE IANVARIS NATione NER-VIVS ANnorum XXXV MENsium V PRETIARIa Benè Merenti Conjugi POSuit.

Cippe ou autel funéraire en pierre du pays, fronton tronqué ; hauteur, 3 pieds 6 pouces ; largeur, un peu moins de 2 pieds. L'inscription occupe sur le dé un carré d'environ 1 pied 4 pouces de côté ; elle présente quelques particularités : l'âge du mort, gravé en interligne au-dessus des sigles A. N. qu'il devrait suivre, coupe en deux l'épitaphe ; mais une remarque plus importante à faire, c'est qu'au milieu de l'interligne où se trouve ce chiffre, on voit la petite ouverture oblongue, pratiquée sur plusieurs autres cippes funéraires, pour recevoir ou des libations ou de légères offrandes. La face latérale, à droite, porte les traces de l'*ascia*, instrument sur lequel on a trop écrit, et qui se voit sur tant de tombeaux romains, découverts à Bordeaux et à Lyon. Permettez-moi, Messieurs, une dernière observation. Si les sigles B. VR. qui font partie de la dernière ligne, fidèlement copiée par M. La Curie, ont été interprétés par BENE MERENTI, ils ont dû l'être ainsi, en supposant avec raison que le graveur aura sans doute oublié les deux jambages de l'M : il est d'autres exemples de pareille erreur.

N°. 10.

D.   M.

JVL ' BELINIA... (1)

M ' TERENiI...

MARIA

FIL.

Cippe en pierre du pays : hauteur, 5 pieds 6 pouces, y compris son haut couronnement pyramidal ; largeur, 1 pied 4 pouces.

Cette épitaphe embarrasse le lecteur, d'abord parce que la fin des noms propres est effacée et qu'on n'est pas sûr de bien saisir leur rapport ; ensuite parce qu'il est difficile de décider si une espèce d'accolade retournée, qui semble unir l'L à l'I dans le mot BELINIA ou BELINIAE, n'est pas une H, ou plutôt un signe destiné à réparer une faute du graveur. Il avait, par un gros point rond, séparé BEL de INIA, et fait deux mots de ce qui n'en devait faire qu'un ; il aura cru que son accolade réparerait la bévue. En vérité, cette inscription a joué de malheur ; ce n'était pas assez des injures du temps et de la maladresse du graveur, l'imprimeur, chargé d'en faire la copie, a donné à *Belinia*, au lieu de son véritable prénom *Julia*, celui de *Iluia* qu'on n'a jamais vu.

N°. 11.

Cippe funéraire sans inscription : hauteur, environ 5 pieds. La face principale, creusée en niche carrée, renferme une statue de femme vêtue de la camisia et par-dessus d'une tunique courte. Elle tient de la main droite un vase semblable

____

(1) Le même nom se lit sur un cippe gallo-romain de Bordeaux.

pour la forme à un grand lacrymatoire, et de la gauche un rouleau (*volumen*). Cette espèce de bouteille et ce rouleau indiquent-ils la profession ?

N°. 12.

D. M. ET

MEMORIE

IVL ' MV

SICE V

VIVA ' SI

BI ' POSV

IT.

Ce marbre a été lu ainsi par M. Visconti :

Diis Manibus ET MEMORIae IVLiæ MVSICEs Volens VIVA SIBI POSVIT.

Cippe funéraire : hauteur, 1 pied 10 pouces ; largeur, 1 pied 4 pouces. L'inscription est entre deux pilastres que décore perpendiculairement une suite de losanges ; elle n'offre d'autre particularité que d'avoir été dictée par la personne même dont elle devait un jour couvrir le tombeau.

N°. 15.

Pierre quadrilatère, haute de 4 pouces, large de 11 pouces 10 lignes, épaisse de 5 pouces, sur laquelle est gravée l'épitaphe suivante :

XIIII KL JVNIAS depositio

RECEPTI □

C'est la seule épitaphe chrétienne que j'aie vue dans le musée de Saintes : on la reconnaît aussitôt au mot *depositio*, et le caractère indique le V°. siècle ou le VI°. Le dernier signe n'est pas un *o*, c'est un sigle qui indique peut-être le tombeau.

N°. 16.

Fragment de cippe sur lequel on lit l'épitaphe suivante :

D. M. Ǝ. M.

VAL ’ VENE

RIAE . REFI

NA . LIB.

L’affranchie *Refina* élève cet autel funèbre aux dieux
mânes et à la mémoire de Valeria Veneria.

N°. 17.

S. MATERNAE. ILV...

AMATHVST. MARI....

POSVIT.

Cippe tronqué, mais haut encore de 5 pieds ; sa largeur
est d’un peu moins de 2 pieds. Sur la face antérieure on a
creusé une niche carrée, haute d’environ 3 pieds et décorée
d’un bas-relief d’une forte saillie. Ce bas-relief représente une femme vêtue de la stola, tenant de la droite une
branche de laurier et de la gauche des pavots. La pose est
gracieuse ; il y a du naturel dans ce bras qui descend molle-
ment le long du corps, et dans cet autre bras dont la main tient
sur le sein de la morte un bouquet de pavots (1). La parure
de tête est en cheveux cannelés, formant une couronne de
boucles autour du front : l’effet n’en est pas désagréable ;
mais pourquoi ces bandelettes qui tombent du haut de la tête
comme de celle d’une victime ? pourquoi aussi ce laurier,
toujours vert, qui porte encore quelques traces de sa couleur
primitive ? Il serait facile de répondre par des conjectures ;
mais les conjectures expliquent tout et ne prouvent rien.

Ce monument funéraire me paraît, par son exécution,
antérieur aux autres cippes du même genre qui existent aujourd’hui dans le musée de Saintes. J’ajouterai que le nom
de la femme à laquelle il est dédié, *Materna,* se lit souvent

(1) V. l’esquisse de ce tombeau dans l’atlas du Cours d’Antiquités
de M. de Caumont, fig. 13, pl. XXVIII.

sur les monuments du midi, et se distinguent ordinairement par leur élégance.

Cippe sans n°.

C'est un débris informe, mais sur lequel on lit :

D.   M.

ET · MEMORI

AE · CL · RVFII

MARITI · SVI

Le nom de l'épouse manque.

Il me reste à parler de trois inscriptions dont une est ainsi conçue :

...C · IVLI · RIC OVERIVGI · F · VOL · MARINO...
...TALI · PRIMO C.C.R. · CQVAESTORI · VERO....
...MARINA   FILIA · I...

Cette inscription a 8 pieds 2 pouces de long, 1 pied 6 pouces de haut, 9 pouces d'épais. La lettre en est fort belle; elle a près de 4 pouces de hauteur.

....ONNETODVBNI....

...AEFECTO · FABRVM TRIB...

...I · AD · CONFLVENTEM C....

Inscription ayant 4 pieds 2 pouces de long, 1 pied 4 pouces de haut. La lettre de la première ligne a de hauteur 4 pouces et demi; les autres vont en diminuant.

Ces deux inscriptions sont incomplètes, mais je dois remarquer que la première est composée de deux pierres qui font suite l'une à l'autre; ainsi qu'on le voit par la lettre Q de *Quaestori*. Cette inscription a probablement appartenu à quelque grand monument funéraire érigé par *Marina* à l'homme important dont elle avait reçu le jour.

La seconde semblerait dire que le fils du Gaulois ONNETO-DUBNI porte ce même titre de PRÆFECTUS FABRUM, que l'inscription de votre arc de triomphe, interprétée par La

Sauvagère, donne au fils d'un gaulois nommé *Otuaneuni*.
Je dois remarquer aussi que les mots *ad confluentem*, qui se
trouvent sur ce débris, me semblent demander de nouvelles
études au sujet de l'arc de Saintes; je les ferai.

Le n°. 55 du livret, portant d'un côté VEGETVS en
lettres de plus de sept pouces, et de l'autre C · V · S · L · M ·
en lettres presqu'aussi grandes, appartient à quelque monument votif, ainsi que l'indiquent ces mots : C. Votum Solvit
Lubens Merito. Quel était ce monument ?....

Un reste de grand cippe funéraire est tellement mutilé
qu'on ne peut pas déchiffrer la moitié de son épitaphe. On y
lit seulement les mots ou parties de mots suivants :

CVSCAI▨▨▨▨▨IVSS

· O   · TILVNO

▨▨▨▨APPICOMNERI FILII

VNDINAE

XXITEM MEMORIAE VL

CARISSIMAE (1).

M. de Caumont remercie M. Jouannet au nom de la compagnie.

Il montre ensuite le dessin fait
par M. Fillon d'un bas-relief qui
existe au Musée d'antiquités. Cet
objet a été trouvé, comme beaucoup
d'autres morceaux romains, dans
les murs de l'hôpital, et représente
une femme tenant un enfant sur ses
genoux. Quelques personnes ont cru
que ce pouvait être la Ste.-Vierge,
mais cela est très-douteux et même
peu probable.

____

(1) On y reconnaît seulement des noms gaulois.

M. Dumaurison, membre du Conseil-général de la Charente-Inférieure, lit une lettre de M. de Vallée relative à
diverses inscriptions.

L'ordre du jour appelle la discussion de la 13e. question
du programme : *Que penser des crapeaux, des souris, des
chats que l'on voit sur plusieurs églises de la Saintonge.*

M. Moreau lit un mémoire sur les sculptures décoratives en
Saintonge ; il divise ces sujets en deux classes, la première
comprenant les tableaux astronomiques, et la seconde les
emblêmes de morale chrétienne.

« Dans la première il fait rentrer les zodiaques comme
ceux qui existent à Aulnay et à Fenioux. Selon lui ces zodiaques sont des imitations de ceux des premières églises
d'Orient, car il pense qu'il fallait pour attirer les peuples dans
les églises leur montrer les mêmes tableaux que ceux qu'ils
avaient coutume de voir dans leurs anciens temples.

« Dans la deuxième série, les animaux se combattant représentent les luttes du bon et du mauvais principe , de
l'église orthodoxe et de l'hérésie. »

D'autres objets sont dans l'opinion de M. Moreau , le
symbole de certains personnages.

M. Fillon demande la parole et lit la note suivante sur le
symbolisme.

NOTE DE M. FILLON.

La question du symbolisme dans les sculptures des églises a
été si souvent discutée, qu'il est bien difficile de dire quelque
chose de neuf à ce sujet. Au dernier congrès archéologique de
Poitiers, encore, les opinions opposées ont été défendues de
part et d'autre avec la plus grande animation, et nous avons pu
entendre la parole savante de M. l'abbé Cousseau, venir jeter
une vive lumière sur la pensée qui a présidé à quelques-unes

des innombrables productions de l'art chrétien. Une note de
M. Le Cointre-Dupont, insérée dans le vol. de 1843 des
Mémoires de la Société des Antiquaires de l'Ouest, pag. 455,
reproduit aussi un texte remarquable extrait de Vincent de
Beauvais, au moyen duquel on explique les scènes les plus
grotesques et les plus bizarres que l'on voit sur les monuments. A cette citation, je viens opposer aujourd'hui le
passage suivant de St. Bernard, qui vivait à une époque où
la sculpture était le plus chargée d'ornements, et où les
partisans les plus effrénés du symbolisme vont puiser à
plaine main des matériaux pour exercer leur verve.
« Omitto......... curiosas........ depictiones........ : Patia-
mur et hoc fieri in ecclesiâ... cœterum in claustris, quid
facit illa ridicula monstruosa ac formosa deformitas ? Quid
ibi immundæ simiæ ! Quid feri leones ! Quid monstruosi
centauri !.... Quid milites pugnantes! Quid venatores tubici-
nantes !.... cernitur hinc inquadrupede cauda serpentis, illinc
in pisce caput quadrupedis....... (apud Mabillon, inter opera
sancti Bernardi, cap. XII, n°. 29, t. 1, p. 539. Paris,
1690.) (1). » Ce chasseur donnant du cor, nous le trouvons
à St.-Hillaire-de-Melle ; ces singes, ces centaures, ces bêtes
à corps d'hommes couvrent les modillons de la cathédrale de
Poitiers ; le beau portail méridional d'Aulnay offre aussi une
foule de ces étranges compositions. Au milieu de tout cela
nous trouvons bien de nombreux sujets symboliques, je crois
même qu'en principe les grandes compositions et beaucoup
de détails cachent une pensée religieuse ; mais vouloir expliquer par le symbolisme jusqu'au tonneau que l'on voit sculpté
sur quelques consoles, traduire avec un aplomb impertur-

____

(1) Lettre écrite vers 1125, à Guillaume, abbé de St-Thierry.
M. de Caumont a reproduit ce texte dans son histoire de l'architecture, 3e. édition. 1841.

bable les figures grimaçantes, c'est vouloir aller au-devant des plus incroyables erreurs. Et puis, la critique, ou pour mieux dire la caricature, n'a-t-elle pas pu venir souvent jeter quelques épigrammes à tel ou tel maître? Voyez seulement cet ânon dont j'ai parlé (V. page 525), drapé dans sa chappe. Je ne sais si je me trompe, mais je crois reconnaître quelque grave abbé, que la malignité de l'artiste fait comparaître avec son peu de science devant la postérité. St. Bernard d'ailleurs, et c'est une autorité, blâmait, au XIIe. siècle, ces fantaisies qui ne sont pour lui que le produit d'une imagination déréglée. Je me contenterai donc de dire que je suis entièrement de son avis, et je ne me rangerai à une autre opinion que lorsque l'on viendra me donner un meilleur guide.

M. l'abbé Rochet lit un mémoire sur la symbolique chrétienne, pour répondre à la question du programme.

M. Duret dans une improvisation facile et élégante expose aussi sa pensée sur le symbolisme.

Le symbole ne s'exerça dans les premiers temps du christianisme que sur bien peu de sujets, l'alpha et l'oméga, les colombes, la vigne, le poisson. Puis le symbolisme devint plus tard, plus complet. Ainsi ces modillons isolés à figures grimaçantes, pourraient représenter les individus chassés du festin, s'ils n'ont pas la robe nuptiale, et jetés dans les ténèbres extérieures, où sont les pleurs et les grincements de dents, comme doivent être chassés tous ceux qui ne sont pas convenablement dans l'église. Il faut bien distinguer entre les tableaux, les scènes, et ce qui est vraiment symboles. Dans les premiers, nous voyons la représentation des vertus et des vices avec les noms au-dessous, comme au portail d'Aulnay, les scènes du jugement dernier et d'autres grandes peintures des livres sacrés.

Le symbole au contraire est une chose cachée, dont le sens ne se découvre pas au premier abord ; tel est, par exemple, le mythe du poisson et les premières figures que les chrétiens placèrent sur leurs tombeaux.

M. Duret ajoute que peu à peu ces traditions se perdirent, et que la pensée religieuse s'égarant, le génie satyrique de l'artiste se permit souvent de rendre des sujets burlesques, et même plus que profanes. Il achève en démontrant, que si une infinité de ces sujets ont un sens symbolique, il en est beaucoup qui ne peuvent être interprétés.

M. Calvet jette un coup-d'œil rétrospectif sur l'histoire du symbolisme religieux ; il s'appuie sur les remarques faites par le savant Raoul Rochette dans les catacombes, et cite des passages précieux de St. Paulin, évêque de Nole, qui tendent à établir que les ornements des églises étaient un moyen puissant pour instruire le peuple à cette époque.

Après avoir étudié la valeur symbolique des représentations du poisson, de l'alpha et de l'oméga, du Bon Pasteur, etc., M. Calvet établit que le symbolisme paraît d'abord dans les catacombes, mais qu'ensuite la satyre s'en mêla jusqu'au XVe. siècle, époque à laquelle le symbolisme reparut. Parmi les images satyriques qui abondèrent aux XIe. et XIIe. siècle, et postérieurement encore, M. Calvet donne pour exemple celles qui représentent un renard habillé en moine et prêchant des poules : déjà il cache une d'elles sous son manteau. Il cite encore les sculptures rappelant la gourmandise et les autres vices.

Sur la prière des membres du congrès, M. Duret est ensuite invité à vouloir bien faire part d'une pièce de vers, composée par lui, et qui est la relation piquante d'une déception archéologique arrivée à lui et à deux de ses

9

collègues. Cette jolie pièce de vers est couverte d'applaudissements.

M. de Caumont annonce que la visite des principaux monuments de l'arrondissement aura lieu le lendemain, et
que l'on se réunira à cinq heures du matin sur la promenade, où des voitures ont été commandées par les soins de
M. Gaugain, trésorier de la Société.

A. DE CHASTEIGNER.

EXCURSION ARCHÉOLOGIQUE

AUX ENVIRONS DE SAINTES.

Présidence de M. DES MOULINS, membre du Conseil.

(M. Duret, secrétaire rapporteur.)

Le 19 juin, la Société est partie de Saintes, à cinq heures
du matin, dans plusieurs voitures préparées à cet effet, et a
parcouru les localités qui avaient été désignées par le bureau.
M. Duret, secrétaire, a présenté le rapport suivant sur cette
excursion.

RAPPORT DE M. DURET.

Messieurs, j'ai accepté avec témérité la mission de vous faire
connaître le résultat de l'excursion archéologique que nous
avons faite hier, dans la partie sud-ouest de l'arrondissement
de Saintes. Nous avons visité plusieurs monuments intéressants. L'église de St.-Romain-de-Benêt, les ruines du Terrier
de Toulon, la pile de Pirelonge, l'église de Meursac, et enfin

celle de Rétaud, ont été l'objet de notre examen. Cet examen
a été bien rapide et la rédaction du procès-verbal s'en res-
sentira nécessairement. Le Congrès voudra donc bien m'excu-
ser, si je n'entre pas ici dans tous les détails qu'il attend
peut-être de moi.

Après avoir passé devant Pessines, tout en causant du chêne
monstrueux que possède M. Fonteneau, et que M. d'Orbigny
a recommandé à la sollicitude de la Société archéologique de
Saintes, nous avons traversé Pisany, en nous donnant bien
de garde de faire voir à M. de Caumont le déplorable bâtiment en moellon qui y sert d'église. Nous lui avons seulement montré du doigt les restes assez insignifiants du château
qui appartenait, avant la révolution, à la famille Senec-
terre.

Eglise de St.-Romain-de-Benêt. Notre première station
a été à St.-Romain-de-Benêt. L'église de cette commune est
remarquable. L'abside, nouvellement réparée à l'extérieur et
d'une manière satisfaisante, présente sept fenêtres à plein
cintre. Elle est assise sur un socle continu. Les fenêtres sont
séparées par des colonnes appliquées, dont les chapiteaux
ne présentent pour ornements que des coins légèrement saillants et sont couronnés chacun par une pierre formant un
plan incliné. Au-dessus, règne, tout autour de l'abside, une
corniche soutenue par des modillons d'une grande simplicité.

On voit, au flanc nord de l'édifice, deux contreforts, absolument semblables à ceux des anciens donjons féodaux. Ils
ont 90 centimètres de largeur et 30 centimètres seulement
de saillie. L'un est appliqué à la base du clocher, l'autre au
mur de l'église, et ce dernier s'élève jusqu'à la naissance
même des combles.

Le clocher, dont la partie supérieure est moderne, est
orné à mi-hauteur d'une arcature en plein cintre, présen-

tant sur chaque face de la tour trois arcades d'égale dimension.

L'église n'a pas de porte à l'ouest ; il ne paraît pas qu'il en
ait jamais existé dans cette partie. Le mur occidental, qui est
du reste très-délabré, porte des traces de coups de biscayens.
Nous avons pensé du moins que telle est l'origine de quelques
trous qu'on y remarque, tout en croyant aussi que certains
autres trous proviennent de ce que la pierre aurait renfermé
autrefois des rognons de silex. Le mur méridional est aussi
très-délabré ; il est flanqué de contreforts ajoutés après coup.

A l'intérieur, où l'on pénètre par une porte moderne
ouverte dans le mur nord, on est frappé de l'aspect que présente l'ensemble du vaisseau. La nef se compose de deux
travées seulement, autrefois surmontées de coupoles ; mais
les dômes n'existent plus, à partir du cordon horizontal qui
règne au-dessus des pendentifs. Ce cordon est formé par une
suite d'étoiles à huit pointes, ornement très-fréquemment
employé en Saintonge. Deux plafonds circulaires, en sapin,
remplacent aujourd'hui les dômes.

La nef n'a pas de bas-côtés. Sa largeur est de 11 mètres 30
centimètres.

Le chœur, qui est plus étroit, présente une voûte ogivale
se terminant en cul-de-four. Les sept fenêtres de l'abside sont
accompagnées chacune de deux colonnes fort allongées. Il
existe, en outre, entre ces fenêtres, une série de colonnes
supportant une arcature. Cette partie de l'église, quoique
dépourvue de sculptures, est d'un bel effet. Malheureusement,
l'autel n'est pas à la place qu'il devrait naturellement occuper.
Il est accolé à un rétable en pierre, d'architecture grecque,
édifié dans le XVIIIe. siècle, aux frais d'un sieur Rousseau,
chanoine de Sablonceaux, et placé un peu en avant du
fond de l'église, dont le rond-point sert aujourd'hui de sacristie.

Des massifs de colonnes surmontées de chapiteaux historiés, supportent la base des coupoles. Je ne décrirai pas tous ces chapiteaux. Je dirai seulement que l'un d'eux, placé à droite en regardant l'autel, me paraît représenter une légende. On y voit une bête fauve qui attaque un homme ; ce dernier se défend en frappant l'animal avec une sorte d'épée. En avant de ce groupe, marche un cavalier, un chevalier, sans doute, car il a des éperons ; devant lui, un personnage vêtu d'une robe, et puis enfin un oiseau qui ressemble à un faucon. Peut-être n'est-ce qu'une scène de chasse. Cependant les rôles y seraient intervertis, car c'est la bête qui aurait l'air de poursuivre les chasseurs.

L'église de St.-Romain-de-Benêt appartenait à l'abbaye de Sablonceaux. Elle me paraît avoir été construite dans le XIIe. siècle, c'est-à-dire peu de temps après la fondation de l'abbaye elle-même, qui date de 1136. Il eût été intéressant pour nous de visiter ce qui reste de la belle église de Sablonceaux, où l'on trouve des coupoles comme à St.-Romain ; mais notre itinéraire, tracé à l'avance, ne nous permettait pas de faire cette excursion accessoire qui eût allongé notre voyage d'un myriamètre environ. Nous nous sommes bornés à saluer le beau clocher de cette église du haut du Terrier de Toulon, dont je parlerai tout-à-l'heure.

J'ajouterai, pour terminer ce que j'ai à dire de St.-Romain, que des tombes fort anciennes, en pierre, creusées en forme d'auge, avec encastrement circulaire pour recevoir la tête du défunt, ont été récemment mises à découvert dans le cimetière.

Camp de Toulon. De St.-Romain nous nous sommes rendus au Terrier de Toulon. Je n'en ferai pas la description détaillée. Vous savez déjà, Messieurs, qu'il s'agit d'une double enceinte de fossés, au centre de laquelle on voit, sur le point culminant du coteau, les restes d'une tour quadran-

gulaire. On donne à cette enceinte le nom de *camp de César*.
Quelque vive que fût notre curiosité d'antiquaires, il nous a
été impossible, en arrivant sur les lieux, de ne pas admirer
tout d'abord le magnifique panorama que nous avions sous
les yeux. Le superbe clocher de Marennes qui se dressait
dans la plaine, à 23 kilomètres de distance, et qui, à la
faveur d'un rayon de soleil, nous apparaissait distinctement
dans toute sa hauteur, a concentré sur lui pendant un moment tous nos regards. Après cet examen *télégraphique* du
pays, nous nous sommes occupés de la tour ruinée qui nous
servait d'observatoire.

Vous vous rappelez que dans l'une de nos dernières séances
on avait agité la question de savoir si cette tour est de construction romaine. M. Lacurie avait soutenu la négative, en
se fondant sur les caractères architectoniques de l'édifice, et
en s'autorisant au surplus de l'opinion de quelques antiquaires,
notamment de Millin. L'examen attentif auquel nous nous
sommes livrés, nous a fait partager cette opinion, d'une manière à peu près unanime. Nous avons pensé que l'appareil de
la maçonnerie, l'inégalité des assises, le peu de soin apporté
dans la main-d'œuvre, repoussent l'idée que l'édifice ait été
bâti par les Romains. Les murs qui ne s'élèvent plus qu'à
quelques mètres au-dessus du sol, sont fort épais. Ils font
supposer une tour assez haute, ou en tout cas un édifice
militaire bâti pour être durable. Or, il nous a paru que la
dimension très-variée des pierres employées dans les parements des murs, est un fait en-dehors des habitudes constantes
des Romains, qui savaient observer toujours, comme condi-
tion même de la solidité, l'harmonie dans les détails. C'était
pour eux une règle d'art qu'ils suivaient comme d'instinct,
jusque dans les édifices qui n'étaient pas destinés à braver
les siècles.

En définitive, nous n'avons vu dans les ruines de Toulon,

qu'un donjon, antérieur peut-être aux donjons à contre-forts élevés par la féodalité, mais de beaucoup postérieur à la conquête des Gaules par les Romains.

J'ajouterai cependant qu'il nous a paru impossible que les Romains n'aient pas occupé cette position. Sa magnifique situation pour observer l'ensemble du pays, le fait qu'on a trouvé à peu de distance, vers le nord, des ruines romaines dans la plaine, l'existence d'une voie romaine au midi, tout indique que les Romains ont dû s'assurer militairement du terrier de Toulon. Il y a donc eu un camp. Sous ce rapport, la tradition est fondée, et les enceintes de fossés s'expliquent sans doute par ce fait. Plus tard, à l'occasion des événements qui ont accompagné ou suivi l'invasion des barbares, Toulon aura été de nouveau occupé, et la tour, aujourd'hui ruinée, aura été élevée.

Ce qui tendrait à prouver que les fossés et la tour n'ont pas la même origine, c'est que cette dernière n'est pas au milieu de l'enceinte formée par le fossé intérieur ; elle est presque sur le bord méridional de cette enceinte. Eût-on pu placer ainsi le *pretorium* d'un camp ?

Une grave question topographique s'etait élevée du temps de Bourignon, qui a écrit sur les antiquités de la Saintonge : le camp de Toulon est-il irrégulier, est-il carré ? Il paraît qu'on n'était pas d'accord à cet égard. Les bois taillis qui couvrent le coteau gênaient sans doute la vue des observateurs. Bourignon, pour se fixer d'une manière positive, l'examina dans des saisons diverses, et il dit naïvement, à la page 216 de son livre : « *J'ai observé ce camp, avec* « *un amateur, en hiver et en été, et il nous a constamment* « *paru carré.* » Pour nous, Messieurs, malgré Bourignon et son amateur, nous croyons que le camp est un polygone irrégulier.

Pile de Pirelonge. Du camp de Toulon nous avons porté nos pas vers la pile de Pirelonge. C'est, comme on l'a dit ces jours-ci, une masse quadrilatère de maçonnerie en blocage, pleine, ayant environ 25 mètres d'élévation, et se terminant par une cape conique. Une partie de la cape est encore garnie d'un revêtement en pierres de taille de grande dimension, lesquelles sont ornées d'écailles de poisson et non point de rigoles, comme l'ont dit plusieurs antiquaires. Cet ornement n'existe pas sur les deux premières assises de la cape; leur surface est tout unie.

Une première question nous a divisés. L'ensemble du monument n'était-il pas, dans l'origine, pourvu d'un revêtement en pierres de taille comme la cape elle-même ?

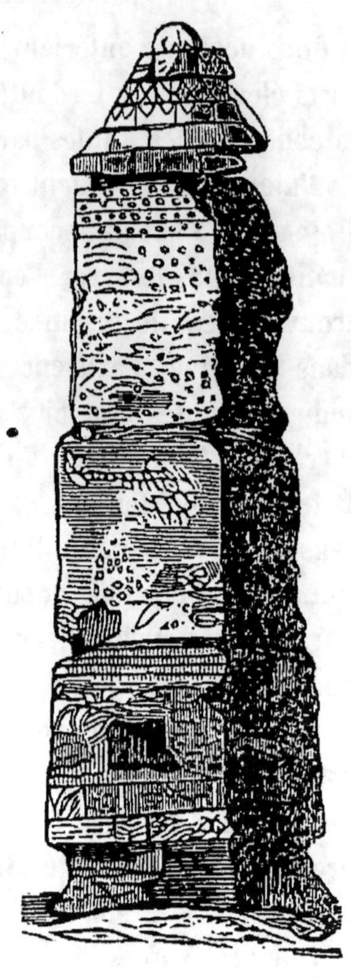

Les partisans de cette opinion, qui est la mienne et celle de M. de Caumont, se sont fondés principalement sur ce que les lois de l'architecture ne permettent pas de penser qu'on ait eu l'idée d'établir une cape aussi soignée que celle de Pirelonge, sur un môle en blocage complètement dépourvu de parements. M. Massiou a commis une erreur dans le premier volume de son histoire de Saintonge, page 110, quand il a dit que toute la partie inférieure de la pile, de la base jusqu'au couronnement, est revêtue d'un parement en moellons cubiques de 5 ou 6 pouces de face. Les pierres sont, au contraire, placées sans ordre dans un bain de mortier. Il y en

a de toutes les formes et de toutes les dimensions. C'est, je
le répète, un blocage, et sa surface est pleine de rugosités.
Or, comment s'expliquer ce contraste entre le corps de
l'édifice et la cape? J'ajouterai que je crois avoir remarqué,
sur les parois de la pile, les empreintes de quelques-unes des
pierres de taille qui auraient formé le revêtement.

Dans l'opinion opposée, qui a réuni, je dois le dire modestement, un plus grand nombre de suffrages, l'édifice a
été construit tel qu'il est encore, sauf les dégradations occasionnées par le temps. Un revêtement aurait nécessairement
été composé de pierres inégales en épaisseur, et qui, par cela
même, 'auraient laissé sur le blocage des empreintes plus
significatives que celles que l'on remarque. D'un autre côté,
on n'y devrait pas trouver des pierres d'angle coupées avec
un certain soin, comme on en voit une surtout à l'angle
nord-est, à environ 5 mètres au-dessus du sol.

L'édifice est divisé en bandes horizontales par des couches
de mortier très-minces qui pénètrent dans le blocage. Dans
mon opinion, ce serait là la marque de séparation des assises du revêtement; dans l'autre système proposé, la pile
aurait été construite à l'aide d'un ou de plusieurs caissons en
bois, et la couche mince de mortier serait le point de reprise des encaissements successifs.

Qu'il me soit permis de faire remarquer que, dans cette
dernière hypothèse, je ne comprendrais pas qu'il eût été
nécessaire d'étendre ainsi cette couche de mortier qui n'a pas
un demi centimètre d'épaisseur et qui est d'une nature toute
différente de celui du massif du blocage.

Quoi qu'il en soit, la majorité d'entre nous a pensé qu'il
n'avait point existé de revêtement sur le corps de l'édifice,
et que celui de la cape n'avait été placé que pour protéger
contre l'intempérie des saisons le sommet de la pile. Des
fouilles pratiquées avec soin donneraient le moyen de s'as-

surer s'il y a eu, dans le principe, un parement de pierres
de taille. Pour cela, il suffirait de mettre à découvert une
partie quelconque de la base de l'édifice. Nous avons pensé
que cette opération, peu dispendieuse en elle-même, pourrait être recommandée à la sollicitude de la Société archéologique de Saintes.

A côté de la question architectonique du revêtement, il y
en avait une autre plus essentielle à trancher, celle de l'origine et de la destination de l'édifice.

Quant à l'origine, on doit la tenir pour romaine. Le mode
d'assemblage des pierres de la cape, leur dimension, les
écailles de poisson pour ornement, tout le prouve suffisamment. J'ajouterai qu'une voie romaine passait à 40 mètres
du pied de l'édifice, et que le *fanal d'Ebéon*, monument du
même genre que celui de Pirelonge, est aussi sur le bord
d'une voie romaine.

Les observations présentées, dans l'une de nos précédentes
séances, sur la destination de l'édifice, se sont reproduites
sur le terrain, et je ne crois pas devoir les résumer. Je me
bornerai à dire qu'eu égard à sa situation, eu égard aussi au
bien petit nombre de constructions de ce genre, la grande
majorité d'entre nous a été d'avis que la pile de Pirelonge est
un monument *votif*, dressé en souvenir d'un grand événement, et non pas une tour à signaux.

Eglise de Meursac. En nous rendant de Pirelonge à
Rétaud, nous avons donné un coup-d'œil à l'église de
Meursac.

Nous avons constaté qu'elle se compose de parties diverses
quant à leur âge et, par cela même, quant à leur style.

Originairement, elle était en forme de croix latine, avec
un clocher à l'intersection des transepts. Le transept du nord,
avec sa voûte en blocage et des arcs plein-cintre, accuse une
grande ancienneté. Cette partie de l'église peut remonter au

X^e. siècle. J'attribuerais à la même époque une partie de
l'ancien chœur.

Le rond-point de l'ancienne abside a été remplacé, au
XIIIe. siècle, par une travée tout entière ajoutée au chœur
et terminée à l'orient par un mur droit. En même temps,
on a supprimé les murs qui fermaient les transepts à l'orient,
et l'on a bâti par delà deux sortes de chapelles qui s'étendent
jusqu'à l'alignement du fond du sanctuaire. Il en résulte, que
vue du dehors, l'église présente un vaste chevet carré,
ayant un développement égal à la longueur des transepts.
Les fenêtres qui éclairent ce nouveau sanctuaire et ses deux
chapelles latérales, sont d'un bon style ogival. Les massifs qui
supportent les voûtes, et les arcs doubleaux bordés de tores,
indiquent suffisamment l'époque à laquelle se rapporte cette
partie de l'église.

On remarque dans ce sanctuaire un très-bel autel. Le
rétable, dans le goût du XVIIe. siècle, est en bois sculpté
et entièrement doré. Deux crédences l'accompagnent ; elles
sont également sculptées et dorées, et paraissent dater du
règne de Louis XV. L'ensemble est d'une grande richesse.
Le rétable a, dit-on, appartenu avant la révolution à l'abbaye
des Dames de Saintes ; il a beaucoup d'analogie avec celui
que possède l'église de Beaumont, près Châtelleraült. Je crois
cependant ce dernier supérieur comme œuvre d'art.

La nef de l'église de Meursac a perdu sa voûte. Elle devait
être en ogive, à arcs doubleaux carrés. Ces arcs doubleaux
s'appuyaient sur des colonnes accolées aux murs latéraux.

Le clocher, bâti après coup, à l'intersection de la nef et
des transepts, repose sur des arcs en ogive qui ont été em-
boîtés avec leurs piliers de support, dans l'édifice primitif ;
et il y a cela de bizarre que ces arcs ne touchent pas tout-à-
fait ceux qui portaient l'ancien clocher. Le vide qui existe
entre les deux murailles n'a même pas été rempli en ma-

çonnerie. Le clocher présente intérieurement une petite coupole allongée dans le sens vertical ; au-dehors, cette coupole est habillée d'une tour carrée beaucoup moins ancienne et qui repose, à ce que je crois, sur les arcs de soutènement du clocher primitif. La tourelle de l'escalier se termine par un cône en pierre.

M. l'abbé Lacurie nous a tous fait frissonner, quand il nous a assuré qu'un curé de Meursac avait eu l'idée, pour rendre à la travée qui est sous le clocher, son ancienne largeur, de supprimer les massifs de maçonnerie et les arcs qui supportent la coupole, et de remplacer le tout par des poutres placées horizontalement. Il paraît même que le projet a été soumis à un architecte. On doit croire que ce dernier, peu désireux de se préparer une mort à la Samson, aura fait justice d'un pareil projet.

La façade a été assez gravement endommagée par le salpêtre à sa partie inférieure. Elle est divisée en trois zônes. La seconde zône surtout présente d'intéressants détails. On y remarque la grande fenêtre, dont l'archivolte plein cintre est largement développée et richement ornée. A gauche, existe une petite fenêtre qui n'a jamais été ouverte. Il y en avait une pareille à droite, mais elle a disparu sous un contrefort, lorsqu'on a soi-disant restauré l'église, au XVIe. siècle. Dans cette même zône, on voit de charmantes colonnes dont les fûts sont couverts de zig-zags, d'anneaux, de cannelures et d'espèces de quatre-feuilles. Deux colonnes présentent ce dernier ornement. C'est une rareté dont j'aï dû prendre note. J'ajouterai d'un mot que des modillons sculptés, des cordons de petits damiers, et d'autres ornements analogues, complètent la décoration de cette façade qui me paraît appartenir au XIIe. siècle. Toutefois la porte d'entrée a été refaite dans le XVIe.

Eglise de Rétaud. J'arrive maintenant, Messieurs, à vous
parler de l'église de Rétaud, dont la délicieuse abside nous
a présenté de si admirables détails. Bien que cette abside soit
la seule partie essentiellement intéressante de l'édifice, j'essaierai
néanmoins de vous donner une description complète de l'église,
en commençant par l'extérieur.

L'église de Rétaud est placée au milieu d'un cimetière non
fermé de murs, dans lequel on voit un certain nombre
d'anciens cercueils en pierre. Elle est d'une dimension assez
restreinte, ainsi que toutes les églises paroissiales bâties dans
les campagnes, dans les XIe. et XIIe. siècles. Les églises
abbatiales seules recevaient alors des développements plus
considérables, lors même qu'elles étaient éloignées des grands
centres de population. C'est du moins ce qui se remarque en
Saintonge.

Le portail de Rétaud est à trois portes. Celle du milieu, seule ouverte, est en ogive et surmontée de deux

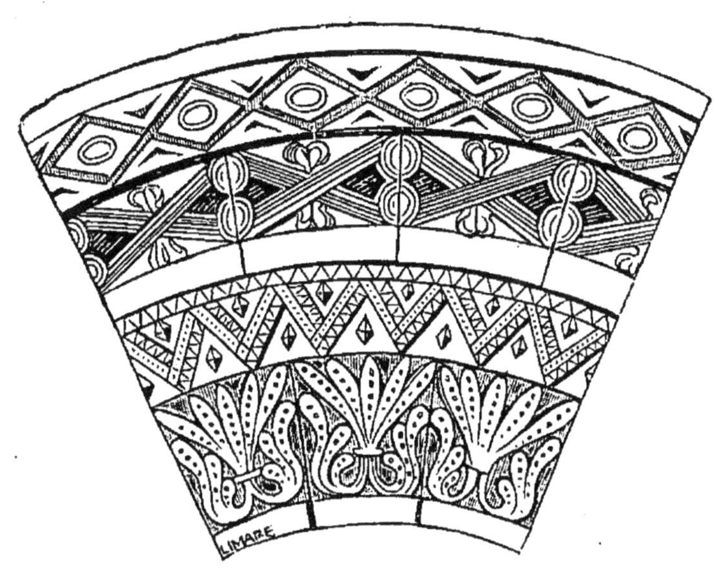

voussoirs sculptés. Les portes latérales qui ont toujours été murées sont en plein cintre. Toute cette partie de la façade a souffert des injures du temps.

Quatre grosses colonnes appliquées à la muraille supportent un cordon horizontal qui règne au-dessus des portes. Ce cordon est en outre soutenu par douze modillons présentant des figures d'hommes ou d'animaux. Le chapiteau de la colonne qui est à gauche de la porte principale présente deux têtes de femme, dont chacune est agencée sur deux corps d'oiseau; en somme, deux têtes pour quatre corps. Les ajustements de ce genre se voient dans toutes les églises romanes.

Au chapiteau de la colonne de droite, on voit des figures grimaçantes dont le caractère n'a rien d'extraordinaire. Mais nous avons tous été frappés d'une vive impression, en remarquant une délicieuse figure de jeune fille, sculptée sur l'un des modillons au-dessus de la petite porte de droite. La tête se présente de profil et les yeux sont levés vers le ciel; une draperie couvre l'épaule gauche; et telle est l'expression que l'artiste a su donner à cette figurine, que, bien qu'elle ait le nez mutilé, elle est encore pleine d'un charme saisissant. Je ne sais, Messieurs, si mon rôle officiel de rapporteur m'avait un peu exalté l'imagination, mais il est de fait que j'ai trouvé ce modillon d'une grande perfection.

La partie supérieure de la façade est très-peu élevée et ne présente rien d'intéressant. Le pignon a été reconstruit sans soin à une époque assez récente.

Vue par le côté, soit du nord, soit du sud, l'église présente trois divisions marquées: la nef, la base du clocher, l'abside.

Les murs extérieurs de la nef sont percés l'un et l'autre de 3 fenêtres à plein cintre. Les deux premières, en partant de l'ouest, sont accompagnées de colonnes; la troisième qui est plus étroite en est dépourvue.

Le clocher, de forme octogone , est surmonté d'un toit presque plat couvert en tuiles. Il est remarquable par la régularité de ses assises et la précision de la coupe des pierres. On y trouve tous les caractères de l'architecture du XVe. siècle, si ce n'est cependant qu'il est d'une grande simplicité. Chacun de ses huit•pans est percé d'une petite fenêtre. Deux cordons saillants règnent tout autour du clocher au-dessus et au-dessous des fenêtres.

J'ajouterai que le clocher est placé à l'intersection des transepts et de la nef. Ces transepts sont très-courts. Ils ne sont pour ainsi dire que figurés extérieurement , et se terminent chacun par un mur droit surmonté d'un pignon. Il est facile de voir que lors de la reconstruction du clocher, au XVe. siècle, on a fortifié leurs angles extérieurs par des contreforts carrés.

Je passe à l'abside, ce délicieux chef-d'œuvre dont bien des villes seraient fières et à qui l'on ne peut comparer dans notre pays que l'abside de Rioux. Nous nous proposions de voir aussi cet autre monument , mais il a fallu y renoncer, à cause de la brièveté du temps. La description de Rétaud donnera du reste, par elle-même, une idée de Rioux, car les deux absides se ressemblent beaucoup. Même plan de part et d'autre, même aspect d'ensemble, même style dans l'ornementation. Rétaud l'emporte par son état de conservation , par des proportions un peu plus grandes et la perfection de certains détails ; Rioux, par le luxe inoui de ses ornements.

L'abside de Rétaud n'est pas circulaire au-dehors. Elle est divisée en sept panneaux, dont quatre sont parallèles entre eux ; les trois autres forment l'extrême abside.

Au centre de chacun des panneaux, à l'exception toutefois des deux qui joignent la base du clocher, s'ouvre une fenêtre à plein cintre , accompagnée de deux colonnes. Ces dernières laissent entre elles et les pieds-droits des fenêtres un intervalle de plusieurs centimètres. Le cintre s'appuie exclusivement sur ces colonnes ; quant à l'intervalle dont on vient de parler, il est couvert par une plate-bande.

Les sept panneaux sont séparés par d'élégantes colonnes, destinées à orner les murs, plus encore qu'à les renforcer, et qui reposent, ainsi que l'ensemble de l'abside, sur un socle continu ; elles changent deux ou trois fois de diamètre dans la partie supérieure, de telle sorte qu'elles sont composées de tronçons de plus en plus minces. Chacune d'elles est flanquée de deux colonnettes. Les pieds-droits sur lesquels elles sont appliquées font légèrement saillie entre les panneaux, et l'on remarque sur les bords de ces pieds-droits des bandes de damiers qui s'élèvent, comme les colonnes, jusqu'à l'entablement.

Au-dessous des fenêtres, un charmant cordon d'entrelacs court horizontalement sur le pourtour de l'abside, embrassant ainsi, sans interruption comme sans raideur, les panneaux, les pieds-droits, les colonnettes et les colonnes.

Le cintre des fenêtres est formé par des claveaux tout unis sans archivolte saillante. L'architecte a considéré sans doute que le véritable ornement de ces fenêtres est dans la grande arcature qui embrasse les panneaux au milieu desquels elles sont percées.

Cette grande arcature est ogivale. Le crayon seul peut donner une idée des sculptures dont elle est entièrement couverte. Presque tout y est emprunté au règne végétal ; cependant l'imagination n'a pas abdiqué son droit d'invention, et rien n'est plus gracieux que ces ciselures dont quelques-unes n'ont pas de modèles dans la nature.

Avant de nous élever jusqu'au sommet de l'édifice, rappelons que la partie inférieure des sept panneaux, comprise entre le socle et le cordon horizontal d'entrelacs, rachète par

l'appareil des pierres l'impossibilité où était l'architecte d'y
semer des ornements. On voit l'appareil réticulé dans les
deux panneaux qui touchent le clocher, et l'appareil en zigzag dans les cinq autres.

Au-dessus de la grande arcature dont j'ai parlé, se trouve
la portion la plus merveilleuse de notre abside, et c'est ici
surtout, Messieurs, que votre rapporteur sent son insuffi-
sance.

L'architecte voulant donner à cette partie de l'édifice plus
d'élégance et de légèreté, a bâti le mur en retraite sur la
moitié de son épaisseur, et a placé, tout autour de l'abside, une
arcature en plein cintre soutenue par un nombre considérable
de petites colonnes. La création de cette charmante colon-
nade, détachée du fond du mur, de quelques centimètres,
et dans laquelle l'air et le soleil peuvent jouer, était assurément une heureuse idée, mais l'architecte a craint qu'il
n'en résultât pour l'œil une certaine monotonie. Il a donc
eu le soin de répartir les colonnes de la manière suivante :
dans les panneaux 1, 3, 5, 7 ; en comptant à partir du
clocher, les colonnes sont jumelles ; dans les panneaux 2,
4, 6, elles sont placées isolément. Rien n'est plus gracieux
que cette arcature qui, depuis environ sept siècles d'existence, n'a encore perdu qu'une seule de ses colonnes.

Si j'ajoute maintenant que chaque arcade de cette galerie
est couronnée de trois archivoltes superposées et entièrement
sculptées, et qu'au-dessus de ces archivoltes on trouve encore
1°. un cordon continu d'ornements ou rosaces, de forme
carrée ; 2°. une suite de modillons tous sculptés et tous admi-
rablement conservés ; 3°. enfin l'entablement, dont la tranche
est ornée d'un cordon de quatre-feuilles, serai-je parvenu,
Messieurs, à vous donner une idée de la richesse de l'abside
de Rétaux ?

Encore faudrait-il vous parler d'un petit cordon de ciselures qui court sur le mur du fond de la galerie, et de palmes entrecroisées gravées en creux sur les pierres qui séparent les modillons.

Ces modillons sont des plus remarquables. Leur description détaillée m'entraînerait trop loin; aussi me bornerai-je à les recommander comme autant d'énigmes aux partisans du symbolisme absolu. Je n'en connais pas dont l'exécution soit plus soignée. Il m'a paru, au surplus, que quelques-uns forment, à deux, de petites scènes complètes. Ainsi, dans le panneau oriental, nous voyons un lièvre et à sa gauche, sur le modillon voisin, un chien qui l'observe. Dans l'un des panneaux du nord, j'ai remarqué un chasseur armé d'un arc et immédiatement à côté une bête fauve ayant le cou traversé d'une flèche.

Dans son ensemble et par l'élégance de ses détails, l'abside de Rétaux est un des types les plus précieux du roman fleuri. Elle donne une haute idée de l'habileté des architectes et des tailleurs d'images du XIIe siècle; mais il est facile de comprendre que cet art avait atteint ses dernières limites, et que l'architecture devrait bientôt se frayer de nouvelles voies. Le XIIIe siècle ne tarda pas à les lui ouvrir.

Si votre attention n'est pas lassée, me suivrez-vous maintenant, Messieurs, dans l'intérieur de l'église.

Elle se compose de trois parties distinctes, la nef, le dessous du clocher, le chœur.

La nef comprenant trois travées est de la plus grande simplicité et a malheureusement perdu sa voûte. Des colonnes appliquées aux murailles et dont les chapiteaux sont sans ornements, forment la division des travées et supportent un cordon sur lequel s'appuie la naissance de la voûte.

Les deux premières travées sont éclairées par des fenêtres à plein cintre, ornées de colonnes à chapiteaux sculptés.

Les fenêtres de la troisième travée sont plus étroites que les premières et dépourvues de colonnes.

M. Calvet, frappé de la dissemblance de ces fenêtres, m'avait engagé à rechercher, par un examen attentif, si les fenêtres des deux premières travées n'auraient pas été, après coup, élargies et ornées de colonnes. Je n'ai pas tardé à me convaincre que la différence dans la forme des fenêtres tient uniquement à ce que les trois travées n'ont pas été construites en même temps. La soudure se remarque assez bien entre la deuxième et la troisième travée, et le doute n'est plus permis quand on examine 1°. le cordon qui règne au-dessous de la naissance de la voûte ; 2°. le banc de pierre qui est à la base des murailles.

J'ai observé, en effet, que le cordon est orné, au-dessus de la troisième travée, d'une bande de damiers qui ne règne point au-dessus des deux autres. Quant aux bancs de pierre, la moulure qui en orne le bord n'est pas absolument semblable dans les deux premières travées et dans la troisième.

Il est donc évident pour moi que les fenêtres sont aujourd'hui telles qu'elles ont été construites ; seulement elles ne sont pas identiquement de la même époque. L'exiguité des fenêtres de la troisième travée et surtout l'absence de colonnes assignerait à cette travée un peu plus d'ancienneté.

Le dessous du clocher présente tous les caractères de l'architecture du XV°. siècle. La voûte en ogive est supportée par des nervures anguleuses entrecroisées. Les quatre massifs de maçonnerie sur lesquels repose l'ensemble du clocher, sont aussi du XV°. siècle. Les murs latéraux appartiennent seuls à l'ancien édifice. Ils étaient percés de deux fenêtres à plein cintre qui aujourd'hui sont fermées.

Le chœur renferme des détails intéressants. Les cinq fenêtres qui y répandent la lumière sont couronnées par une arcature en plein cintre richement sculptée ; elles sont, en outre, ornées de colonnes à leurs angles. Toute cette partie de l'église est surmontée d'une voûte ogivale du XIIe. siècle, terminée en cul-de-four.

Un cordon d'entrelacs sculpté sur la muraille, au tiers de sa hauteur, règne tout autour du chœur. Un délicieux cordon à damier s'étend de la même manière, immédiatement au-dessous de la naissance de la voûte.

Deux colonnes placées à droite et à gauche du sanctuaire, et qui supportent le cordon à damier, ont attiré mon attention. Leurs chapiteaux sont historiés. Celle de droite nous montre un personnage entre deux lions. A gauche, la scène est plus compliquée. On y voit un animal fantastique à deux corps, mais n'ayant qu'une seule tête placée sous l'angle du tailloir. Sous cette tête, un homme est accroupi ; ses genoux écartés s'appliquent aux deux faces du chapiteau, et dans cette position, qui défierait les *dislocateurs* les plus habiles, il saisit de chaque main une des pattes du double animal et les appuie sur ses genoux. Je ne parle pas de la grimace qu'il fait ; vous devinez sans peine qu'il n'est pas à son aise.

En terminant, je ferai remarquer que le mur de l'abside a fléchi sous le poids de la voûte et qu'il est lézardé en deux endroits. Des réparations assez considérables pourront devenir un jour nécessaires. Quant à présent, il suffirait probablement d'un rejointoiement bien fait et de la consolidation de quelques pierres. Si ces réparations sont entreprises, on devra avoir soin de ne pas faire disparaître la litre funèbre de M. de Guitard, peinte sur l'édifice avant la révolution, et dont j'ai parlé dans notre séance de mardi matin. Cette litre a aussi sa valeur comme souvenir historique. Elle doit dater de 1788, époque où M. de Guitard fut enterré dans l'église, ainsi que le constate la plaque de marbre qu'on voit dans le mur méridional du chœur. La famille de Guitard est ancienne dans le pays ; l'un de ses membres était sénéchal de Saintonge en 1562.

Ici, Messieurs, se termine ce rapport, trop long sans doute, et inutile pour ceux qui ont fait l'excursion dont j'ai voulu rendre compte, et, d'autre part, impuissant pour faire comprendre à ceux qui n'étaient pas avec nous des choses que le crayon du dessinateur pourrait seul exprimer.

Première séance du 20 juin 1844.

Présidence de M. DES MOULINS, membre du Conseil.

La séance est ouverte à huit heures ; siégent au bureau, MM. Limal, maire de Saintes, de Caumont, Jouannet, Rondier, Lesson, Moreau, Gaugain. MM. Lacurie, Fillon, Barthélemy, Chasteigner, Person, occupent le bureau des secrétaires ; M. l'abbé Person tient la plume.

M. de Caumont croit devoir, après la visite qui a été faite et qui a révélé des faits si intéressants sur le style roman saintongeais, revenir sur les caractères de ce style qui n'ont pas été, selon lui, suffisamment précisés aux séances précédentes ; il croit d'ailleurs que les brillantes églises, telles que celle de Rioux et celle de Rétaux, visitée la veille, ne datent peut-être que du commencement du XIIIe. siècle, et c'est un nouveau sujet d'étude que ces modifications du style roman de Saintonge dans sa *contemporanéité* avec le style ogival du nord de la France : il rappelle à ce sujet l'une des questions posées au programme sur les causes de la proportion considérable des églises romanes et de la rareté de celles qui, en Saintonge, appartiennent au style en pointe : il provoque la discussion sur ces divers objets.

M. Lesson prend la parole et présente une analyse rapide

des caractères les plus saillants du roman fleuri de la Saintonge.

M. Moreau lit ensuite le mémoire suivant :

MÉMOIRE DE M. MOREAU.

Avant la renaissance architecturale du XIe. siècle, qui
produisit le style roman secondaire , plusieurs églises avaient
été élevées sur le sol de la Santonie par les soins des évêques
Pallade et Léonce ; nous savons que ces monuments étaient
d'une grande richesse , mais nous ignorons dans quel style
ils avaient été construits , présumant toutefois qu'ils appartenaient au roman primitif. Ruinés par les Normands ainsi
que la cathédrale de Saintes , postérieure de deux siècles ,
nous ne les connaissons que par le récit des historiens.

Mais au XIe. siècle on vit s'élever sur divers points de la
province plusieurs autres monuments religieux, avec des formes
d'un autre caractère. Leur nombre s'accrut au XIIe. siècle. Il
en existe encore, au moins dans quelques-unes de leurs parties.

J'ai fait connaître dans le Bulletin monumental mon opinion sur les causes historiques de cette multiplicité de monuments au XIIe. siècle. Je puis ajouter ici quelques réflexions nouvelles.

La première cause fut le redoublement de ferveur produit
par l'idée que la fin du monde était prochaine. L'an 1000
était écoulé , et l'on s'attendait à la grande catastrophe pro-
phétiquement annoncée.

Ce haut degré de piété auquel on était parvenu dans la
Saintonge , fut suivi de l'enthousiasme pour les Croisades. Les
seigneurs de cette province partent pour la Palestine avec les
autres occidentaux , déposant leurs richesses au pied des
autels , et allant mourir avec joie pour la cause de Dieu.

L'apparition du pape Urbain II , à Saintes , avait embrasé les
âmes , chacun voulut contribuer à la splendeur du culte , la

veuve pauvre apporte son denier, le riche seigneur sa fortune.

Déjà Geoffroi Martel d'Anjou, comte de Saintonge, et sa femme Agnès, avaient donné l'exemple en faisant avec largesse leur aumône. Ils s'étaient dépouillés de presque toutes leurs possessions de Saintonge en faveur d'établissements religieux ; lès Guillaume, fils de la comtesse Agnès, consacrent des richesses immenses à de pieuses fondations. Les Gamons de Mortagne-sur-Gironde, les Kaledons d'Aunay, les Maingots de Surgères, toutes les sommités féodales du pays, ainsi que leurs vassaux de tous les degrés, donnent au clergé leurs terres, leurs forêts, leurs habitations, leurs hommes ; alors arrivent en Saintonge des chefs de congrégations, les moines se répandent sur son territoire ; ceux de Cluni s'introduisent à Saint-Eutrope, à Sainte-Gemme, ceux de Vendôme, à Surgères, à l'île d'Oleron, ceux de S¹.-Florent de Saumur, à Pons. Des églises, des établissements conventuels, s'érigent de toute part. Chaque fidèle est heureux quand il peut coopérer à l'œuvre. Celui qui n'a pas d'or, qui n'a pas de terres, a du moins des bras ; il s'enrôle dans les congrégations de constructeurs, il porte des pierres, il traîne le chariot, et comme par enchantement s'élèvent ces belles églises de Surgères et de Saintes, qui furent dédiées à la sainte Vierge, celles de Pont-labbé et d'Aunay qu'on mit sous l'invocation du prince des apôtres, celle de Vaux consacrée au premier des martyrs.

De grands hommes dirigeaient alors, les chrétiens de ce pays ; c'étaient les Boson, les Ranulfe, les Carsail, les Guadradi, les Pierre de Soubise et de Confolens. C'est à leur zèle persévérant que l'on doit cette série de monuments des XI⁰. et XII⁰. siècles, qui font l'honneur de notre Saintonge.

Partout où existait une grosse agglomération rurale, ancien vicariat romain, là où était une paroisse de premier

ordre, fut élevée une église plus vaste que la modeste chapelle du château. Ainsi, dans le courant du XI°. siècle et
au commencement du XII°., furent construits les monuments religieux les plus remarquables de la Saintonge. A
la fin du XII°. parurent ceux du second ordre. L'ardeur
incessante des évêques fournit un monument à toutes les
paroisses. Plusieurs prirent le même caractère architectonique que les précédents. Nous possédons d'assez belles églises
dans ce style, soit entières, soit comme continuation des
constructions précédentes, soit avec les restaurations des
siècles suivants.

Au XIII°. siècle, assurément le zèle n'était pas refroidi,
la solide piété dont le roi St.-Louis donna l'exemple ne
pouvait au contraire que le fortifier ; mais toutes les cures
étaient à peu près pourvues, et si quelques bourgs n'avaient
pas encore d'église, il faut en attribuer la cause aux mal-
heureuses querelles entre la France et l'Angleterre, qui ne
furent pas apaisées par le traité que fit Louis IX après la
bataille de Taillebourg.

La Saintonge ne possède pas d'églises importantes du
XIII°. siècle, à peine y trouve-t-on quelques restaurations
de cette époque, encore ces constructions furent faites non
dans ce style si beau, si majestueux, qui caractérise le XIII°.
siècle, mais avec les formes romanes des siècles précédents.
Les architectes restèrent étrangers aux innovations; l'architecture n'y fit aucun progrès, et le style ogival resta long-
temps inconnu. Nous rapporterons au XIII°. siècle les églises
de Rétaux et de Rioux, quoique avec l'ornementation du
XII°. Le nouveau style avait prévalu au-delà de la Loire ;
mais l'architecte saintongien réprouvant la mode nouvelle
voulut peut-être imprimer à la pierre sa pensée toute de
regret en la chargeant d'ornements surannés.

Le XIV°. siècle nous a donné des restaurations. Alors la

guerre avait exercé ses ravages, beaucoup d'églises avaient
été mutilées, on songea à les rétablir. Voilà des monuments
de plusieurs pièces incohérentes, une association de colonnes
lourdes et de fuseaux légers, un mélange de cintres et d'ogives,
telles sont les églises de Meursac, de Cose et de Sablonceaux,
où le chevet rectangulaire a remplacé la vieille abside.

Le XVe. siècle apparut avec ses pyramides, ses pinacles,
ses feuilles de choux frisées, ses dentelles. La Saintonge offre
peu d'églises complètes de ces temps, ce sont encore presque
partout des reprises, des additions. Nous avons quelques
façades, des fenêtres, des voûtes, des tours. Les deux
clochers pyramidaux de S^t.-Pierre et de S^t.-Eutrope de
Saintes se distinguent avec avantage dans le nombre.

Ce n'est pas tout, la trop fatale guerre civile du XVIe.
siècle, dont la Saintonge fut le théâtre, en nous privant de
beaucoup de chef-d'œuvres, donna lieu à des constructions
nouvelles. Aux débris échappés à la guerre on vit s'allier
des nouveautés de plusieurs genres, c'était une extension du
dernier style sous les noms de prismatique et flamboyant,
ou bien le renouvellement de l'architecture classique,
grecque et romaine, ou bien encore un *style mixte*, dont
l'église de Fléac peut nous offrir le type.

M. de Caumont demande si l'on peut citer des églises entières du XIVe. siècle. M. Moreau ne connaît de cette époque
que des restaurations, par exemple, Cose et Meursac, le chevet
de Sablonceaux, etc. , etc.

M. Lesson énumère et caractérise plusieurs édifices de cette
époque.

M. de Caumont exprime le vœu qu'on puisse dresser un
catalogue des diverses églises qui appartiennent au XVe.
siècle ; il pose ensuite plusieurs questions concernant l'architecture militaire.

M. Lesson répond à ces diverses questions et décrit successivement différentes constructions militaires ; entr'autres, la tour de Brou du XIe., S^t.-Jean-d'Angle du XIIIe., dans sa façade, Noaillé du XIVe., Jonsac du XVe., Roche-Courbon du XVIe.

M. Duret demande si quelqu'un connaît la tour de Loubert, dans la Charente, et fait la remarque que cette tour carrée n'a pas de contreforts à l'extérieur.

M. Moreau cite le donjon de Villeneuve-la-Comtesse.

M. de Caumont demande s'il existe un pouillé du diocèse. M. Person indique à la Rochelle la présence de procès-verbaux de visites des archidiacres, au XVIIe. siècle, à l'évêché et au grand séminaire les fragments d'un pouillé manuscrit.

M. de Caumont exprime le vœu que la Société de Saintes dresse sur cette matière un catalogue qui puisse servir à la composition d'un pouillé.

Il demande aussi si le diocèse possède des calices, reliquaires, bénitiers, vitraux, etc.

Rien de bien curieux n'est indiqué sur cette question. Bignay pour sa chaire et Jonzac pour un vitrail sont cependant mentionnés. M. Pasai cite, au grand séminaire, un calice à ciselures gothiques de 1545, ayant servi à la messe d'action de grâce pour la reddition de La Rochelle, à S^{te}.-Marguerite, le 2 novembre 1628.

M. Duret cite, à propos de Bignay, l'église de cet endroit comme type complet de l'architecture de la fin du XVe. siècle.

M. Lesson ajoute quelques détails sur un pilier portant un écusson et ayant servi de pilori.

MM. Duret et Prozet prennent part aux discussions qui s'élèvent sur cette question.

M. Duret demande que l'on fasse le catalogue des édifices municipaux, il cite l'hôtel-de-ville et la grosse horloge de La

Rochelle , le beffroi de Sᵗ.-Jean-d'Angely de 1405 , analogue à celui de Rouen.

. M. de Caumont pose les questions relatives aux monuments accessoires. Après avoir renvoyé à la classification des fonts baptismaux , telle qu'il l'a établie dans son Cours d'antiquités , il se livre à des considérations élevées sur la distribution géographique des styles, il fait observer que de même que dans le Midi le style ogival est rare comparativement au style roman , de même les broderies du style ogival se rencontrent fort rarement sur les monuments accessoires de cette région : on y trouverait à peine, dans une étendue très-considérable de pays, un font dans le genre de celui-ci , tandis que le seul département du Calvados en

contient encore une vingtaine appartenant à l'ère ogivale.

La Saintonge et toutes les régions d'Outre-Loire ne fournissent guère de remarquable que des fonts appartenant au style roman.

La Saintonge est du reste assez peu riche aujourd'hui en fonts anciens remarquables ; M. Lesson a dessiné ceux qui offraient le plus d'intérêt.

M. Fillon présente le dessin d'un bénitier fort curieux de l'église de Nieuil et qu'il croit du XII°. siècle ou du com-

mencement du XIII°. : on y voit trois têtes, dont une mitrée et deux couronnées ; toutes trois portent des moustaches.

M. de Caumont demande si l'on a conservé en Saintonge, comme à Bordeaux et ailleurs, des sarcophages appartenant aux premiers temps du chris-tianisme, plus ou moins res-semblants à ceux qu'il a figu-rés dans la 6°. partie de son Cours.

On répond qu'on n'en a point dans les collections, mais que vraisemblablement il y en a eu.

Les cercueils qu'on a trouvés étaient en pierre brute sans

sculptures : au reste cette absence de sarcophages chrétiens
historiés s'explique quand on songe qu'on ne sait pas encore
où était le premier cimetière chrétien de Saintes , et qu'il
n'existe au musée qu'une seule inscription tumulaire chrétienne. M. de Caumont rappelle à ce sujet combien il est important pour les archéologues de Saintes d'étudier tous ces
détails relatifs à la topographie ancienne de leur ville et de
les indiquer sur un plan à grande échelle.

La discussion s'ouvre sur les questions suivantes insérées
au programme : 1°. De la position qu'occupait l'arc de
triomphe peut-on inférer que le cours de la Charente ait
changé depuis la construction du monument. 2°. Que penser
de ce que l'inscription principale regarde la ville. Quel moyen
avaient employé les Romains pour faire traverser la rivière à
l'aqueduc qui amenait l'eau de la fontaine du Douhet.

M. Duret , d'après l'inscription de l'arc , parle sur la
question du confluent de la Seugue et de la Charente , et
conclut en faveur du sentiment qui rejette le changement de
lit du fleuve.

M. Giraudias a la parole pour développer son opinion , qui
est que la Charente était divisée en deux bras , et que ce
lit du fleuve a subi des changements notables.

M. Lesson appelle l'attention sur la nature des terrains
formant le lit de la Charente.

MM. Moreau , Giraudias , Lesson et Forestier , prennent
part à une discussion qui s'élève sur la présence de cailloux
roulés qu'on y remarque.

M. Moreau donne communication d'une note sur le dépla-
cement du lit de la Charente.

M. Forestier développe son opinion sur la question et
combat l'opinion de M. Giraudias.

OBSERVATIONS PRÉSENTÉES PAR M. LE FORESTIER.

En disant tout à l'heure que l'on ne devait rien préjuger de la présence des cailloux roulés, signalée par M. Giraudias dans ce qu'il croit être l'ancienne Charente, parce qu'il ne s'en retrouve pas un seul dans le cours actuel, je n'ai pas entendu contredire le principe énoncé par M. Lesson et qui est de toute vérité. Là où il a existé des rivières, on doit nécessairement trouver ce qu'il a appelé le diluvium du cours d'eau, mais ce diluvium ne saurait être pour notre fleuve une couche plus ou moins épaisse de cailloux roulés. Le terrain de l'ancien lit (s'il a existé) étant absolument de même nature que celui du lit actuel, les eaux ont dû produire nécessairement le même effet et l'ancien fonds de la rivière ne pourrait être par conséquent que semblable à celui d'aujourd'hui que mes fonctions m'ont appelé à apprécier et qui se compose, ainsi que l'avaient constaté déjà plusieurs des ingénieurs qui m'ont précédé, d'une couche d'argile compacte mélangée avec du gros gravier et quelques pierres qui la rendent très-difficile à entamer. Il n'y a donc pas lieu, Messieurs, d'attacher aux cailloux roulés du chemin du Maine plus d'importance que n'en méritent des matériaux qui se trouvent en abondance dans la plupart des champs voisins, et qui, comme l'a judicieusement fait observer M. Duret, ont été vraisemblablement portés là pour consolider le chemin.

Passant à un autre ordre d'idées pour combattre l'opinion que le bras principal de la Charente occupait autrefois l'emplacement du chemin du Maine et traversait ce qui est aujourd'hui le faubourg des Dames sous le pont dit *à Millon*, je ferai remarquer que l'existence de ce pont dans le Thalweg de la vallée ne saurait, comme on a essayé de le faire, être admise avec raison pour preuve à l'appui de l'opinion contre laquelle je m'élève ; car vous sentez tous que lors des débordements réguliers de la rivière il a bien fallu construire quelques arches pour permettre l'écoulement des eaux supérieures à travers la voie romaine dont M. l'abbé Lacurie a , dans son savant mémoire, constaté l'existence, et qui , sans cette précaution, serait devenue la jetée d'un vaste étang, en privant de leur cours naturel les eaux qui ne pouvaient rentrer dans le lit de la rivière. Loin de moi, d'ailleurs , là pensée d'affirmer d'une manière absolue que là où on voudrait placer l'ancien lit du fleuve il n'y a pas eu un petit cours d'eau s'alimentant des eaux mêmes du fleuve et acquérant dans les temps de crue une certaine importance.

Je m'occupe en ce moment d'un projet de route de Saintes à Cognac qui traverse la vallée de la Charente un peu à l'amont de Brives. Là, comme à Saintes , la vallée est plus basse en son milieu que près de la Charente qui coule au pied du coteau , si bien qu'il a été nécessaire de projeter un pont dans la portion de la jetée correspondant à cette partie de la prairie. Ce n'est pas tout , à l'extrémité de la vallée, entre la prairie et les terres labourables du coteau, il existe un chemin encaissé dans le genre de celui du Maine. Pendant 7 ou 8 mois de l'année vous y chercheriez en vain une goutte d'eau , tandis qu'il devient un cours d'eau très-important dès que la saison des pluies arrive et surtout après les débordements de la Charente. J'ai dû projeter pour ce point un pont d'un débouché considérable , et il y aura ainsi à travers la vallée :

1°. Un grand pont sur la Charente.

2°. Une arche au milieu de la prairie.

3°. Un pont sur un chemin près du coteau.

Il n'y a cependant qu'un seul cours d'eau à proprement parler.

Défions-nous , Messieurs, de cette disposition que l'on a

si souvent reprochée aux antiquaires, de vouloir toujours sur
le plus petit vestige antique rebâtir tout un monde; le pont
à Millon existe, personne ne le conteste; mais laissons-le
pour ce qu'il est, et n'allons pas de gaîté de cœur imiter
ceux qui, dans 1800 ou 2000 ans, voudraient soutenir que
les ponts qui seront bientôt, je l'espère, construits par nous
dans la vallée de la Charente, prouvent d'une manière irré-
cusable que la Charente avait, de nos jours, plusieurs bras
importants dont ils s'efforceront de trouver et justifier les
traces.

En voilà assez, beaucoup trop peut-être, sur le pont à
Millon, passons à l'examen du terrain et nous trouverons dans
cet élément, j'espère, la preuve que le bras principal de la
Charente n'a jamais passé au milieu de la vallée.

Je ne parlerai pas de la traversée même de Saintes dans
les parties où la main de l'homme a évidemment modifié les
rives du fleuve qui ne peuvent donc rien nous apprendre;
mais seulement de la portion du lit à l'amont et à l'aval
qu'on voudrait déshériter d'une possession immémoriale.
Examinez avec attention la vallée et le cours de la rivière,
et vous trouverez la plus parfaite similitude entre la
partie sujet de la discussion, et le reste de la rivière tant
au-dessus qu'au-dessous. Ici comme tout le long de la
Charente, comme tout le long des rivières ou fleuves, sujets,
comme elle, à sortir de leurs lits, vous trouverez les
parties qui avoisinent les berges, sensiblement plus élevées
que le reste de la vallée. Partout les mêmes sinuosités, la
même position au pied du coteau. Pouvez-vous vous refuser
à croire avec moi que si la rivière avait jamais occupé le
Thalweg de la rivière, elle y serait naturellement restée, et
que si elle l'a abandonné, ce ne peut-être que forcée et
contrainte par la main de l'homme si habile et si puissante à
maîtriser tous les éléments.

Mais où trouver les traces de cette puissance ? A-t-on découvert, aux points que l'on vous a indiqués pour la séparation et la réunion des eaux, quelques indices des travaux exécutés pour supprimer l'ancien lit ? Non, Messieurs. Le lit actuel présente-t-il les moindres caractères d'un canal artificiel ? Non encore. Le changement de lit a-t-il pu enfin être entrepris dans l'intérêt du dessèchement de la prairie ? Je ne le pense pas, Messieurs, et vous serez tous de mon avis, je n'en doute pas. L'idée qui se présente la première à la pensée est évidemment de réunir dans un même lit toutes les eaux dont on veut se débarrasser, et de creuser par conséquent un canal précisément au Thalweg. Eh quoi, ce canal, on l'aurait eu naturellement, et on serait allé le rejeter sur le flanc du coteau dans la partie la plus élevée, avouez que cette hypothèse ne saurait soutenir la discussion et qu'elle est inadmissible, parce qu'il faudrait refuser aux générations qui auraient fait un pareil travail les notions les plus élémentaires de l'art du dessèchement, que le simple bon sens indique suffisamment.

Il ne resterait donc à l'appui de l'opinion de M. Giraudias que l'impossibilité pour les Romains d'avoir pu établir un pont sur la Charente, vis-à-vis l'arc de triomphe, sans masquer ce monument ou l'englober en partie, comme on l'a fait plus tard. Mais, Messieurs, d'une part, pourquoi vouloir d'une manière absolue que les Romains aient eu un pont pour franchir le fleuve, je ne vois là aucune nécessité forcée ; d'autre part pourquoi ne pas admettre l'établissement d'un pont en bois, comme nous savons qu'ils en construisaient d'après les dessins que l'on voit encore sur la colonne Trajane; pourquoi du reste ne pas admettre un pont en pierre, même insubmersible, en remarquant que le long de la ville, le lit s'étendait sur la rive gauche beaucoup plus qu'aujourd'hui, puisqu'on retrouve dans de vieilles chartes que les eaux bai-

gnaient le pied des murailles de Saintes, lorsqu'elles occupaient un emplacement voisin de la rue actuelle des Ballets.
Un pont était dès lors très-facile, et sans affirmer qu'il existait, puisque je ne puis en citer aucun vestige, je serais assez
disposé à l'admettre.

L'inscription même du monument sur la face seule qui
regardait la ville me paraît pouvoir être invoquée en faveur
du système que je soutiens. Mediolanum alors était toute sur
la rive gauche du fleuve, et les Romains n'avaient aucun intérêt
à placer une inscription du côté de la campagne ; si au
contraire on admet le bras principal de la Charente, passant
sous le pont à *Millon*, l'arc de triomphe ne se trouvait plus en-dehors de la ville dont la rivière devait être
considérée comme la limite, et il m'eût semblé naturel, si
j'avais construit le monument, d'exposer tout d'abord son
inscription au regard de quiconque pénétrait dans la cité
romaine dont l'arc de triomphe se trouvait le premier monument.

D'après toutes ces considérations, Messieurs, que, confiant
en votre indulgence, j'ai pris la liberté de vous développer
un peu longuement et dans tout le désordre d'une improvisation à laquelle je suis peu habitué, je pense que le lit actuel
de la Charente n'a pas eu d'autre direction que celle que
nous voyons aujourd'hui, et que le pont à *Millon* n'a pu
être construit que pour l'écoulement des eaux de la vallée
sous la voie romaine ou tout au plus d'un cours d'eau tout-
à-fait secondaire.

M. le président appuie le sentiment de M. Le Forestier et
donne pour preuve de nouvelles observations.

M. Lesson cite des extraits de vieux chroniqueurs qui
prouvent que la rivière de la Charente baignait les murs
de Saintes.

MM. Limal, Giraudias, Lesson et Moreau discutent sur le sens du mot confluent.

MM. Giraudias et Forestier soutiennent leur opinion respective. A la suite de ces observations M. Lacurie est conduit à rejeter la facilité des inondations dans les prairies voisines et tire de la voie romaine de Courcoury, presque de niveau avec la rivière, une preuve en faveur de son opinion que M. Forèstier combat par les inondations actuelles qui couvrent 95 fois pendant l'hiver plusieurs parties de grandes routes : par exemple, la grande route de Bordeaux à Bayonne.

M. de Caumont résume l'opinion de M. Duret qu'il formule ainsi :

« Le Congrès pense que la Charente a toujours passé dans
« le lit actuel et que le confluent de la Seugne a toujours été
« en amont à Courcoury, et qu'il a pu exister un cours d'eau
« purement secondaire passant au pont à Millon. »

Cette résolution est adoptée.

M. de Caumont demande que la reconstruction de l'arc de triomphe soit faite avec le plus grand soin. M. Forestier promet d'appuyer de tout son concours cette reconstruction qui ne peut se faire attendre long-temps.

M. Lacurie, M. Moufflet et les membres, de la Société d'archéologie s'engagent également à seconder l'architecte de leurs conseils et de leurs renseignements.

La séance est levée à 10 heures 1ǀ2.

Le Secrétaire,

L'abbé PERSON.

Séances administratives tenues les 18 et 20 juin.

Présidence de M. DE CAUMONT.

M. de Caumont, après avoir rappelé la mort de M. Schwei-ghauser, propose de modifier la circonscription de la division de Metz ; cette division perdrait les départements des Ardennes et de la Meuse, dans lesquels rien n'a pu être organisé, et la division de l'Alsace pourrait par compensation être réunie à celle de Metz.

Une division nouvelle comprenant les Ardennes, la Meuse, l'Aisne et Seine-et-Marne, serait immédiatement formée.

Cette proposition est adoptée.

M. le Cte. DE MÉRODE est proclamé inspecteur de cette nouvelle division et prié de présenter des inspecteurs pour les Ardennes et la Meuse où il n'y en a point encore.

M. MAGDELAINE, ingénieur en chef de la Mayenne, étant devenu ingénieur du Morbihan, et ne pouvant continuer ses fonctions d'inspecteur, est proclamé membre du conseil.

M. de LA BAULUÈRE, membre de la société à Laval, est nommé inspecteur de la Mayenne, en remplacement de M. Magdelaine.

M. BESSIÈRES, inspecteur des contributions directes et membre de la Société à Agen, est proclamé inspecteur de Lot-et-Garonne, sur la proposition de M. Calvet.

M. RONDIER, de Melle, est nommé membre du conseil général administratif pour le département des Deux-Sèvres.

Le conseil annule les allocàtions suivantes faites depuis plus de deux ans et qui n'ont point été réclamées.

1°. 200 fr. accordés à St.-Romain-du-Perche.

2°. 100 fr. votés pour l'église de Preuilly.

Plusieurs autres allocations pourraient encore être annulées, mais elles sont maintenues sur la réclamation développée de deux membres de l'assemblée.

Le conseil arrête *à l'unanimité* que la médaille destinée à récompenser l'archéologue, dont les écrits ont rendu le plus de services à la science dans la région comprise entre la Loire et les Pyrénées, sera décernée à M. JOUANNET, membre de l'Institut, conservateur de la bibliothèque publique de Bordeaux, dont les savants mémoires sont trop connus pour avoir besoin d'être rappelés.

Le conseil s'est ensuite occupé de la répartition des fonds, et après avoir pris connaissance de tous les documents qui lui étaient fournis et du rapport de la commission des vœux,

Les sommes suivantes ont été allouées :

M. DE COURCY, *commissaire.*	Cathédrale de St.-Pol de Léon.	150 fr.
M. G. VILLERS,	Eglise de Magny (Calvados).	100
Id.	Id. de Subles, id. . . .	25
M. LACURIE.	Id. de Rétaux (Charente-Inférieure)..	100
M. LIMAL, maire de Saintes.	Acquisition des arênes de Saintes.	200
M. LACURIE.	Tour de l'église de Tézac (Charente-Inférieure). .	200
Id.	Eglise de Riaux.	100
M. FILLON.	Id. de Civaux (Vienne). .	200
M. LACURIE.	Id. d'Etrées (Charente-Inférieure).	100

A Reporter. . . 1,175

Report. . 1,175

M. DE GLANVILLE.	Réparation des vitraux d'Igleville (Seine-Inférieure). .	100
M. BEAUGIER.	N.-D. de Niort.	100
M. LACURIE.	Transport de plusieurs fragments antiques au musée de Saintes.	25
M. MOREAU.	Moulages dans l'arrondissement de Saintes. . '. .	50
M. DURET.	Eglise de Bigney (Charente-Inférieure).	50
M. l'abbé LOUIS.	Pour complément de travaux à Ste.-Marie-du-Mont.	50
M. CALVET.	Plusieurs églises de Lot-et-Garonne.	200
M. CAUVIN.	Eglise du Pré, au Mans. .	100
Id.	A la disposition de l'inspecteur divisionnaire du Mans.	100
M. LACURIE.	Eglise d'Arces (Charente-Inférieure..	100
Id.	Pour être remis en gratification aux ouvriers sculpteurs.	50

TOTAL. . . . 2,100

M. Gaugain donne lecture d'une lettre de M. l'abbé Eudelin, membre de la Société, qui réclame pour l'église de Formigny, dont il est maintenant curé, les secours de la Société française. M. de Caumont rend hommage au goût et aux connaissances architectoniques de M. l'abbé Eudelin qui a fait de bonnes restaurations à Tours et à Campigny. Il parle de l'intérêt de l'église de Formigny dont il fait une description sommaire et présente la vue du clocher

assez remarquable qu'il a fait, il y a long-temps, graver

pour sa Statistique monumentale ; mais il voudrait qu'avant d'accorder des fonds le conseil fût bien renseigné sur les besoins de la commune qui doit être riche ; il voudrait surtout que M. Lambert et M. G. Villers, qui possède des propriétés à Formigny, et qui rendent l'un et l'autre tant de services dans l'arrondissement de Bayeux fussent consultés sur l'opportunité de voter immédiatement des fonds. La réponse à la demande de M. Eudelin est en conséquence ajournée. La même décision est prise relativement à plusieurs autres demandes.

* * *

Séance du 20 juin 1844.

Présidence de M. MOUFFLET, principal du collége de Saintes.

Siègent au bureau MM. Jouannet, de Caumont, Lesson, Gaugain, etc., etc.

M. Person donne communication d'un mémoire de M. Rainguet, sur la construction des voûtes des églises.

M. de Caumont donne communication du procès-verbal des séances administratives.

M. Fillon lit un rapport sur l'exposition faite à la mairie.

RAPPORT DE M. FILLON.

MESSIEURS,

Il y a quelques jours, vous avez examiné avec le plus vif intérêt cette belle réunion de tableaux et de choses précieuses que l'administration municipale de Saintes a bien voulu rassembler dans les appartements de l'hôtel-de-ville, à *l'occasion du Con-*

grès. Vous me chargez aujourd'hui de décrire les objets d'art qui la composent. Je crains bien d'être au-dessous de ma tâche ; car je ne pourrai rendre vos impressions et je ne ferai que décrire, tandis que vous avez admiré. Vous avez encore sous les yeux ces belles toiles, ces magnifiques Christ de bois et d'ivoire, ces admirables émaux et poteries. Je vais pourtant essayer de passer en revue quelques-unes de ces merveilles.

En première ligne, il faut placer la S^te.-Lucie, attribuée au Guerchin. Elle tient ses yeux dans une coupe, ce qui ne l'empêche pas de regarder le ciel avec une expression sublime. Couleur, dessin, tout est réuni dans cette page, qui ferait honneur à une collection royale. Nous ne pouvons que féliciter M. Limal, son heureux possesseur, d'avoir pu en orner son cabinet et surtout de savoir faire jouir les autres de son trésor.

De la même collection je citerai encore deux tableaux espagnols, un St.-Pierre, et un autre saint écrivant, tandis que l'inspiration lui vient du ciel.

Une bataille pleine de fougue, qui doit être du Bourguignon ;

Une vierge charmante, de Carlo Dolci ;

Le triomphe d'Amphytrite, esquisse sur cuivre, de Rothnamer ;

Deux toiles des Creughel ; l'air, figure allégorique entourée d'une multitude d'oiseaux, et St.-Jean prêchant dans le désert : le St.-Jean est sur bois ;

Adam et Ève chassés du paradis terrestre ; tableau rempli de finesse, de Hondias ;

Des fleurs entourant la S^te. Famille, par un élève de Moucheron ;

Des fruits d'une grande vérité ;

Des vases et coquilles, par David de Hem, dont la précieuse finesse est vraiment prodigieuse ;   12

Un paysage; nous ne devons pas oublier cette magnifique soirée de J. Sibrechts, peint en 1659. Sur le premier plan une famille pêche à la ligne aux bords d'un lac, bordé à l'horizon par des rochers et des côteaux agrestes. Cette composition est si calme, et d'une si grande vérité, qu'elle mérite un rang distingué au milieu des œuvres des maîtres flamands. Tout près, vous avez admiré, comme moi, ce guet au canard, malheureusement retouché par quelque maladroit barbouilleur, car, messieurs, les badigeonneurs n'existent pas seulement pour les archéologues. Les variétés pullulent, et l'amateur de peinture a bien souvent à se plaindre de cette lèpre qui défigure et souille les objets d'art.

M. Limal n'est pas le seul qui ait concouru à l'exhibition de l'hôtel-de-ville. D'autres personnes ont voulu aussi mettre à exécution la pensée de l'homme de goût, qui vient chercher dans les arts un noble délassement aux luttes du barreau.

M. de Blossac vous a montré sa Cléopâtre;

M. Tortat fils, son Louis XIV :

M. de Bonsonge, son adoration des mages, qui brille par sa couleur;

Madame Renaud, ses portraits de Drouais et de L. M. Vanloo.

Des artistes vivants sont aussi représentés par leurs ouvrages et par plusieurs copies d'une belle exécution.

Bien d'autres encore ont prêté la main à cette œuvre; je ne puis tous les citer, qu'ils reçoivent ici l'expression de votre reconnaissance.

A côté des tableaux, un grand nombre d'objets de tout genre étaient venus prendre place.

Rappelez-vous, messieurs, ce beau plat de Besnard de Palissy, cette fontaine en fayence, cette assiette représentant le portrait de Henri IV; les médailles de M. Eschasseriaux, entr'autres son Pertinax, et puis tous ces émaux de

Laudin et de Noaillé , au milieu desquels brillait cette belle grisaille de P. Courteis`, représentant la conversion de St.-Paul. M. Arnaud , auquel ce précieux morceau appartient , avait aussi exposé une épée du X°. siècle. Je terminerai, messieurs, en payant un tribut d'éloge , au Christ d'ivoire de 15 pouces de haut , et d'un seul morceau, que possède M. Brépon , avocat. Rien ne manquerait à sa perfection s'il avait la tête de celui de M. Métayer.

Voici ma tâche remplie, il ne me reste plus qu'à remercier, en votre nom , les amateurs qui ont consenti à se priver quelques jours de leurs richesses, pour nous les faire admirer, et surtout M. Limal qui a donné le signal de cette bienveillante manifestation.

M. Moufflet donne lecture de son rapport sur les arènes.

M. Dangibaud , juge d'instruction, lit un mémoire sur la dernière question du programme , ainsi conçue :

« Le ressort de la coutume de St.-Jean-d'Angely et celu i
« de l'Usance de Saintes étaient l'un et l'autre dans la pro-
« vince de Saintonge. Pourquoi le premier était-il régi par
« le droit coutumier ; le second , au contraire , à quelques
« usages près, par le droit écrit? »

M. Duret lit un mémoire de son père sur le même sujet.

M. Duret lit un mémoire de lui-même sur la sénéchaussée de St.-Jean d'Angely.

M. de Caumont prend la parole pour annoncer que la session est terminée et remercie les habitants de Saintes du généreux concours qu'ils ont prêté à la Société française ; il adresse particulièrement des paroles obligeantes à M. Lacurie, à M. Limal, à M. le président du tribunal civil et aux personnes qui ont pris le plus de part aux travaux de la session.

M. Limal, maire de Saintes, répond à M. de Caumont, et s'exprime en ces termes :

MESSIEURS ,

Je vous remercie, au nom de la ville de Saintes , de l'intérêt que vous lui avez témoigné en la choisissant pour célébrer dans ses murs la solennité à laquelle nous venons d'assister. Elle en sent trop vivement le prix , pour ne pas faire tous ses efforts afin de se rendre digne de la distinction dont vous l'avez honorée. Et quand elle aura , grâce à votre initiative , retrouvé ses titres de gloire , reconquis les restes de sa splendeur passée , elle joindra , n'en doutez pas, Messieurs , sa reconnaissance à celle de cette vieille France monumentale qu'avec tant de bonheur vous travaillez chaque jour à reconstituer.

M. Lesson , membre de l'Institut , prononce l'allocution suivante :

MESSIEURS ,

Avant de nous séparer , permettez-moi de saluer la vieille cité qui nous a reçus , par quelques mots d'adieu. Rendons grâces à son hospitalité bienveillante et éclairée ! ville riche en débris et en souvenirs , qu'elle s'en entoure comme doit le faire tout brave soldat mourant sur le champ de bataille dans les replis des nobles couleurs nationales ! qu'elle fasse revivre son passé en marchant dignement sur les traces de ses ancêtres. Saintais, descendants de ces vieux Santons , sur lesquels s'appuya l'épée de Rome , recevez nos remerciments et nos vœux. Nos éloges vous prouveront au moins nos sympathies et notre estime.

Et vous qui de l'antique Neustrie et de la Vasconie , êtes venus prêter votre profonde expérience et vos hautes lumières , recevez nos remercîments. Apôtres du culte de nos pères , missionnaires de ruines , afin d'en féconder les graves et religieuses leçons , vous avez bien mérité du pays ! vous faites revivre les traditions de l'honneur , les enseignements du temps. Vous portez le flambeau là où l'ignorant ne reconnaît que des ténèbres. Honneur à vous et à votre jeune chef , qui a si bien mérité de la science archéologique.

Prêtres du vrai Dieu , magistrats chargés de rendre la justice , citoyens de toutes les professions , séparons-nous comme de vieux amis , comme des frères , marchant dans le même sentier de la vie en se prêtant un mutuel secours, se tendant une main secourable ! disons-nous donc , non pas un adieu définitif, mais saluons-nous de ces mots consolants : *au revoir :*

De vifs applaudissements accueillent cette allocution , et les membres de la Société française quittent la salle en se donnant rendez-vous au congrès archéologique de 1845 , à Lille.

Le Secrétaire,

PERSON.

Vu par le Secrétaire-général de la session ,

LACURIF.

NOTICE SUR LE PAYS DES SANTONS,

PAR M. L'ABBÉ LACURIE.

I. Les Santons faisaient partie des tribus armoricaines établies sur les bords de l'Océan. Si nous en croyons quelques modernes, les Cimbres, chassés des bords du Pont-Euxin et refoulés vers l'Ouest par les races teutoniques, se répandirent comme un torrent dans les Gaules, vers le milieu du VIIe. siècle, avant J.-C., et envahirent le nord et l'ouest de ces vastes contrées.

. Dépossédée d'une partie de leur terre natale, la confédération des Gals alla chercher au loin une nouvelle patrie. Les uns, conduits par Sigovèse, passèrent le Rhin, et s'établirent sur la rive droite du Danube ; les autres, à la suite de Bellovèse, marchèrent sur l'Italie, et se cantonnèrent au nord du Pô. Compagnons d'armes de Bellovèse, les Santons auraient fondé Mediolanum en Etrurie, en mémoire de leur ancienne métropole.

Quoi qu'il en soit et de l'invasion des Kimris, et des succès des Santons en Etrurie, nous dirons avec le savant auteur de l'histoire civile et religieuse de la Saintonge, que le territoire des Santons, en changeant de maîtres, conserva ses anciennes dénominations, et que les vaincus, en s'en allant, léguèrent leur nom aux vainqueurs. Ainsi, après comme avant l'invasion, le territoire dont Mediolanum était la métropole fut encore le pays des Santons.

Il était borné au nord par les Pictones, à l'est par les Lemovices et les Petrocorii ; la Garonne, au sud, le séparait des Bituriges-Vivisci ; l'Océan le bornait à l'ouest.

C'est là tout ce que la géographie ancienne ou moderne nous apprend touchant l'étendue du pays des Santons ; elle ne nous dit rien des limites précises qui les séparait des peuplades voisines, ni de la délimitation relative de ces divers territoirés.

Il ne serait peut-être pas impossible de suppléer au silence des géographes, ni de retrouver les traces effacées de ces limites respectives. Nous l'avons tenté pour le pays des Santons; et, bien que nous n'osions nous flatter d'avoir rencontré juste en tous points, toutefois, après avoir étudié d'une part les barrières posées par la nature, et de l'autre, l'étendue locale de la juridiction ecclésiastique, conduits également par certains indices, témoins irrécusables de la domination romaine, et qui forment comme une ceinture autour du territoire, nous pouvons espérer avoir beaucoup approché de la vérité.

II. Il est à peu près reconnu que dans les premiers temps les fleuves, les vastes forêts, les accidents notables de terrain faisaient les bornes des pays; ces barrières naturelles, coupant la surface de la terre, la partageaient en contrées particulières habitées par différentes tribus.

Chacun sait que, dans les temps anciens, on suivit l'ordre du gouvernement public dans l'établissement des évêchés, et que l'étendue de la juridiction ecclésiastique fut, pour ainsi dire, identifiée avec celle de la juridiction civile. Le ressort épiscopal était le même que le ressort du diocèse, ou département particulier de chaque cité. Dans chaque province de nos Gaules, il n'y avait pas plus d'évêchés que de cités, c'est-à-dire de ces villes indépendantes les unes des autres, et métropoles d'un territoire habité par des hommes unis par les nœuds les plus étroits. Ces cités isolées formaient autant de peuples ayant des mœurs, des usages, et souvent des lois particulières. Il y a eu, nous l'avouerons, quelques partages de territoires; mais ces démembrements ont été rares, et cette variation devenue l'exception d'un usage constant l'appuie et le confirme. Aussi dirons-nous, avec un célèbre géographe, Danville : Il faut donner des raisons solides « quand on avance que les confins des anciens diocèses de « France diffèrent des limites des anciens peuples de la « Gaule. »

III. Partant de ces données que nous croyons certaines, nous pourrons peut-être reconstituer la carte du pays des Santons sous les Romains.

Et d'abord, faisons remarquer que de grands changements paraissent s'être opérés sur une vaste portion du territoire ; la mer a dû en couvrir autrefois une partie considérable, ceci ne peut laisser aucun doute : la seule inspection des lieux, et des indices nombreux et de tous genres témoignent de l'antique séjour de l'Océan sur ces terres.

Entre les changements occasionnés par l'action des eaux sur notre territoire, il y en a deux principaux et dignes de remarque, parce qu'ils ont enlevé à toute la partie maritime du pays sa physionomie première. Au nord, le bassin de la Sèvre; au midi, celui de la Seudre, et l'embouchure de la Charente.

IV. Si partant des environs de Talmont, en Vendée, nous traçons une ligne marquée par Longueville, Angles, St.-Benoît, St.-Denis, Chenay, Luçon, Ste.-Gemme, Chavigni, Chevrette, Naillé, Mouseil, Lagrange, Langon, le Poiré, Velluire, Montreuil, Fontaine, Chalaïe, Ste.-Christine; Arsay, dans les Deux-Sèvres; St.-Cyr du Doret, en Aunis, Nuaillé, Andilly-les-Marais, Villedoux et Esnandes, nous circonscrirons un golfe de plus de 250,000 mètres de circuit, si nous en mesurons toutes les sinuosités.

Dans l'immense étendue de ce golfe se remarquaient une vingtaine d'îles dont les principales sont St.-Michel-en-l'Herm,

Charron , Marans , Taugon , la Ronde , Margot , Maillezais, Maillé , Vix , Velluire , Chaillé , Triaize , Elle , Champagné , Puyravaud , S^{te}.-Radégonde et Vouillé. Ces îles forment aujourd'hui la crête des côteaux qui dominent ces vastes marais.

L'existence de ce golfe ne peut être révoquée en doute , trop d'indices offrent des preuves irrécusables du séjour de. l'Océan sur ces terrains.

Aux environs de S^{t}.-Michel-en-l'Herm , on trouve presque partout un fond d'écailles d'huîtres , et des bancs considérables formés d'huîtres entières arrangées par couches ; même remarque à S^{te}.-Radégonde , à Champagné , à Luçon. A Velluire, près de l'ancienne église de S^{t}.-Martin, on a trouvé des anneaux en fer attachés à un mur pour amarrer les vaisseaux ; et, en creusant des fossés , on a tiré des quilles et autres débris de bâtiments d'assez fort tonnage.

Au tome II du Gallia Christiana, nous trouvons consignés en faveur des moines de Maillezais le don de salines et un droit de passage sur les ports de la Ronde et de Pichoven, îles voisines de Maillezais. En 940, Guillaume-Tête-d'Etoupes fait don à l'abbé de S^{t}.-Maixent de marais salants au village de Trucca , paroisse de Villedoux ; et en 1109 , nouvelle donation de marais salants situés à la Tranche , même paroisse, de tribus campis salinarum ; *terra autem hæc vocatur, ubi sunt campi, Trunca, prope villam dulce.* En 1213, Savari de Mauléon donne au prieuré de Borgenest des terres dans la forêt d'Orbestier, près de Talmont, champs incultes et anciennes laises de la mer, *terram in landa maris, in nemora de Orbester ;* une autre charte du même siècle porte : *super landa maris in foresta Orbisterii.* En 1216, Porrechie, seigneur de Marans, confirme un don fait à l'abbé de Maillezais, ancien port, *quod antiquitus vocabatur portus.* Au cartulaire de l'abbaye de S^{t}.-Jean-d'Angely , nous voyons que les flots couvraient la conche d'Esnandes : *quod jam dudum*

esterium apud Esnandam fuerat, quod dicitur conca. En
1047, Agnès de Bourgogne donne à l'abbaye de Saintes l'île
de Vix en Poitou.

Enfin ce golfe était connu des géographes anciens, qui le dé-
signaient sous le nom de *Lacus duorum corvorum.* Si nous en
croyons un certain Artemidore, deux corbeaux, à l'aile droite
blanche, habitaient les îles de ce lac. C'était là que se rendaient
ceux des Santons qui avaient quelques différents à vider. Les
deux contendants exposaient, sur un lieu élevé, chacun un
gâteau ; les corbeaux, juges de la querelle, mangeaient le
gâteau de celui qui avait tort, et ne touchaient point au
gâteau de celui qui avait droit. Strabon traite de fable ce
récit d'Artemidore ; nous n'y tenons pas, et nous ne le
citons que pour constater un fait, savoir : l'existence d'un
golfe au fond duquel se perdait la Sèvre, ruisseau obscur
qui n'est devenu rivière que depuis la retraite de l'Océan
et le dessèchement de ces vastes attérissements. Car nous
remarquons que Ptolémée ne dit rien de la Sèvre dans
l'énumération qu'il fait des fleuves qui se déchargent dans
le golfe aquitanique. Il n'aurait pas oublié une rivière considérable et si voisine du Canentelos dont il fait mention,
si la Sèvre lui eût été connue. La raison de ce silence est
simple : la Sèvre n'existait pas alors.

V. Le bassin du bras de mer improprement appelé la
Seudre, la terre de Marennes, les vastes marais de Brouage
et de Lupin ; ceux de Voutron et de la petite Flandre, au
nord de la Charente, portent les traces des plus étonnantes
transformations. On ne peut douter que la mer n'ait convert
en entier autrefois cette immense étendue de terrain, et n'y
ait formé un vaste golfe se prolongeant à l'est jusqu'à très-
peu de distance de Mediolanum. Les contours de ce golfe
devaient suivre la ligne indiquée de nos jours, partant de

l'embouchure de la Gironde, de l'ouest au sud, par St.-Augustin-sur-Mer, Breuillet, St.-Sulpice et Saujon ; à l'est, par Chevret et la Pallut ; au nord, par les coteaux de St.-Romain, Sablonceaux, Mont-Sanson, Grand-Bois, Blenac, Broue, St.-Symphorien, St.-Jean-d'Angle ; puis, redescendant au sud, la ligne est marquée par Champagne, St.-Sulpice-d'Arnoud, Balanzac, Corme-Royal, la Clisse ; elle remonte au nord-ouest, par Nieul-les-Saintes, Soulignonne, Pont-labbé, Ste.-Radégonde , St.-Agnant, Martrou, Tonnay-Charente, Lussan, Moragne, Tonnay-Boutonne, à l'est ; Genouillé, Muron, Ardillères, Ciré, Ballon, Tairé, Mortagne, St.-Vivien, Salles et Angoulins, au nord-ouest, embrassant les îles d'Arvert, de St.-Sornin, de St.-Just, d'Hiers, de Moëse, de Fouras, du Vergeroux, d'Agéres, de Flaix, d'Able, et autres qui sont aujourd'hui les collines du continent.

Les traces de l'action que la mer a jadis exercée sur toute cette contrée sont tellement visibles, qu'elles rendent le doute impossible. En effet, des terres d'alluvion formées des détritus des autres terres apportées par les eaux ; un fond d'argile, un terrain tourbeux ; la même nature de bris de nos rivages, offrant les dépouilles des mêmes coquillages qui y vivent maintenant ; une végétation toute marine ; des ancres, des bordages et autres fragments de navires journellement trouvés dans les vallées, à plusieurs kilomètres de la côte ; les innombrables écours, uniquement alimentés par la mer qui sillonnait ces marais de tous côtés ; la dénomination d'île encore en usage dans l'intérieur du golfe que nous supposons ; celle de port multipliée sur tout le contour des hauteurs qui le circonscrivent ; la submersion de ces marais qui aurait encore lieu à toutes les grandes marées, sans les digues qui ont été construites pour les en garantir ; l'absence de vestiges d'habitations anciennes sur tous les points qui forment l'intérieur du golfe ; la présence de nombreux vestiges celtiques ou gallo-romains sur tous les points culminants de l'intérieur, et sur le littoral qui borde le bassin ; les traces du brisement de la mer sur les côtes rocheuses entre Sablonceaux et Plantis ; les traces non moins positives de la fureur des flots sur les roches escarpées qui ceignent les marais depuis Pont-labbé jusqu'à Nieul-les-Saintes, sont, à notre avis, la preuve incontestable d'une longue et récente immersion.

A ces indications fournies par la seule inspection du terrain, viennent se joindre les traditions locales. Car les événements, qui excitent à un certain degré l'attention des peuples, échappent assez à l'oubli des siècles les plus reculés. A défaut d'historiens, les générations en conservent encore par des traditions un souvenir plus ou moins confus. Aussi rien de plus ordinaire que d'entendre dire aller *en* Marennes, *en* St.-Just, *en* Nieule, *en* Arvert, etc. , comme l'on dit aller en Oleron.

D'ailleurs, il est fait mention de l'île de Marennes dans un grand nombre d'anciens titres relatés dans l'arrêt, rendu en 1661 par le grand conseil, sur les droits honorifiques de Marennes. L'île et le bailliage de Marennes, ainsi que l'île d'Oleron , sont concédés à Renaud de Pons, par Charles V et Charles VI, pour parfaire l'assiette des 2,000 livres qui lui avaient été accordées en 1370; en 1620, l'île et le bailliage de Marennes sont évalués par le parlement à 489 l. 15 s. 6 d. de rente.

Pendant les guerres religieuses du XVIe. siècle, il est souvent parlé des îles de Marennes. Selon La Popelinière , « en 1568, les catholiques attaquent les îles de Marennes ;... « les habitants des îles sont taillés en pièce ;... les îles se « rendent à Montluc .... en 1569, les protestants défendent « le *pas* de Marennes. . . . »

D'après d'Aubigné. « Il y eut un combat au *pas* de Ma-

« rennes;.... en 1585 on fortifie les *pas* de St.-Sornin, St.-
« Just et Marennes, *qui sont trois îles....* « là où le peuple
« en bonne intelligence pourrait se maintenir avec du canon
« contre une armée turquecque. »

Une pièce de 1628, expédition de l'instrument ou contrat
de mariage de Willelm Rudel, comte de Blaye, et de Mar-
guerite, nièce du comte Geoffroy de Saintes, en 1040, parle
de l'île d'Arvert rachetée d'une rente qui la grevait.

Un titre de 1170 nous apprend que Richard, roi d'Angleterre, arrente à Jean Emery de La Pinpelière, l'île d'Aire
pour 15 liv. tournois; en 1611, l'île d'Aire échut, ainsi que
l'île de Marennes à Isaac Martel, dans le partage qu'Anne
de Pons fit de ses biens; dans un factum de l'abbesse de
Saintes, on voit qu'au temps de la fondation de son abbaye,
l'île d'Hiers était couverte de forêts. Cette île d'Hiers est l'île
Hiero, brûlée par les Normands quand ils saccagèrent
Saintes en 867.

En 1634, le prince dé Soubise concède aux habitants du
village l'île de Lupin. Par un titre de 946, un certain Rotard
donne à l'abbaye de Noaillé deux marais salants dont l'un
était dans les marais appelés Vultroni : c'est évidemment
Voutron. Un autre titre de 817 mentionne les marais de Ma-
thevallis, entre Voutron et St.-Jean d'Angely; ce sont évidemment ceux de la Petite-Flandre et de Genouillé. Une charte
de 942 relate le don fait à l'abbaye de St.-Cyprien de Poitiers,
de 41 aires de marais salants, situés en Aulnis, à Ingolins,
dans le fond de St.-Nazaire, et dans le lieu appelé Adillas
Planas; ce n'est pas faire violence au texte que de voir ici
Angoulins et Ardillères.

En l'année 1023, l'abbaye de Noaillé reçoit le don de marais salants, situés au lieu appelé Lampania. On voit beaucoup
de vestiges d'anciennes habitations que l'on croit Gauloises
dans cette même paroisse de Champagne, ainsi qu'à Pont-

labbé, St.-Jean-d'Angle, et à l'est de l'Arnoud. Elles forment un cordon le long des marais. Les eaux en se retirant auront occasionné la désertion des habitants, qui se seront rapprochés d'elles en se cherchant de nouvelles demeures sur de nouveaux rivages.

Il est constaté dans un rapport de 1680 qu'au commencement du XVIIe. siècle, il se construisait encore des navires du port de 40 tonneaux au pied du promontoire de Broue ; et dans son mémoire de 1727, M. Pretteilles, ingénieur à Brouage, relate la découverte d'une quille de bâtiment qu'il juge avoir été de 50 tonneaux ; les débris avaient été découverts au pied du même promontoire.

La carte dressée par la Sauvagère ne présente aucune trace d'habitation entre la mer et la ville des Santons ; le même vide se remarque dans la carte de Peutinger.

Strabon affirme que le voisinage de Mediolanum était couvert de sable et baigné par la mer ; que le territoire sablonneux et aride produisait à peine du millet. « Santonum « urbs est Mediolanum. Aquitaniæ solum quod est ad illius « oceani, majori suî parte arenosum est et tenue, millio « alens, reliquarum frugum minime ferax (Géogr. l. IV). » Ce texte ne semble-t-il pas indiquer que la métropole des Santons était peu éloignée du rivage de la mer ; et que ce territoire, actuellement environné de paysages si frais, si heureusement variés, si pittoresques et si productifs, éprouvait en ces temps reculés la funeste influence du voisinage de l'Océan.

Marcien d'Héraclée suppose Mediolanum sur les bords de l'Océan. « Hic habitant Santones, quorum urbs Mediolanum « ad mare posita, juxtà Garumnam fluvium (in perip. « acquit. ap. script. rer. gall. t. 1, p. 92), »

Nous pourrions constater ici les immenses travaux de l'homme disputant, dès le VIIe. siècle, à la mer les magni-

fiques salines ou les riches prairies établies sur les lais;
mais ces détails nous mèneraient trop loin, et nous pensons
avoir suffisamment justifié le long séjour de l'Océan sur les
contrées que nous avons décrites.

VI. Venons aux délimitations du pays. Ses bornes, à l'ouest,
ne sont pas contestables. Le Sinus Aquitanicus en faisait la
limite. Uliarius, et une autre île certainement connue des
Romains, mais qu'ils ne mentionnent nulle part, du moins
que nous sachions, l'île de Ré, en étaient comme les gardes
avancées (1).

Au sud, la Garonne, la Dordogne et l'Isle nous séparaient
des Bituriges-Vivisci.

Il est impossible de ne pas reconnaître dans le Lacus
duorum corvorum la limite naturelle qui nous bornait au
nord. Mais les Santons s'étendaient-ils jusqu'à la rive septentrionale, et occupaient-ils seuls les nombreuses îles du
golfe ? Nous ne le pensons pas, bien que d'anciens géographes
placent les Santones Liberi sur tout le littoral, que des modernes, sur une ressemblance de noms, selon nous, fort peu
concluante, assignent aux Agesinates. On peut bâtir plus d'un
système à l'aide des étymologies. Peut-être pourrons-nous,
nous étayant aussi de l'autorité de Pline, trouver ailleurs
les Agesinates Cambolectri. Pour le moment nous nous bornons
à dire que rien ne nous autorise à reculer les bornes du
pays des Santons au-delà de la ligne tracée aujourd'hui par
la Sèvre niortaise : la juridiction ecclésiastique ne s'étendait
pas au-delà avant la création de l'évêché de la Rochelle dans
le XVIIe. siècle.

(1) Des urnes cinéraires renfermant des ossements calcinés et des
monnaies impériales, témoignent assez du séjour des Romains dans
'l e de Ré. On peut voir l'une de ces urnes au musée de Saintes.

De Niort, Niortum, que nous croyons avoir appartenu aux Santons, car sous les premiers Capétiens nous le trouvons faisant partie de la Viguerie Basiacensis, in pago alniensi, la ligne de démarcation devait suivre la crête des hautes collines, qui courent vers le sud-est, en-deçà d'Aunedonnacum, jusqu'au Canentelos, un peu au-dessous de Sermonicomagus. Des ruines nombreuses accusant des établissements considérables, notamment à Bernay, St.-Martin, Loulay, la Chapelle-Bâton, St.-Julien, Masta, Ste.-Sévère, semblent autoriser ce sentiment. Il nous paraît difficile d'expliquer autrement la présence de ruines imposantes, échelonnées comme à dessein, sur toute cette ligne ouverte aux incursions des tribus voisines.

A partir de Sermonicomagus, la rive gauche du Canentelos fait limite avec la partie orientale des Pictones et les Lemovices ; la Tardouère, la Dronne et de vastes forêts devaient également faire limite du côté des Petrocorii.

VII. Pénétrons dans l'intérieur du pays. Mediolanum, cité des Santons, s'étendait sur les hauteurs qui nous dominent à l'ouest. On reconnaît encore très-facilement, à l'aide des briques que le soc soulève sur une vaste étendue, le périmètre de l'ancienne cité.

Suivant Strabon et Marcien d'Héraclée, la ville n'était pas éloignée de la mer. En effet, le golfe remplacé par les vastes salines de Marennes et de Brouage se prolongeait par Saujon, et surtout par Pont-labbé, Pontilabium, jusqu'à une très-faible distance de ses murs.

Si nous en jugeons par les monuments qui le décoraient, Mediolanum devait avoir conservé une grande importance sous les Romains. Un aqueduc, un arc-de-triomphe, des thermes, des temples, des édifices civils de dimensions colossales, un amphithéâtre pouvant donner place à près de

25,000 spectateurs, un capitole enfin, lui faisaient prendre
rang parmi les principales cités de l'Aquitaine. Ville libre,
et se gouvernant par ses lois, sous le patronage de Rome,
elle défendait ses intérêts à la cour des Césars. C'est du
moins ce que nous pouvons inférer du séjour à Rome du
Santon, Julius Africanus, enveloppé dans la proscription
de Séjan. Certaines villes avaient, à Rome, des représen-
tants, *defensores,* spécialement chargés de veiller à leurs
intérêts : la conjuration de Catilina fut découverte par le
défenseur des Allobroges, comme chacun sait.

VIII. Nous serions peut-être dans le vrai en divisant les
Santons en peuplades d'origine commune sans doute et d'intérêts communs, mais de mœurs et d'habitudes différentes.
Nous remarquons encore des nuances bien tranchées dans
le langage, les mœurs et les usages des habitants des diverses contrées du département. Dans les îles et sur le
littoral, dans le marais, dans l'intérieur des terres, dans les
parties du sud et de l'est, les populations ont encore aujourd'hui une physionomie spéciale, et les races paraissent
avoir conservé un cachet indélébile. Ces différences devaient
être plus saillantes encore dans ces temps reculés, alors
que les relations sociales étaient moins suivies, et que la civilisation n'avait pas façonné l'esprit des peuples. Ces peuplades diverses, agglomérées sous le nom générique de Santons,
nous donneraient peut-être la raison de la symétrie que
nous croyons avoir remarquée dans l'agencement de nos monuments de l'ère celtique. Ce n'est point ici un système que
nous cherchons à établir ; mais nous serions heureux qu'on
eût fait ailleurs la même remarque. Il nous paraît difficile
d'expliquer autrement la pensée qui a dû présider à la disposition de ces monuments, quelle qu'en ait pu être la destination. Toujours est-il que chez nous la plupart semblent, par

leur agencement, se rattacher à une pensée fixe et méditée ;
ils ne paraissent pas avoir été jetés au hasard. Ainsi la partie
septentrionale de l'Aunis est partagée en quatre cantons, de
l'ouest à l'est, par trois lignes bien suivies de tombelles ou
de dolmens échelonnés du nord au sud. Pareille disposition
se remarque dans les autres contrées de la Saintonge, ainsi
que chacun peut s'en convaincre en jetant les yeux sur la
carte que nous avons dressée.

VIII. Il ne serait pas possible de retrouver aujourd'hui les
noms ni la position géographique de ces peuplades diverses.
Dans l'absence de documents positifs, on ne pourrait que se
jeter dans le champ des conjectures, champ vaste, et peut-
être trop couru par les archéologues. Toutefois, nous pourrions avec quelque vraisemblance désigner sous le nom de
Sani, avec La Sauvagère, les tribus répandues sur les deux
bords de la Seugne ; et sous celui d'*Arivos*, comme l'a judicieusement avancé Bourignon, les habitants des îles du golfe
des Santons. Peut-être pourrions-nous voir aussi une tribu
indépendante dans la partie septentrionale de l'Aunis, contrée
incontestablement habitée avant la conquête, puisqu'on y
trouve des monuments celtiques, mais où l'on chercherait
en vain les traces du peuple-roi. Rien, en effet, qui puisse
y faire soupçonner la domination romaine ; tout y est celte,
ou date du moyen-âge. Les anciens noms des bourgades
terminés en *durum*, *dunum*, *magus* ou *acum*, si communs
dans les autres parties du territoire, y sont absolument inconnus : les dénominations locales appartiennent à l'ancien
idiome armorico-celtique, ou à la basse latinité.

Toute la partie orientale, partagée également en nombreuses peuplades répandues sur la rive gauche du Canentelos,
joignant les Pictones au nord, les Lemovistes à l'est, et les
Petrocorii au sud-est, nous semble avoir été habitée par

une tribu plus compacte, ayant Iculisma pour ville principale. Nous inclinons d'autant plus volontiers vers cette opinion,
que, sur la fin du IVe. siècle, Honorius ayant fait diviser
le territoire des Gaules en sept provinces, et chaque province en cité, le pays des Santons fut scindé en deux parts,
démembrement qui a formé la cité des Ecolismenses. C'est
dans cette partie que nous placerions les Agesinates Cambolectri, adoptant ici le sentiment de l'ingénieur Fournier,
contrairement à l'opinion émise par l'un de nos honorables
collègues trompé, croyons-nous, par Bouquet.

Dans l'énumération des peuples de l'Aquitaine, Pline paraît
suivre la position géographique en commençant par le Nord.
Suivons-le dans sa marche, et peut-être pourrons-nous rec-
tifier une erreur échappée à la confiance. Voici le texte de
Pline (Hist. nat. lib. IV. C. 33) :

« Aquitanicæ sunt Ambilatri, Anagnutes, Pictones, San-
« tones liberi: Bituriges liberi cognomine Ubisci : Aquitani
« undè nomen provinciæ, Sediboniates. Mox in oppidum
« contributi Convenæ, Begerri, Tarbelli, Quatuorsignani,
« Cocosates Sexsignani, Venami, Onobrisates, Belendi,
« saltus Pyrenæus. Infraque Monesi, Oscidates montani,
« Sibyllates, Camponi, Bercorcates, Bipedimui, Sassumini,
« Vellates, Tornates, Consoranni, Ausci, Elusates, Sottiates,
« Oscidates campestres, Succasses, Tarusates, Basabocates,
« Vassei, Sennates, *Cambolectri Agesinates* Pictonibus
« juncti. Hinc Bituriges liberi, qui Cubi appellantur. Dein
« Lemovices, Arverni, etc. »

Ainsi donc, Pline énumérant les peuples de l'Aquitaine,
part de la Loire, et nomme les Ambilatres, les Agnunates,
les Pictons, les Santones liberi ; puis franchissant la Garonne,
il désigne les Bituriges-Vivisci et les diverses peuplades du
Midi jusqu'aux Pyrénées. De là il remonte par l'est, arrive
aux Agesinates Cambolectri, limitrophes des Pictons, passe

aux Bituriges Cubi, dans l'Indre et le Cher, puis aux Lemovices et aux Arvernes, pour retourner sur les marches de la Narbonnaise où il trouve les Rutènes, les Cadurques, les Autobroges et les Pétrocores. Rien dans le texte qui autorise à placer les Agésinates à l'ouest des Pictons, tout porte au contraire à leur assigner la position géographique que nous leur faisons, joignant les Pictons, mais à l'est. Quant à la preuve tirée du nom d'Aizenay, Asianensis, qu'il nous soit permis de ne pas l'admettre : le champ des conjectures est déjà assez vaste, n'y joignons pas celui des étymologies.

X. De nombreuses voies sillonnent le pays en tous les sens. Nous le disons à regret, l'étude de ces voies antiques a été fort négligée dans la Saintonge. On s'est contenté d'en citer deux ou trois d'après l'Itinéraire d'Antonin ou la carte de Peutinger, sans se mettre en peine d'en reconnaître les vestiges, sans paraître soupçonner l'existence des autres. Aussi que de systèmes contradictoires, que de fausses conjectures pour concilier l'Itinéraire avec la carte dans la recherche des mansions Tamnum et Novioregum, points contestés depuis long-temps, et sur lesquels les travaux de nos antiquaires n'ont pu jeter de lumières ! On semble n'avoir pas compris que des documents aussi incomplets que l'Itinéraire et la table devaient jeter dans l'incertitude, et que les efforts tentés par plusieurs pour corriger l'un par l'autre ne pouvaient produire que trouble et confusion dans une question toute simple. C'est en suivant les traces encore existantes des anciennes voies que l'on peut sûrement arriver aux établissements romains. Ces traces sont indestructibles; ni l'action du temps, ni ce que l'on appelle progrès n'ont pu la faire disparaître. A l'aide de ce fil d'Ariane nous arriverons à reconnaître plusieurs points importants ; car si nous rencontrons une localité traversée par plusieurs voies, nous serons en droit d'en conclure que ces voies n'auront pas été tracées à grands frais pour d'insignifiantes localités, ainsi que le fait si judicieusement observer notre honorable collègue, M. Biseul, en son savant mémoire sur les voies romaines de Bretagne.

XI. Avant de donner le tracé de nos anciennes voies, nous dirons en faveur de ceux qui voudraient travailler sur cette intéressante matière, que, dans la recherche d'une voie antique, il faut particulièrement interroger la crête des coteaux, et la ligne de délimitation de nos communes actuelles, ces points nous ayant paru avoir été constamment choisis par les ingénieurs romains pour l'assiette de leurs routes, sauf quelques cas où des accidents de terrain trop marqués les forcèrent de suivre une autre direction. Nous rendrions peut-être notre pensée d'une manière plus exacte, en disant que les voies anciennes servirent souvent de délimitations aux fiefs d'où sont venus nos communes ; car il est à remarquer que, dans la circonscription des terrains assignés à chaque commune, on s'est peu écarté de l'étendue des juridictions seigneuriales, question fort importante à étudier, et d'où naîtraient d'intéressantes observations et de véritables découvertes.

Nous dirons en second lieu que toutes les voies antiques n'ont pas disparu avec la domination romaine ; on a continué de s'en servir dans les siècles suivants, et plusieurs sont encore en usage. Leur nom témoigne assez de leur antique origine : c'est le chemin Romain, la route de César, le chemin Ferré, la Chaussée, la Levée, le Perré, le chemin du Roi, de la Reine, de la Dame, de la Princesse de Brunehault, de Charlemagne, l'ancien vieux chemin de tel endroit à tel autre, l'Estrée, l'Estrat, et autres dénominations analogues.

Nous devons aussi déclarer, pour l'acquit de notre conscience, que nous avons dressé notre carte sur des notes prises par nous il y a 20 ans au moins, dans un temps où peut-être nous n'attachions pas une aussi grande importance aux études archéologiques ; et nous regrettons qu'il ne nous ait pas été possible de nous transporter de nouveau sur le terrain, pour contrôler nos renseignements et les compléter en quelques-unes de leurs parties. Toutefois nous ferons observer que, ne prévoyant pas alors qu'il nous serait donné un jour de traiter officiellement la question qui nous occupe, nous n'avions aucun motif pour voir en beau, et nous faire illusion ; notre esprit était libre de toute préoccupation.

XI. Voie de Mediolanum à Burdigala, n°. 1.

Mediolanum.

Novioregum.

Tamnum.

Blavia.

Burgus Leontii.

Burdigala.

Cette voie sort de Saintes par la porte qui donnait accès à l'amphithéâtre dont elle longe la façade occidentale, franchit le coteau de St.-Eutrope, et gagne Chadignac où de nombreux débris romains font soupçonner une villa ; passe aux Guillots où se remarquent quelques ruines, et où un embranchement se dirige vers Thérac, commune des Gonds, par Prévirac et les arênes, villa signalée au tome 3 du Cours d'antiq. monum. de M. de Caumont ; de là elle passe à toucher Chermignac et gagne, au sud-ouest, le hameau le Moinard, qu'elle laisse sur la droite, tourne la commune de Restaud par la Chapelle, Chatelliers, le hameau le Pillet, dont le nom laisserait soupçonner l'existence d'une de ces constructions massives qui se remarquent à Ebéon et à St.-Romain-de-Benet ; de là la voie

gagne le Xeudre qu'elle devait traverser à un demi-kilomètre
au nord de Thaims et se dirige en droite ligne sur Cozes
où le champ appelé, Chemin-Romain atteste sa présence,
passe à Théon où existait une villa considérable, si on en
juge par les ruines éparses dans la campagne, traverse Arces
dont le nom latin ferait supposer quelques points fortifiés sur
les collines voisines, et longeant le versant oriental du coteau,
arrive à la *vieille ville*, entre Talmont et Barzan, où des
ruines considérables, s'étendant au loin dans la campagne,
et la présence de deux autres voies attestent l'existence d'un
établissement gallo-romain fort important.

Ce point est pour nous le Novioregum de l'itinéraire d'Antonin. On a beaucoup écrit sur la position présumée de cette
station; et ici, comme pour le Portus et le Promontorium,
les opinions se combattent, chacun étayant la sienne de raisons
plus ou moins spécieuses.

Danville place Novioregum à Royan, parce que le nom de
Royan peut dériver de la dernière partie de Novioregum,
« d'autant que l'effet ordinaire de l'altération des noms an-
« ciens, a été de les tronquer d'une manière ou d'autre. »
Une seconde raison donnée par Danville est que « La posi-
« tion de Novioregum dans l'itinéraire fait circuler la route
« en s'écartant d'une voie directe »; enfin, comme les distances entre Talmont et Royan, ne remplissent pas ce que
paraît demander l'indication de l'itinéraire, il corrige l'itinéraire en substituant sept à douze « permutations souvent
« nécessaires, dit-il, pour corriger une méprise de la part
« du copiste. »

Malgré tout le cas que nous faisons des connaissances du
savant géographe, nous ne pouvons admettre de semblables
preuves qui se réfutent d'elles-mêmes.

La Sauvagère pense trouver Novioregum au lieu occupé
aujourd'hui par le village de Toulon; et après avoir ainsi

fixé la position de cette station, il cherche à la concilier avec les mesures anciennes. Pour cela il compte alternativement par mille et par lieue, dans le même itinéraire, et dans l'espace d'environ vingt lieues. La Sauvagère semble n'avoir pas connu ce texte d'Ammien Marcellin, parlant de la ville de Lyon : « *Qui locus exordium est Galliarum, exindè non* « *millenis passibus sed leucis itinera metiuntur.* » Ce qui est confirmé par la table de Peutinger, d'où Bergier, dans son histoire des grands chemins de l'Empire, conclut que la mesure des chemins, par milliaires, n'était observée que jusqu'à Lyon en passant par la Provence.

Massiou et après lui M. Fleury, voient le Novioregum dans l'enceinte retranchée qui se trouve au sommet du terrier de Toulon, station militaire et permanente pour protéger le port des Santons et le commerce. Nous aurons à faire remarquer plus tard que rien ne nous semble Romain au terrier de Toulon ; la seule ruine qui se montre est une muraille qui n'offre aucun des caractères que présentent les constructions romaines.

Nos devanciers ont dû errer dans leurs recherches, par la raison que fixant d'avance la station, ils sont partis de ce point pour déterminer les distances ; et comme ces distances ne s'accordaient pas avec les indications de l'itinéraire, il a fallu supposer des erreurs de copiste, corriger les itinéraires. Une autre source d'erreurs doit être prise dans la position géographique de Tamnum que tous nos antiquaires ont fixée au Tallemont de nos jours, sur une ressemblance de nom qu'il est difficile de justifier, car bien évidemment Tallemont, Tallemundus est un nom du moyen-âge.

L'itinéraire d'Antonin assigne une distance de 15 lieues gauloises, soit 33 kilomètres entre Mediolanum et Novioregum. La position géographique que nous assignons à cette station justifie pleinement cette distance qui se trouvera confirmée tout-à-l'heure par la position de Tamnum et sa distance de Blavia.

La voie sort de Novioregum par le sud-est, traverse la commune de Chenac, en tirant vers St.-Seurin, où existait une villa dont M. de St.-Seurin a levé le plan linéaire ; elle coupe la route départementale de Saintes à Mortagne, peu avant Boutenac, se confond sur plusieurs points avec le chemin actuel de St.-Thomas à Cozes, laisse Floirac et St.-Fort à un demi-kilomètre sur la droite, coupe la route du port Maubert à Barbezieux, près du hameau de Chez-Bizet, commune de Cônac, passe près de Lorignac et gagne le village de Fonclair après avoir fait un coude un peu au-dessus de Ste.-Ramée. C'est ici que nous plaçons Tamnum de l'itinéraire, à 12 lieues gauloises, soit 26 kil. 694 m. de Novioregum, et 16 lieues gauloises, soit 35 kil. 592 m. de Blavia, distance indiquée par l'itinéraire. Des voûtes antiques, des pans de murs, des briques romaines éparses au loin dans la campagne, la proximité d'un port existant autrefois au bas du coteau, semblent être des indices certains de l'importance de cette localité dans les temps anciens. Toujours est-il que nous n'avons pas eu besoin de torturer les textes pour trouver nos distances.

Sortant de Tamnum la voie se dirigeait peut-être vers la butte sur laquelle s'élève le château de Cosnac ; nous ne l'y avons pas suivie, mais nous la retrouvons à Lamotte, près St.-Ciers-de-Cosnac, sur les hauteurs de St.-Bonnet qu'elle touche à l'est. Gardant toujours le haut des collines qui dominent les marais, elle court parallèlement à la route royale de Bordeaux à St.-Malo, laisse St.-Ciers-la-Lande et l'Anglade à une très-faible distance à l'ouest, et arrive à Blavia se confondant avec la route actuelle de Bordeaux à la hauteur de St.-Martin-la-Caussade.

De Blavia la voie se rend presque directement à St.-Ciers-de-Conesse, où se remarque un dolmen considérable décrit par M. Jouannet ; il est connu dans le pays sous le nom de Lou Castel de Las Stagues, château des Fées.

De là elle se rend à Burgus en touchant la Libarde.

XII. Voie de Mediolanum au Portus Santonum, n°. 2.

Cette voie se confond avec celle de Burdigala l'espace d'un kilomètre ; là sous le nom de Chemin-Compagnon, parce qu'elle fut réparée par un seigneur de Thézac portant ce nom, elle passe à Changrelou, où l'on trouve des briques à rebords, gagne le bois de Chatenet, dans la commune de Restaud, après avoir traversé les villages du Puineuf, des Monroux, des Brochants, et laissé Varzay à 300 mètres environ sur la droite, traverse le domaine de Feuze, commune de Thézac, et vient se confondre avec la route de Saintes à Royan, au village de la Chapelle ; fait un angle vers le sud avec la route au village de Villeneuve pour se diriger sur la pile de Pirelonge ; se rapproche de la route de Saujon et va se confondre avec elle au village de Griffarin, passe à la gauche du terrier et arrive au Portus Santonum que nous croyons avoir été au village de Toulon, position que nous tâcherons de justifier tout-à-l'heure.

XIII. Voie du Portus Santonum à Novioregum, n°. 3.

Sortant du village de Toulon, la voie se confond avec la route de Saujon, l'espace de deux à trois cents mètres, puis elle tire vers Pompierre, laissant sur la droite le domaine de La Grange. Elle traversait le Xeudre sur un pont dont il reste encore des vestiges à Pompierre ; de là elle coupe à travers les champs, tantôt cachée sous terre, tantôt visible, même pour des yeux peu exercés, et gagne Medis où des ruines nombreuses attestent une certaine importance. En cet endroit la voie fait un angle à peu près droit, et gardant le haut des collines elle arrive à Semussac, laissant entre Trignac et le domaine de La Vallade, des traces sensibles de son passage. De Semussac, suivant le versant sud-ouest des collines, elle débouche à Arces par le village de La Grosse-Pierre, et se confond avec la voie de Mediolanum, n°. 1.

XV. Voie de Novioregum au Sinus Aquitanicus, n°. 4.

Cette voie est la même que celle que nous venons de décrire jusqu'à Medis. En cet endroit elle tire vers St.-Sulpice suivant le versant nord-est du côteau, gagne Breuillet par les moulins de la Breuille, le Mottis et Grille ; là elle fait un angle très-obtus pour se perdre dans la forêt d'Arvert à la hauteur de St.-Augustin-sur-Mer.

XVI. Voie de Semussac à Medis par Suzac, n°. 5.

Partant de Semussac, la voie passe à Chantier, touche une villa et un dolmen affaissé près d'un endroit appelé les Vignes, suit le versant sud du coteau et arrive à Suzac, sur la côte où de nombreux pans de muraille, et quantité de briques et de marbres répandus au loin, sembleraient confirmer les traditions locales touchant une ville appelée Cana que les Anglais auraient détruite. De là passant au-dessus de St.-George, la voie touche le domaine de Belmont où des voûtes antiques et des médailles romaines ont été trouvées, et suivant le côté droit de la route actuelle de Royan, presque parallèlement, elle arrive à Medis.

XVII. Voie de Mediolanum à Fronzacum, n°. 6.
Mediolanum.
Gemozacum.
Mons Andronis.
Fronzacum.

Cette voie sort de Mediolanum par le pont des Monards,
coupe la route de Saintes à Bordeaux, entre les Roberts et
les Charriers, à la hauteur de Diconche, gagne les vignes
de Paban où on la trouve presqu'à fleur de terre, coupe la
voie des Guillots aux Arènes, à l'est du hameau de Prévirac,
et se rend à travers les champs au bourg de Thenac, tire un
peu à l'ouest pour toucher la Romade, commune de Thenac,
sépare les communes de Tesson et de Rioux, laisse à peu de
distance, à l'ouest, le village de St.-Simon-de-Pellouaille, et
arrive à Gemozac en longeant l'extrémité orientale de la
commune de Cravans, formant à son entrée à Gemozac un
angle très-aigu avec la route départementale de Saintes à
Mortagne. Sortant de Gemozac, la voie, tirant au sud, gagne
Salanzac, Bois-du-Mont, et franchit le Xeudre entre La-
vallade et Bois-Pinard, coupe la route du Port-Maubert à
Barbezieux, un peu au-dessus du hameau de la Roue, et
arrive au Petit-Niort, commune de Mirambeau, par St.-
Ciers et Consac. Du Petit-Niort, la voie suivant la direction
de l'est passe à Soubran, Salignac, Rouffignac où de nombreuses ruines se remarquent, et enfin entré à Montendre
avec la route départementale de Mirambeau.

Montendre, Mons Andronis, offre des ruines très-consi-
dérables d'anciennes constructions gallo-romaines ; la montagne sur laquelle est bâti le château était pour les Romains
un point fortifié commandant le pays. On y a découvert au
siècle dernier plusieurs issues souterraines et un grand
nombre de fers de lances, des médailles impériales, des
fragments d'architecture, du plomb.

Sortant de Montendre, la voie s'échelonne par Corignac,
Bussac, Bédenac, la Ruscade, Tizac, Juviniac, localités offrant des ruines plus ou moins nombreuses, et enfin elle
gagne Fronsac, sur la rive droite de l'Isle.

XVIII. Voie du Petit-Niort à Cubzac , n°. 7.

Cette voie moins importante peut-être que la précédente
et moins bien caractérisée , ne laisse pas que de se dessiner
parfaitement sur plusieurs points. En sortant du Petit-Niort
elle fait angle avec la précédente , passe au Maine, à Bois-
Redon et gagne Marcillac , point important sous les Romains
et se ralliant à Montendre , Bussac , Montlieu et Montguyon ;
on la perd vers Régnac , elle apparaît quelque peu dans les
Landes de St.-Savin, se dirigeant vers Cavignac ; de cet endroit on la suit facilement jusqu'à Cubzac , où elle paraît
continuer parallèlement à la Dordogne , jusqu'à Fronzac.

XIX. Voie de Mediolanum à Limonum , n°. 8.

Cette voie, connue sous le nom de chemin d'Aquitaine ,
sort de Saintes par la porte Aiguière ; c'est la continuation de
la voie de Burdigala. Elle se prolonge sous le sol de la
grand'rue, passait la Seugne aux rues basses , et , traversant
la prairie envahie aujourd'hui par la Charente , elle passait
sous l'arc-de-triomphe élevé à la mémoire de Germanicus ,
longeait le Pagus remplacé aujourd'hui par le faubourg des
Dames, franchissait le Canentelos au Pont-Amillon et gagnait
le coteau de la grève et celui de la Charloterie. On la suit
assez facilement sur le côté droit de la route de St.-Jean-
d'Angely, qu'elle longe jusqu'à la Saussaie. Là elle prend à
droite et court au nord-est par Escoyeux et Brisambourg,
où l'on rencontre des pans de murs et des briques, touche le fanal d'Ebéon, traverse Varaize , où l'on remarque
des ruines antiques que l'on croit être les restes d'une pile
semblable à celles d'Ebéon et de Pyrelonge et vient se confondre avec la route royale de Saintes à Poitiers à mi-côte
du versant nord des hautes collines que nous avons dit séparer les Pictons des Santons dans cette partie. Vainement
on chercherait des ruines antiques au bourg actuel d'Aul-

nay. L'Aunedonnacum de l'itinéraire était plus à l'ouest, dans les parages de la magnifique église qui s'élève solitaire au milieu de ces vastes plaines. De nombreux débris révélés par la charrue, nous confirment dans notre pensée. D'Aulnay la voie s'écarte peu de la route actuelle avec laquelle elle se confond dans presque tout son parcours jusqu'à Briou, autre mansion connue sous le nom de Brigiosum. C'est à nos voisins de nous dire pourquoi Brigiosum n'est pas cité dans l'itinéraire, ou si d'Aulnay une voie plus directe ne se rendait pas à Rauranum.

XIX. Voie de Mediolanum à Bernay, n° 9.

Cette voie, embranchement de celle de Limonum, suit les coteaux qui bornent à l'est le bassin de la Charente, passe au-dessus de Bussac, se rapproche du fleuve au Pontreau où se voyait il y a peu d'années encore un dolmen dont la table a été enlevée pour faire un perron chez un propriétaire voisin, gagne la Grande-Porte où des briques à rebord et des pans de murs annoncent une fabrique romaine. En cet endroit, un pont jeté sur le fleuve joignait les deux rives et offrait à travers la prairie une communication entre la Pommeraie et Dreux avec une autre voie que nous décrirons tout-à-l'heure. Les habitants affirment que dans les basses eaux on peut apercevoir encore dans la rivière les traces d'anciennes constructions que l'on croit être les piliers du pont, et que dans la prairie on remarquait il y a peu d'années plusieurs points symétriquement échelonnés où l'herbe ne croissait pas, ce que l'on attribuait à des maçonneries à fleur de terre. Nous n'avons pas vérifié ce fait. De la Grande-Porte, la voie gagne St.-Vaise, où se rencontre quantité de briques romaines, puis cotoyant le fleuve, elle gagne le coteau de Taillebourg où nous n'avons rencontré jusqu'à présent aucun indice d'habitation romaine. De ce point, sous le nom de chemin de S^t.-Jean, elle suit les coteaux qui courent au nord-est et arrive. à Mazeray où des ruines romaines, des arcades souterraines qui semblent avoir appartenu à un aqueduc, annonceraient une villa splendide. Mazeray n'a point d'eau, et l'on sait que les Romains n'épargnaient rien pour s'en procurer. A Mazeray, la voie se distingue du chemin actuel sous le nom de chemin de la Princesse, elle descend le côteau à l'est de Beaufief, et se perd avant d'avoir franchi la Boutonne, un peu au-dessus de St.-Jean-d'Angely. On la retrouve à Fontorbe, se dirigeant vers la forêt Dessouvert, qu'elle traverse, longeant une tombelle et laissant à l'est des ruines romaines au hameau du Pouzat; passe au village de Malvaux, commune de St.-Martin-de-la-Coudre, où se rencontrent des, ruines imposantes, de belles mosaïques, un édicule, des monnaies impériales; enfin elle arrive à Bernay où existe une immense mosaïque s'étendant sous toute la superficie du jardin du presbytère. A Bernay, nous avons perdu toute espèce de traces de la voie qui devait se prolonger dans le nord vers Frontenay, ou dans l'ouest, pour se rallier à la voie de Muro dont nous parlerons plus bas.

XX. Voie de Varaize à St.-Martin-de-la-Coudre, n°. 10.

Cette voie d'autant plus importante qu'elle paraît mettre en communication les points fortifiés de la frontière, n'est presque plus reconnaissable à un kilomètre de Varaize. Elle passe à Vervant, et rien n'indique comment elle franchissait les divers bras de la Boutonne, si multipliés devant Antezant où elle se reconnaît, passe à la chapelle-Baton, à la Jarrie-Audouin et à Loulay, où se remarquent des ruines romaines; de ce point elle se dirige dans l'ouest sur St.-Martin-de-La Coudre.

XXII. Voie de Varaize à Ste.-Sévère, n°. 11.

Se dirigeant au sud-est, la voie traverse le bois Raquet, joint la route départementale de Périgueux à la Rochelle, à peu de distance, à l'ouest de Maison-Neuve ; court parallèlement à la route jusqu'à Blanzac, côtoie la route à la toucher jusqu'à mi-chemin de Matha, traverse ce bourg où l'on trouve fréquemment des monnaies impériales, et prend la direction du sud ; passe à l'est de Thors, traverse le village de la Chaussée, commune de Sonnac, touche le village de la Voûte, à l'extrémité septentrionale de la forêt de Jarnac qu'elle suit du nord au sud, franchit la Sonnoire devant Maison-Neuve et arrive à une vaste enceinte formée de remblais offrant encore huit à dix mètres d'élévation sur le double de largeur. Cette enceinte paraît avoir fourni deux retranchements entourés de larges fossés protégés par des tours ou autres moyens de défense dont on trouve les ruines. Non loin de ce camp, dans un lieu appelé le fort de l'Abbatu, serait un tumulus qui se rallie à celui de Jarnac.

Cette station, qui n'est point marquée dans les itinéraires ni dans la table, a dû être autrefois un point important, si nous en jugeons par les terrassements dont nous venons de parler et qui semblent ne pas appartenir en totalité au moyen âge.

XXIII. Voie de Mediolanum.

Cette voie encore en usage sous le nom d'ancien chemin de Taillebourg, suit la rive gauche de la Charente, et débouche à St.-James où un embranchement conduit à Taillebourg. La voie continue dans le nord-ouest, passe à St.-Saturnin-de-Séchaud, nom évidemment corrompu de Sénéchal, les justiciers anglais, durant l'occupation, ayant là le siége de leur juridiction. St.-Saturnin offre les ruines d'un sacellum, et un tumulus recouvrant un dolmen, ainsi qu'on a

pu s'en convaincre par une tranchée pratiquée à son sommet.
De ce point la voie gagne Crazannes où se rencontre une re-
doute en terre et en pierrailles, que nous n'avons pas assez
étudiée pour en assigner l'origine ; elle passe à l'ouest de
Geay, et gagne le village de La Roche, commune de La-
vallée. On la perd en cet endroit, mais quelques vestiges
aux environs de St.-Hyppolyte feraient soupçonner qu'elle se
dirigeait vers l'embouchure de la Charente et qu'elle abou-
tissait à un bac. On ne la retrouve pas à Charente, sur la
rive droite, du moins que nous sachions, mais à Moragne ;
le Chau, chemin ferré, et le Pillet bâti sur l'emplacement
d'une pyle de construction romaine, révèlent sa présence.
A Genouillé, la voie longe d'anciens retranchements formés
de terrassements dont le moyen-âge a tiré parti pour y asseoir
de vieux castels. A Muron, des ruines considérables, des
amphores, des tombeaux, des urnes cinéraires, des monnaies, des traces non équivoques de la voie, semblent témoigner de l'ancienne importance de ce point avancé qui devait
commander le pays. De Muron, la voie se prolonge jusqu'à
Angoulins, par Ardillères, Ballon, Tairé et Mortagne. Rien
ne nous a paru indiquer une voie romaine; c'est un chemin
fort ancien, peut-être suivi par les Celtes, mais que nous
ne pouvons caractériser. Dans notre pensée Muron pourrait
se rallier à Bernay.

XXIV. Voie de Mediolanum à Lugdunum, par Vesunna ;
n°. 13.

Mediolanum.

Condate.

Sarrum.

Vesunna.

Cette voie se confond avec celle de Fronzac jusqu'à Diconche ; là elle coupe à l'est, passe au village des Pins, laisse

sur la gauche le bourg des Gonds, gagne Courpignac par le domaine de Thairac, remonte au nord, par le lit entièrement pavé d'un petit ruisseau qui fait angle droit avec la rivière de Courpignac, débouche dans l'île de Courcoury, entre Gatebourse et le Ga; là elle traverse la prairie, au nord du bourg, reconnaissable par les blocs de terre cuite dont elle est formée; à quelque distance courant à l'est, elle touche une villa dont les mosaïques annoncent l'antique splendeur, passe au-dessus de St.-Sever et de Roufflac, et arrive à Brives pour traverser le Né un peu au-dessous de Condate, station près de laquelle est un camp retranché d'où l'œil domine la plaine, et découvre au loin une perspective des plus belles. Ce camp n'est plus dans son entier; on remarque encore le terre-plein et les deux jambages de la porte par laquelle on pénétrait dans les fossés. Les ruines romaines, les médailles impériales, des vases de sacrifices et la tradition constante du pays concourent pour voir dans Merpins le Condate de la table Théodosienne. Après avoir franchi le Né, à l'ouest de la commune d'Ars, la voie, sous le nom de Chemin-Boisné, passe à la Frenade, à Genzac, Mainxe, Eraville, Birac, à la forêt de Chardin, à Plassai, à Roufflac, à Voulgezac et arrive à Sarrum, autre station portée dans la table Théodosienne et que l'on pense être Charmant, près la Vallette. Les ruines qu'on y rencontre s'accordent assez avec la tradition du pays et la présence d'une voie fort reconnaissable par sa construction qui offre un massif de cailloux mélangés avec du sable et de la chaux, surtout dans les parties qui traversent les rivières; en d'autres endroits le pavé est en pierre de 20 à 25 centimètres de côté, assis sur un lit de sable et de chaux. De Sarrum, la voie tire vers Marsac, la Vallette, Rousenac et Blanzaguet. Elle pénètre dans le département de la Dordogne par le Pas-de-Fontaine sur la Lizonne, gagne Cherval, la Tour-Blanche, Chadenil, Lisle, la chapelle Gomaguet,

l'abbaye de Chancelade et arrive enfin à Vezunna, conservant en plusieurs endroits de son parcours sur le côté gauche,
des espèces de montoirs que les Romains disposaient de distance en distance pour la commodité des gens de cheval ; ces
montoirs peuvent avoir 76 centimètres à peu près de hauteur actuelle , sur 35 à 40 de face.

XXV. Voie de Mediolanum à Augustoritum , n°. 14.
Mediolanum.
S^{te}.-Sévère.
N...........
Cassinomagus.
Augustoritum.

Cette voie qui va directement dans l'est , sort de Saintes
par le pont à Millon , touche le moulin de La Grille , laisse
à peu de distance le village des Arsivaux qui domine
un vaste bassin , entre dans le département de la Charente par le village de Chez-Rateaux , commune de St.-
Sulpice , où se trouve une borne milliaire trop fruste pour
qu'il soit permis de lire l'inscription, ce qui est d'autant
plus fâcheux qu'entre Mediolanum et Augustoritum , nous
ne connaissons que la seule station appelée Cassinomagus ,
et c'est la dernière. La voie franchit l'Antenne sur un pont ,
touche Cherves, S^{te}.-Sévère où elle joint la voie de Varaize,
passe au sud de Plaissac et franchit le Canentelos au nord de
Vars. De là elle se dirige sur Anais, qu'elle laisse à très-peu
de distance sur la gauche , traverse la forêt de Braconne et
gagne Agris qu'elle laisse un peu au sud, ainsi que Taponat;
courant toujours à l'est , elle laisse Vitrac à quelques cents
mètres au nord , et prend la direction du nord-est pour
passer au-dessus de Mouzau et de Lésignac , et laisser Pressignac à deux ou trois cents mètres au sud; enfin, elle arrive à Cassinomagus, Chassenon, station importante comme

point de frontière et où des ruines imposantes, des voûtes
souterraines; des tombeaux, des médailles impériales semblent annoncer une population nombreuse et le long séjour
des Romains.

XXVI. Voie d'Ebéon à Blavia, n°. 15.

Cette voie partant d'Ebéon, passe à St.-Julien de l'Escap
où se remarquent les ruines d'un édicule, gagne le Sèure
et Mesnac où de nombreux débris révèlent sa présence,
coupe la voie de Mediolanum à Augustoritum, à l'ouest de
la forêt de Jarnac, vis-à-vis S^te.-Sévère, passe près de l'abbaye de Gaundaury, commune de Cherves, franchit la Charente, à l'ouest de Cognac, passe au village de Béllevue,
commune de Mérpins où se trouve une colonne milliaire,
près de Latour, commune de Gimeux, et pénètre dans le département de la Charente-Inférieure au Pas-de-Celles; prenant la direction de l'Ouest, elle se dirige vers Bois, commune de St.-Martial-de-Coculet, passe à Jarnac-Cham-
pagne, Neuillac, St.-Martial-de-Vitaterme, Jonzac où des
médailles impériales et quelques tumulus autoriseraient peut-
être à voir une station, à St.-Simon-de-Bordes, Courpignac,
enfin, à Marcillac, point fortifié, et se ralliant avec Montendre, Bussac, Montlieu et Montguyon. De là la voie gagne
Etauliers et Blaye, dans la Gironde.

XXVII. Voie de Mediolanum à Condate chez les Bituriges-Vivisci, n°. 16.

Cette voie se sépare de celle de Vesunna à Courcoury et
suit, comme celle-ci, la direction de l'est jusqu'au pas de la
Roche, commune d'Ars, où elle prend la direction du nord-
ouest au sud-est. Elle passe près du bourg de Celles et de
St.-Martial-de-Coculet, où elle coupe la voie que nous venons de décrire; passe au midi du bourg de Germignac,

touche Archiac et Bric et gagne St.-Eugène, localité fort importante autrefois, si on en juge par les ruines nombreuses
répandues au loin dans la campagne, et les traditions locales
qui conservent le souvenir d'une ville romaine détruite par
les Alains, dans le IVe. siècle. Tout porte à croire, en effet,
que cette commune a été le théâtre de grands événements,
ainsi que semblent le rappeler les noms de *Vignes des Batailles*, de *Champs de Batailles*, que portent certains coteaux, où l'on trouve des briques, des vases antiques, des
tombeaux, des ossements humains entremêlés d'armes et de
débris. De St.-Eugène, la voie gagne St.-Ciers-Champagne,
St.-Maigrins, où l'on remarque des ruines, Baigne, Chevan-
ceaux, le hameau des Roux, commune de St.-Palais-de-
Négrignac, Montguyon, point retranché dont les ruines
révèlent l'importance, ancienne métropole druïdique où se
remarque une sorte de chromlech; de ce point, la voie
gagne Corterate, Guitres et enfin Condate, sur la rive gauche
de l'Isle, au confluent de cette rivière et de la Dordogne.

XXVIII. Voie de St.-Eugène à Condate des Bituriges,
n°. 17.

Partant de St.-Eugène, la voie gagne Meux, où des vestiges de constructions romaines font soupçonner une villa; à
Fontaine-d'Ozillac, autrefois importante, si l'on en juge
par les nombreux débris antiques, la voie fait un coude pour
gagner Mulons où des tombeaux, des mosaïques, des briques,
des pans de murs accusent une antiquité non douteuse; de
là, elle se dirige dans l'est vers St.-Palais-de-Négrignac. En
cet endroit, elle fait un angle pour gagner Montlieu, dont
le vaste château, dont on voit encore les ruines sur une
hauteur, et la trace d'un camp retranché dans les landes, en
tirant vers Bussac, font soupçonner un de ces points fortifiés qui commandaient le pays et en étaient comme la clef.

Un peu au-dessous de Montlieu, la voie, sous le nom de
Chemin de Charlemagne, touche Clérac où se remarquent
des briques, Cercoux, et enfin Guitres où elle se confond
avec la voie de Mediolanum à Condate, n° 16.

XXIX. Nous trouvons dans nos notes l'indication de plusieurs autres voies plus ou moins importantes, mais dont
nous ne pourrions donner le tracé, parce que nous n'avons
pas assez bien examiné les localités. Il en est une surtout
que nous prierons nos collègues de l'Angoumois de vouloir
bien étudier ; nos indications se trouveraient confirmées par
les registres de la Maison-de-ville de Xaintes, au XVI°. siècle ;
partant d'Angoulême, elle s'échelonnait par Collefroin,
Confollens, Bellac, le Dorat, St.-Benoît, Argentan, Charroux,
Issoudun.

XXX. Nous nous plaisons à proclamer ici que nous
devons beaucoup à l'obligeance de M. Blanchon, huissier à
Salles, homme qui sait beaucoup, et qui a beaucoup vu,
mais qu'une modestie, selon nous, fort mal entendue, tient
à l'écart. Il a bien voulu nous donner le tracé des voies
qu'il a reconnues dans l'Angoumois, et nous avons pu nous
convaincre de la justesse des indications fournies par les registres de l'Hôtel-de-Ville de Saintes et de nos propres observations. Nous eussions vivement désiré trouver aussi de l'écho
ailleurs, car le travail que nous avons entrepris ne peut pas
être l'ouvrage d'un seul ; il y a dans les diverses contrées
une foule de documents qui ne peuvent être aperçus à leur
véritable point de vue, que par les hommes du pays ; et par
le temps qui court, chacun semble jaloux de ce qu'il a pu
recueillir, et le tient en réserve ; d'où il suit qu'avec la
meilleure volonté, il est difficile d'arriver à un travail complet.
Le but que se propose la Société française est d'opérer

un échange réciproque d'idées et de documents: espérons
que certaines susceptibilités, certaines vues individuelles
céderont devant un but si éminemment patriotique.

XXXI. Il nous reste à déterminer trois points vivement
controversés depuis long-temps par les antiquaires: la position
géographique de l'île d'Antros, du Portus et du Promontorium Santonum.

XXXII. 1°. Antros insula.

Pomponius Mela décrivant l'aspect et les contours de
l'embouchure de la Garonne s'exprime ainsi: « In eo est
« insula, Antros nomine, quam pendere et attoli aquis
« increscentibus ideo insulæ existimant, quia cùm videantur
« editiora queis objacet, ubi se fluctus implevit, illa operit,
« hæc ut priùs tantùm ambitur : et quòd ea, quibus antè
« ripæ collesque ne cernerentur obstiterant, tunc velut ex
« loco superiore perspicua sunt. » (De tit. orb. c. 3.)

« Il existe dans le lit de cette rivière une île connue
« sous le nom d'Antros, que les habitants du pays croient
« être suspendue sur les eaux, et s'élever avec elles au
« temps de la crue; cette opinion est fondée sur ce que les
« lieux environnants qui paraissent la dominer pour l'ordi-
« naire, sont couverts d'eau quand la rivière est grosse,
« tandis qu'elle surnage encore et qu'elle semble même alors
« comme élevée au-dessus des rivages et des hauteurs
« qui, peu auparavant, la dérobaient à la vue. » (Trad.
de Fradin.

XXXIII. Maichain, le père Arcère et quelques autres ont
pensé que l'île d'Antros, dont parle Pomponius Mela, n'était
autre chose que le récif sur lequel est bâtie la tour de Cordouan.

De Valois confond l'île d'Antros avec l'île d'Aindre, située à l'embouchure de la Loire ; et il se fonde sur une vieille légende de saint Ausbert, évêque de Rouen, où il est dit qu'Ermeland fonda un monastère dans une île de la Loire appelée *Antrum*.

Notre honorable collègue, M. Lesson, retrouve l'île d'Antros dans l'île d'Arvert.

Danville cherche l'île d'Antros vers la côte de Médoc. « En examinant avec attention, dit-il, la disposition du local « à l'entrée de la Garonne.... il y a tout lieu de soupçonner « que la pointe en grande saillie, qui en resserre considé- « rablement l'entrée, vis-à-vis de Royau, jusqu'à réduire à « environ 2400 toises un canal qui, auparavant, s'étend à « près de 6000 toises, a été autrefois isolée ; cette pointe « qui, depuis un lieu nommé Soulac, s'allonge d'environ « 4000 toises, ne tient au continent du Médoc que par une « langue de terre, laquelle, en haute marée, ne conserve « qu'un demi-quart de lieue de largeur, et qui doit avoir « été coupée par la continuation d'une ouverture, dont l'en- « trée, du côté de la Gironde, est appelée chenal de Sou- « lac ; car le terme de chenal ne pouvait être appliqué qu'à « une passe d'entrée ou de sortie particulière, ce qui a été « confirmé par une carte manuscrite levée fort en détail « sur les lieux et dont l'objet spécial est de marquer les « endroits couverts en haute marée, à la distinction des « plages que la mer basse laisse à découvert.... Un autre « terrain, situé au-dessus de celui dont on vient de parler « et qui est une île portant le nom de Jau, dans les cartes « faites il y a 180 ans, n'est actuellement séparé du con- « tinent du Médoc que par quelques fossés pour l'écoule- « ment des eaux. Or, puisqu'on découvre une île à l'entrée « de la Garonne, on peut être fondé à y reconnaître l'île « d'Antros. »

XXXIII. D. Massiou repousse le sentiment de Danville pour voir l'île d'Antros dans le rocher de Cordouan. « Quiconque, dit-il, a observé les phénomènes qui se sont opérés et s'opèrent encore journellement sur le littoral de l'Aquitaine comprendra difficilement que si, au temps de Pomponius Mela, la pointe de Soulac formait une île, le canal qui la séparait du continent ne se soit pas élargi loin de se combler, surtout à l'embouchure de la Gironde dont les courants sont si rapides. »

De ces courants si rapides on pourrait peut-être tirer une conséquence toute différente de celle qui en a été déduite par M. Massiou. Car les courants que l'on invoque ici contre Danville ont pu combler, par les sables, le canal qui séparait les îles d'Arvert et d'Armotte ; et sur la côte de Médoc, à Soulac même, une ville considérable, citée par Ptolémée, Noviomagus, a été ensevelie sous les sables. Serait-il donc hors de vraisemblance que l'île d'Antros ait pu être attachée au continent par les sables amoncelés dans le canal qui les séparait ? Nous ne le pensons pas. Les sables charriés par les courants de Maumusson obstruent l'embouchure de la Seudre. Nous ne sommes peut-être pas fort éloignés de l'époque où la Sèvre n'existera plus.

L'opinion de Valois, qui cherche l'île d'Antros dans la Loire n'est pas soutenable ; Pomponius Mela nomme expressément l'embouchure de la Garonne.

Celle de notre honorable collègue, M. Lesson, qui donne l'île d'Arvert pour l'île d'Antros, ne nous paraît pas admissible, par la raison que l'île d'Arvert ne nous semble pas dans les conditions où Pomponius place l'île d'Antros. Arvert est trop en-dehors de l'embouchure de la Gironde dont elle ne fait aucunement partie.

L'opinion de ceux qui voient l'île d'Antros dans le récit de Cordouan peut parfaitement se concilier avec celle de

Danville. Selon toutes les apparences, le récif de Cordouan
et la pointe de Grave faisaient corps dans les temps anciens;
au IXe. siècle encore, sous Louis-le-Débonnaire, il est parlé
d'une tour où l'on donnait du cor pour avertir du voisinage
des écueils les navires cherchant à entrer dans le fleuve, et
cette tour était à la pointe du Médoc. Nous tenons d'hommes
graves qu'il existe des baillettes, portant marché passé pour
transporter à bœufs des provisions à Cordouan. Il serait donc
possible qu'au temps de Pomponius Mela la pointe de Grave
et le récif ne fissent qu'une seule terre.

Mais dans ces parages la violence des flots a dû faire de
grandes brèches. Des montagnes d'eau amenées par le flux et
poussées par les vents qu'aucun obstacle n'arrête, ont dû
ébranler les falaises avec toute la puissance d'un immense
bélier. Les différents sels dont les eaux de la mer sont impré-
gnées, agissant continuellement sur les substances qui composent les rochers, ont dû en provoquer la décomposition ;
les eaux ont pu pénétrer la masse, et, par un effort conti-
nuel , l'auront divisée pour se donner un libre cours. Ainsi
ont disparu, sous les efforts du plus puissant des agents,
puisqu'il réunit dans son action la force et la durée, les falaises
de la côte d'Angoulins et de Chatelaillon. Les courants du
littoral ont dû nécessairement porter les débris de la côte et
les déposer dans les anfractuosités latérales de son cours.
Ainsi peuvent s'expliquer et l'ouverture que l'océan aura
élargie au milieu des terres, et les attérissements qui rattachent au continent et l'île d'Arvert et la pointe de Grave.

XXXIV. Quant à l'élévation périodique de cette île ou à
son abaissement, il en faut chercher la cause dans la mobilité des dunes; mobilité telle qu'il arrive souvent au voyageur
de ne plus voir, à la fin du jour, les dunes qu'il avait re-
marquées le matin : l'impétuosité des ouragans élevant et

promenant sur la côte ces collines de sable, phénomène que
chacun peut vérifier. L'élévation ou l'abaissement de la surface sablonneuse de l'île a pu faire penser aux Santons que
l'île s'élevait ou s'abaissait avec la marée.

XXXV. 2°. Portus Santonum.

Ortellius, Samson et D. Bouquet placent le Portus Santonum là où existe aujourd'hui la Rochelle ; de Vallois et
Bourignon le placent au lieu où est aujourd'hui Brouage ;
le père Arcère le met à la presqu'île d'Arvert ; Danville le
cherche à l'embouchure de la Seudre ; La Sauvagère le met
à la Tremblade ; D. Massiou le trouve au village de Toulon
au bas du Terrier.

XXXVI. Il est difficile de démêler le vrai en présence d'opinions si divergentes, et la géographie ancienne, loin de nous
venir en aide, complique étrangement la question. En effet,
Ptolémée décrivant la côte du Sinus Aquitanicus du sud au
nord, place le port et le promontoire des Santons sur le littoral de l'Océan entre l'embouchure de la Gironde et celle
du Canentelos que l'on croit être le même que le Caran-
tonus d'Ausonne, la Charente, le port sous le 46°.
degré 45 minutes ; le promontoire sous le 47°. degré 15
minutes de latitude nord. D'après le géographe ancien, en
remontant le rivage du sud au nord depuis l'embouchure
de la Gironde, on rencontre d'abord le port, puis le promontoire, enfin l'embouchure de la Charente.

Si Ptolémée a voulu désigner la Charente par le Canentelos, il est évident que la position géographique qu'il lui
assigne ne peut lui convenir, car le 47° 15' porte ce fleuve
à la pointe de S^t.-Gyldas, dans le département de la Loire-
Inférieure, bien loin de la Charente.

S'il n'a pas voulu désigner la Charente ; il faut, pour être

conséquent, supposer que par Garumna, le géographe a voulu
désigner non la Garonne, mais un autre fleuve dont l'embouchure était de 46° 30' de latitude, position géographique
qu'il assigne à la Garonne. Or, il serait absurde de supposer
que la Garumna et le Canentelos du temps de Ptolémée ne
sont pas les mêmes que la Gironde et la Charente actuelles.
Il y a donc ici évidemment erreur dans la désignation de la
position géographique de l'embouchure de la Gironde et de
celle de la Charente ; conséquemment les distances fixées par
Ptolémée doivent être mises à néant.

Marcien d'Héraclée parle du promontoire, mais il ne dit
rien du port des Santons. « Ab ostiis Garumnæ ad Santonum
« promontorium stadia 475 ; à Santonum promontorio ad
« ostia Canenteli fluvii stadia 560. »

Ce document ne fait guère avancer la question, toutefois il place, comme l'a fait Ptolémée, le promontoire des
Santons entre la Garonne et la Charente qu'il précède immédiatement.

XXXVII. Nous sommes donc réduits à suivre dans nos recherches l'ordre établi par Ptolémée, seule indication authentique que nous ayons pour nous diriger.

Il est évident d'après le géographe ancien que le port des
Santons doit se trouver entre l'embouchure de la Garonne et
celle de la Charente. Ainsi sont détruites les opinions d'Ortellius, de Samson et de D. Bouquet qui cherchent ce port dans
le pays de la Rochelle au nord de la Charente.

Il est rationnel de penser que ce port des Santons avait une
importance majeure, puisqu'il était le principal établissement
maritime de ce peuple ; il devait avoir des communications
faciles avec les principales villes et surtout avec la métropole.
Si donc nous trouvons en-deçà de l'embouchure de la Gironde des pans de murs antiques répandus çà et là dans la

campagne, des bains, des tombeaux, des inscriptions, des médailles, de vieilles armes, des marbres, des briques, des tuiles; si ces restes peuvent se rattacher au souvenir d'une ville ancienne dont la tradition locale a gardé le souvenir et dont une porte existait encore en un temps peu éloigné de nous, suivant un vieux titre du pouillé de Sablonceaux, si surtout ces ruines traversées par une voie antique ont pu être baignées par les flots de l'Océan, ne serons-nous pas en droit d'en conclure avec quelques vraisemblance que l'emplacement du portus Santonum n'est plus un problème ? Or, le village de Toulon, dans le nord-est de Saujon, au pied du coteau de St.-Romain-de-Benet, nous semble réunir les conditions que nous venons d'indiquer, et nous concluons volontiers avec MM. Massiou et Fleury que là a dû se trouver le principal entrepôt de commerce des Santons, le portus Santonum de Ptolémée. Toutefois nous ne saurions partager l'opinion de nos savants collègues touchant le terrier de Toulon où, dans leur pensée, un camp aurait été établi pour protéger le commerce et commander la ville. Pour nous le terrier de Toulon n'est point un camp romain; rien n'y indique le passage du peuple-roi, ce pourrait être un point retranché au moyen-âge et rien de plus.

XXXVIII. 3°. Promontorium Santonum.

La position géographique du promontoire des Santons n'a pas été moins controversée que celle du portus Santonum. Les uns le placent à Blaye, les autres avec Maichain, le mettent à la Rochelle; le père Arcère varie entre la pointe de Chef-de-Baye, la pointe de Coureille et le rocher des Balcines en l'île de Ré ; Danville n'ose se prononcer ; D. Bouquet et l'abbé Le Bœuf le cherchent dans la presqu'île d'Arvert; La Sauvagère et après lui D. Massiou croient reconnaître ce promontoire dans le cap de Chassiron, à la

pointe sud-ouest de l'île d'Oleron ; M. Fleury le trouve dans
le promontoire de Broue.

XXXIX. Il est démontré par la seule lecture des textes
de Ptolémée et de Marcien d'Héraclée que le promontorium
Santonum doit se trouver entre l'embouchure de la Garonne
et celle de la Charente. D'après Ptolémée il est entre le portus et le Canentelos. Il suit de là que l'opinion de ceux qui
le placent au sud de la Garonne, ou au nord de la Charente, ne repose sur aucun fondement. L'opinion de D. Bouquet et de l'abbé Le Bœuf tombe également, puisqu'elle tend
à le placer en-deçà du Portus Santonum contre le témoignage formel de Ptolémée. Le sentiment de La Sauvagère et
de D. Massiou repose sur un raisonnement plus spécieux que
solide. Si, en effet, ce promontoire devait être l'extrême frontière du pays des Santons, il faut le chercher non à la
pointe de Chassiron, mais à la tour des Baleines en l'île de
Ré, frontière évidemment plus extrême que le cap Chassiron.
A cela on objectera peut-être que la pointe des Baleines,
s'avance dans le nord-ouest, beaucoup au-delà de l'embouchure de la Charente, et qu'ainsi se trouve interverti l'ordre
de Ptolémée qui place le promontorium Santonum en-deçà
de cette embouchure ; nous conviendrons qu'en effet nous
nous portons bien au-delà de l'embouchure de la Charente,
mais nous ferons remarquer que si le cap Chassiron s'avance
moins dans le nord-ouest que le cap des Baleines, sa position géographique n'est pas dans les conditions voulues, puisqu'on ne peut y placer le promontorium Santonum sans in-
tervertir également l'ordre établi par Ptolémée. Vainement
on dira que l'île d'Oleron semblant appartenir au continent
par sa pointe méridionale, le géographe ancien devait avoir
en vue le gisement général de l'île bien plus que la position
particulière du cap qui en faisait partie, car nous ferons re-

marquer que cette position particulière était tellement reconnue que Marcien d'Héraclée s'en sert pour déterminer la distance de ce promontoire à l'embouchure de la Charente : « à promontorio Santonum ad ostia Canenteli fluvii « stadia 560. »

Que si l'île d'Oleron tenait encore à la côte d'Arvert par la pointe de S{.-Trojan, ainsi que l'assure La Sauvagère et que l'insinue D. Massiou, la question loin de se simplifier se complique davantage. Pline aura eu tort de séparer l'île du continent ; Ptolémée se sera trompé en plaçant le portus Santonum avant le promontorium, car bien certainement les navigateurs romains descendant la Garonne pour se rendre dans la Charente, auront dû doubler le promontorium avant de rencontrer le portus. Avant de rejeter ainsi le témoignage d'auteurs graves, il ne suffit pas de dire qu'en ces temps anciens, les études géographiques étaient dans l'enfance; cette allégation n'est rien moins que prouvée : l'Énéide est une assez bonne preuve du contraire.

Le promontoire des Santons nous semble devoir être cherché en terre ferme et non dans une île. Ce devait être un point de la côte plus élevé, plus saillant, plus avancé, mieux détaché par la nature que tous les autres, servant de reconnaissance à ceux qui naviguaient dans la baie des Santons, ainsi que le fait judicieusement observer M. Fleury, dont nous adoptons volontiers l'opinion, sauf quelques modifications.

Selon Ptolémée, partant de l'embouchure de la Gironde pour nous rendre à l'embouchure de la Charente, nous devons trouver d'abord le port, puis le promontoire des Santons.

D'après Marcien d'Héraclée, partant toujours de l'embouchure de la Garonne, on reconnaît le promontoire avant d'arriver à l'embouchure de la Charente.

L'île d'Oléron, *Uliarius*, au rapport de Pline, était séparée du continent dès avant la conquête.

XL. Ceci posé, il nous paraît démontré que le promontoire doit être cherché sur la côte orientale du golfe qui s'étendait depuis la pointe d'Arvert jusqu'à celle d'Angoulins, au nord du Portus et au sud du Canentelos. En effet, et nous laisserons parler ici M. Fleury : « la timide naviga
« tion des Romains consistait à aller terre à terre, de cap en
« cap ; rarement, à moins de circonstances extraordinaires,
« se hasardaient-ils à s'éloigner des côtes à une grande dis
« tance.... Ils suivaient la côte en calculant les distances,
« cherchaient vraisemblablement à reconnaître les pointes et
« les baies qu'ils rangeaient de fort près, sans doute, et,
« pour atteindre plus sûrement le but, ils mesuraient les
« distances qui séparaient tel lieu d'un autre.... » Si, pour ne pas errer à l'aventure comme Ulisse, les navigateurs romains ou santons ne s'écartaient pas, pour nos mers, de cette façon d'agir, continue M. Fleury, « ils devaient néces
« sairement trouver le Portus Santonum d'abord, puis le
« promontorium et enfin la Charente.... Pour cela, ils dou
« blaient la presqu'île d'Arvert, pénétraient par le pertuis
« de Maumusson dans le golfe Santonique, et touchaient le
« port gallo-romain ; puis, continuant de cingler vers le
« nord, ils suivaient les sinuosités de la côte, passaient au
« milieu des îles qui formaient l'archipel que nous avons
« décrit et dessiné sur notre carte, et enfin, après avoir re
« connu le point le plus saillant, le plus élevé, le plus appa
« rent de toute la côte, le promontoire des Santones, notre
« Broue d'aujourd'hui, ils donnaient dans la Charente, dont
« l'embouchure n'était certainement pas à Fouras, si nous
« consultons encore la configuration des terrains et leur na
« ture.... Placé au milieu de cette baie et parmi toutes ces

« îles, comme une sentinelle avancée, élevé de plus de 40
« ou 50 mètres au-dessus du niveau du marais, abrupte du
« côté battu par la mer et par l'impétuosité des vents ré-
« gnants, dominant tous les caps, toutes les pointes de la
« côte voisine, et surpassant considérablement en hauteur
« les parties les plus élevées des îles citées, il serait absurde
« de supposer que les premiers navigateurs de cette époque
« eussent négligé d'en faire un point de reconnaissance pour
« assurer leur navigation déjà si incertaine, et déterminer
« d'une manière précise leur position au milieu de ce bassin
« hérissé indubitablement d'écueils..... »

Ces réflexions nous paraissent fort judicieuses. La presqu'île de Broue s'avançant, en une arête étroite, entre
St.-Sornin et St.-Symphorien jusque dans le golfe Santonique, protégée de tous côtés par la mer, nous semble parfaitement posée pour servir à la défense de cette partie de la
côte et du port des Santons, dont elle commandait une des
passes principales.

Sur l'emplacement jonché de ruines de construction gallo-
romaine a été élevé un donjon dans le XIe. siècle. Les chartes
du moyen-âge font souvent mention de ce donjon, dont M.
Lesson nous a donné une description très-exacte.

XLI. Notre tâche est terminée. Nous avons cherché à
constater les restes d'une grandeur qui n'est plus. Encore
quelques siècles et l'avenir aura, sans retour, effacé le passé,
si les hommes dévoués à leur pays ne savent pas protéger
ces traces vénérables des temps passés. Deux grandes pensées
semblaient animer les peuples anciens : l'amour de la patrie,
qui demandait d'eux de grandes choses, et la religion qu'ils
associaient toujours à leurs entreprises gigantesques. Sachons
nous rallier autour de ces enseignes sacrées et nous pourrons
asseoir sur des bases solides l'avenir des peuples et nos titres
à la reconnaissance de nos concitoyens.   15

RAPPORT SUR L'AMPHITHÉATRE DE SAINTES,

PAR M. MOUFFLET.

MESSIEURS,

Vous m'avez chargé de reproduire les impressions et les souvenirs que vous a laissés le monument peut-être le plus ancien de la ville de Saintes, vous avez voulu en même-temps que je joignisse à mon rapport le résultat de mes observations personnelles sur ce monument : je viens remplir ce double mandat, avec l'espoir que ma bonne volonté me donnera quelques droits à votre indulgence.

L'amphithéâtre de Saintes est assis au midi de l'ancien *Mediolanum*, au milieu d'un vallon qui, se dirigeant de l'ouest à l'est entre les faubourgs modernes de St.-Eutrope et de St.-Macoul, va plus loin déboucher perpendiculairement sur la Charente. Les Romains n'auraient pu trouver un terrain plus favorable pour élever ce théâtre de ce qu'ils appelaient leurs jeux. Au nord et au sud le vallon est resserré entre deux collines parallèles, d'une hauteur à peu près égale : c'est sur ces deux collines qu'ils ont appuyé les deux courbes allongées de l'édifice, dont la forme est elliptique. Il a dû résulter de là pour eux une économie considérable de travail et de dépense, point qui cependant ne les préoccupait guère, comme vous le savez très-bien. En effet, la déclivité des collines a été utilisée, et sur ces deux côtés les murs destinés à porter les voûtes ne descendent pas au niveau de l'arène : ils ne servent qu'à compléter l'élévation de l'amphithéâtre proprement dit, et sont suffisamment, je ne dirai pas plus solidement, suppléés à la base par la roche

calcaire. C'est seulement dans les courbes extrêmes des absides que les constructions sont complètes.

D'après La Sauvagère , cité et vérifié par Bourignon , la
longueur du grand axe de l'ellipse extérieure est de cent
trente-trois mètres , celle du petit axe de cent huit ; le grand
axe de l'ellipse intérieur a quatre-vingt mètres de longueur ,
et le petit axe cinquante-six. D'où il suit que la profondeur
de la construction voûtée destinée à porter les gradins , est
d'environ vingt-sept mètres ; que la plus grande ellipse ,
l'extérieure présente un développement de trois cent soixante
dix-huit mètres , soixante-deux centimètres , et la petite ,
celle qui est intérieure en présente un de deux cent treize
mètres soixante-dix centimètres , et que la surface de l'arène
mesure environ trois mille six cent trente-deux mètres carrés ,
ou trente-six ares trente-deux centiares.

En partant de ces données , il nous sera facile d'évaluer ,
approximativement du moins , le nombre de spectateurs que
ce monument pouvait contenir.

Bourignon, sans s'appuyer d'aucune autorité, sans faire connaître les renseignements ou les calculs qui lui ont servi de
base, dit que l'amphitéâtre n'avait que trois rangs de gradins,
pouvant contenir environ cinq mille spectateurs. Je suppose
qu'en parlant de rangs de gradins, ce qui est assez peu clair,
Bourignon a voulu dire que l'étendue du *visarium*, c'est-à-dire
de l'ensemble des gradins , était partagée en trois étages par
deux allées concentriques , appelées *præcinctiones*. Mais sur
quoi son assertion serait-elle fondée ? on conçoit l'utilité de
deux précinctions par conséquent de trois étages de gradins
dans un amphithéâtre à trois rangs de voûtes ; mais notre
antiquaire venait de dire que l'amphithéâtre de Saintes
n'avait qu'un rang de voûtes , et cela est exact , à quelques
exceptions près , qui tiennent à des détails de l'intérieur. Il
était plus simple de n'admettre qu'un étage de gradins ; ce
qui eût été conforme à la règle.

Mais, dans la supposition même de Bourignon, serait-il exact de dire qu'un développement aussi considérable que celui des trois étages de gradins n'eût contenu que cinq mille spectateurs ? C'est ce que nous allons examiner.

Vitruve, un des plus grands maîtres de l'art architectural chez les Romains veut que les gradins aient une élévation dont la mesure répond à trente-trois centimètres, et il admet pour la profondeur deux dimensions, l'une de trente-trois centimètres, l'autre de quarante-un. On peut penser, quoiqu'il n'en dise rien, qu'il entendait que l'emplacement sur lequel posaient les pieds des spectateurs eût une dimension égale à celle des sièges. Vous voyez que je ne veux prendre aucun avantage. Dans l'amphithéâtre de Saintes donc chaque gradin avec son marchepied aurait pu occuper une profondeur de soixante-six ou de quatre-vingt-deux centimètres. Si nous adoptons la plus grande dimension, nous trouvons trente gradins seulement, plus un espace large de deux mètres trente-trois centimètres. pour la galerie circulaire dont les traces paraissent à l'une des extrémités. Le développement de ces trente gradins est de neuf mille quatre-vingt-deux mètres quatre-vingt-cinq centimètres, et aurait suffi largement à dix-huit mille six cent soixante-cinq personnes. Si au contraire nous nous arrêtons à la petite dimension, qui est celle des gradins de l'amphithéâtre de Nîmes, nous obtenons trente-cinq gradins, plus un espace d'environ trois mètres, par conséquent un développement total de dix mille sept cent soixante-un mètres soixante-six centimètres, pouvant donner place à vingt-un mille cinq cent vingt-trois personnes.

Ces évaluations laissent sans doute bien loin celle de Bourignon, que serait-ce donc, si je n'avais tenu à mettre les spectateurs à l'aise ? Toutefois on pourrait défalquer du nombre que je viens d'indiquer quinze cents personnes, 1°. A cause de l'espace occupé par les escaliers, *Scalæ*, qui divisaient de haut en bas l'ensemble des gradins en coins , *cunei*, et qui devaient rester librement ouverts à la circulation ; 2°., Parce que l'espace n'était pas aussi sévèrement distribué entre les personnages de distinction qui prenaient place au *podium ;* 3°. Parce que j'ai reconnu que la ligne du périmètre intérieur subissait quelques interruptions pour donner ouverture à des vides en retraite d'une certaine profondeur.

J'espère, Messieurs, que vous ne m'accuserez pas de m'être donné trop libre carrière dans mes évaluations. Elles sont basées par analogie sur les dispositions que présentent les amphithéâtres qui nous restent , et les calculs sont rigoureusement mathématiques. Le nombre des spectateurs ne vous paraîtra pas exagéré ; car quand bien même *Mediolanum* n'eût pas été plus populeux que Saintes, les Santons ne peuvent-ils pas affluer aux jeux publics de tous les points de leur pays.

Abordons maintenant l'examen des détails qu'il m'a été possible de relever , je ne dirai pas la description de l'amphithéâtre ; car, Messieurs, je dois me borner à constater ce qui existe encore , ou du moins je n'y dois ajouter qu'autant que me le permettront les lois d'une rigoureuse analogie. Or , qu'existe-t-il aujourd'hui de ce qui a été une gigantesque contruction ? Des ruines ; et , vous en conviendrez, si debout sur ces ruines, vous avez vu les détails , l'ensemble et la physionomie du monument , c'est que votre science a pu évoquer tout cela pour le plaisir de votre imagination.

Bourignon assure que le système total des constructions portant les gradins , comprenait soixante voûtes. Il ne dépendait que de lui pourtant , pour être plus exact dans ses renseignements , d'aller compter les murs sur lesquels s'appuyaient les voûtes. De son temps ils étaient sans doute moins dégradés , par conséquent plus apparents qu'aujourd'hui ; et en moins de temps qu'il ne m'en a fallu mettre hier, il aurait

facilement distingué, dans la courbe qui s'arrondit vers le
nord, entre les deux voûtes principales situées, l'une à l'est,
l'autre à l'ouest, trente-cinq murs ayant servi à porter trente-
six voûtes. Jugeant ensuite d'après la symétrie de leur disposition, que la même ordonnance avait dû exister dans la
courbe qui s'arrondit en face vers le sud, il aurait été amené
à penser que cette courbe avait également compté trente-six
voûtes, pour conclure que le nombre total des voûtes, y
compris les deux voûtes principales et extrêmes, était certainement de soixante-quatorze.

Ces soixante-quatorze voûtes devaient être disposées avec
une parfaite symétrie, ainsi que je viens de le dire. Aux
deux extrémités est et ouest du grand axe, et partagées par
cet axe, se voient encore les deux principales, plus larges
qu'aucune des autres; deux murs, qui se font face, marquent la ligne du petit axe, l'un appuyé au coteau nord,
l'autre au coteau sud, chacun d'eux servant d'appui à deux
voûtes d'égale dimension. Entre ces quatre jalons que je
viens de poser, les voûtes se rangent dans un ordre et avec
des dimensions d'une correspondance tout-à-fait symétrique.
Il me suffira de décrire l'un des quatre intervalles compris
entre deux de ces jalons, pour que vous preniez une idée
exacte de tout le système, chacun de ces intervalles reproduisant un système partiel parfaitement identique, si vous
l'étudiez en partant, soit de la droite, soit de la gauche,
de l'une ou de l'autre des voûtes principales de l'est et de
l'ouest.

A cet effet, portons-nous au centre de l'arène et tournons-
nous vers l'est. En face de nous s'abaisse, tronquée, il est
vrai, à son extrémité inférieure, l'une des deux voûtes principales : derrière nous est la voûte correspondante tout-à-fait
semblable, qui a disparu entièrement sous des éboulements
de terre, mais dont vous avez pu visiter l'intérieur; à not

droite et à notre gauche descendent vers nous, l'un en regard de l'autre, les deux murs construits sur la ligne du petit axe. Nous portons nos regards sur la courbe qui part de la voûte orientale pour aller finir au mur que nous avons à notre gauche ; et qui forme un des quatre intervalles. Nous ne tardons pas à reconnaître que cet intervalle se partage lui-même, par la variété de ses dispositions, en trois autres que nous appellerons compartiments, pour plus de clarté. Le premier et le second compartiment, si nous partons de la voûte de l'est, nous paraissent embrasser une étendue égale à celle du troisième. Le premier compte quatre voûtes, le second cinq, toutes de largeur à peu près égale ; le troisième en compte neuf, cinq grandes et quatre petites, se succédant alternativement de telle sorte que la première est de grande dimension, la seconde de petite dimension ; la troisième de grande dimension, ainsi de suite jusqu'à la neuvième. Puis nous remarquons que le compartiment du milieu, c'est-à-dire, le second, au lieu de venir s'abaisser doucement vers l'arène, est brusquement interrompu et coupé à une certaine distance, par un mur vertical qui fait le fond d'un de ces vides en retrait déjà signalés. La même particularité se reproduit dans la disposition de la seconde voûte du premier compartiment. Enfin nous voyons que le mur qui sert d'appui à la dernière voûte du second compartiment et à la première du troisième est exactement orienté au nord-est ; que le mur vertical qui coupe le second compartiment ouvre sur l'arène par trois portes cintrées ; et nous ne pouvons nous refuser à penser que le mur vertical de la seconde voûte du premier compartiment ouvre également sur l'arène par une autre porte que des terres amoncelées dérobent à notre vue.

Donc, résumant ce que nous venons de remarquer, et quadruplant dans son ensemble et dans ses détails ce premier

intervalle, nous nous disons : la construction totale de l'amphithéâtre comprenait soixante-quatorze voûtes, deux de
première grandeur, que l'on nous pardonne cette expression; soixante de seconde grandeur, et douze de troisième
grandeur. Elle présentait en regard de l'arène huit vides en
retraite, quatre d'une étendue assez considérable, les quatre
autres d'une étendue beaucoup moindre ; et les murs qui
formaient le fond de ces vides ouvraient sur l'arène par seize
portes cintrées.

A droite de l'observateur, et à peu près au milieu de la
courbe qui s'appuie sur le versant du coteau méridional, on
voit, sous une voûte légèrement surbaissée et taillée dans le
roc, un bassin également taillé dans le roc, rempli d'une eau
aussi fraîche que limpide. Cette eau provient d'une fontaine
dédiée aujourd'hui à sainte Eustelle, disciple chérie de saint
Eutrope, premier évêque et apôtre de la Saintonge, et mar-
tyrisée comme lui, si l'on en croit la tradition. Je ne vous
entretiendrai pas des propriétés attribuées par la crédulité
populaire à l'eau de cette fontaine. Je me bornerai à dire que
si ces propriétés sont en plus d'un point merveilleuses, le
nom de la fontaine, le lieu qu'elle arrose, les souvenirs de
souffrance et d'oppression que ce lieu rappelle, tout cela a
bien pu contribuer à jeter quelque chose de surnaturel sur
son origine elle-même. Pour moi, je me suis plus d'une fois
pris à regretter de ne pouvoir croire, avec quelques âmes
simples, que la fontaine jaillit autrefois sous le corps martyrisé
de sainte Eustelle : il me semblait que ce ne serait pas reconnaître trop de fécondité au sang des martyrs.

Si, quittant le centre de l'arène où nous étions placés,
nous pénétrons sous les voûtes qui se partagent l'intervalle
que nous avons examiné à l'extérieur, nous nous apercevons
bientôt que le troisième compartiment ne comprenait aucune
de ces *caveæ*, dans lesquelles on renfermait les bêtes féroces

destinées aux spectacles de l'arène ; que le second devait être occupé par quatre *caveæ* sous ses quatre dernières voûtes ; que la première voûte de ce compartiment, les quatre voûtes du premier, recouvraient, vers le milieu de la construction. une longue *cavea* transversale que j'appellerai grande salle, pour la distinguer des autres *caveæ*, et qui se prolongeait sous les cinq voûtes au moyen d'arceaux spacieux ouvrant leurs murs de séparation ; qu'en arrière de cette grande salle, et à hauteur de premier étage, existaient trois petites pièces carrées, la première et la seconde de ces pièces sous la quatrième voûte du premier compartiment, et la troisième pièce sous la première voûte du second compartiment ; qu'on pénétrait sous la voûte principale de l'est et sous les neuf voûtes du premier et du second compartiment par des vestibules particuliers ; que le premier compartiment devait comprendre quatre petites *caveæ*, et qu'à chacune de ses extrémités se trouvait un petit escalier étroit et raide, ici pratiqué dans l'un des murs extrêmes, là appuyé sur l'autre mur extrême, tous les deux conduisant à la partie supérieure de l'édifice. Puis, fidèles à notre système de raisonnement par analogie, nous concluons que le monument comptait quatre grandes salles, douze petites pièces carrées ou cabinets, trente-huit vestibules, par conséquent trente-huit portes extérieures, enfin trente-quatre *caveæ* de diverses grandeurs et probablement quelques autres que l'état actuel des ruines ne permet pas de retrouver.

En explorant les ruines avec attention, on découvre sous les ronces une sorte de couloir large d'un mètre environ, et recouvert de dalles épaisses, qui paraît plonger parallèlement dans l'épaisseur de l'enceinte appuyée au coteau nord. On pourrait se croire un instant sur la trace d'un conduit d'aqueduc, qui aurait porté l'eau dans l'intérieur de l'arène. Mais, si l'on pénètre dans ce couloir, on doit renoncer à ses conjectures, en reconnaissant qu'il n'a pas plus de quatre ou cinq mètres de longueur , et qu'il est terminé, à chacune de ses extrémités , par un mur appareillé comme devait l'être le reste de l'édifice.

Du haut des ruines où l'on parvient par deux des petits escaliers dont j'ai parlé, et qui sont à la rigueur encore praticables , on trouve les restes de deux murs concentriques ayant formé la double paroi d'une galerie qui régnait dans tout le pourtour de l'amphithéâtre. Les restes de la paroi intérieure sont assez considérables ; mais on n'aperçoit que de faibles vestiges de la paroi extérieure. Le pied de la galerie devait être de niveau avec deux plate-formes qui se voient encore à la partie supérieure des coteaux nord et sud. Mais à quelle hauteur les murs de la galerie s'élevaient-ils au-dessus de ce niveau ? Le mur extérieur était-il percé de fenêtres ? Etait-il surmonté d'un entablement ? La première question ne peut recevoir de solution ; mais il me paraît impossible de répondre négativement aux deux autres, attendu que l'architecte romain, qui a déployé tant d'art dans ce qui nous reste, ne pouvait avoir laissé sa galerie sans air et sans lumière , ni avoir refusé un couronnement quelconque à son édifice.

C'est encore du haut des ruines que l'on s'explique comment pénétraient sur les gradins du *visarium* les masses de spectateurs qu'il pouvait recevoir ; car il serait absurde de penser que vingt mille personnes eussent pu entrer et sortir par les huit escaliers mesquins dont deux se voient encore. Ces escaliers , malgré leur mesquinerie , étaient sans doute réservés aux personnes éminentes de la cité; quant à la foule , elle parvenait aux gradins par les plate-formes latérales mentionnées tout-à-l'heure , et arrivait à ces plate-formes par des rampes spacieuses en terre plein que nous pouvons encore reconnaître aujourd'hui. Ces rampes étaient soutenues par des constructions voûtées en coquille qui n'ont pas fléchi d'une seule ligne depuis tant de siècles, pas plus que les autres murs de soutènement qui paraissent sur plusieurs points de l'escarpement du vallon.

Après ce long et minutieux examen, vous vous êtes demandé, Messieurs, s'il serait exact de penser avec Bourignon que l'édifice en a été simple et sans ornements, et quelle date on pourrait assigner à sa construction.

D'abord vous n'avez pu vous résoudre à regarder comme simple un édifice dont vous retrouviez tant et de tels détails.

En second lieu, le revêtement des murs extérieurs qui dessinent la grande et la petite ellipse ayant disparu entièrement, vous n'avez pu reconnaître si l'édifice avait été orné de colonnes, de bas-reliefs et d'inscriptions. Mais vous vous êtes demandé si le revêtement existait du temps de Bourignon, et Bourignon disant lui-même qu'il n'en restait de son temps aucun vestige; vous avez été d'avis que le savant antiquaire, au lieu de se prononcer d'une manière aussi absolue aurait du moins pu rester dans le doute, si quelques comparaisons ne lui eussent pas paru suffisantes pour admettre que l'architecte n'avait pas dû refuser à son amphithéâtre les ornements qui se retrouvent sur les autres.

En troisième lieu, arrivant à la fixation de la date, vous avez examiné avec une scrupuleuse attention le système de construction des massifs, tous composés de blocages noyés dans un bain de ciment, la solidité de ce ciment dans lequel vous n'avez reconnu aucun fragment de brique, le petit appareil smillé qui se voit tant sur les parois intérieures des *caveæ* que sur les murs de soutènement; et, ne rencontrant aucun des caractères généralement remarqués dans les constructions romaines du commencement du IIIe. siècle, vous n'avez pas hésité à déclarer que la construction de notre amphithéâtre date de l'espace compris entre la fin du Ier. et le milieu du IIe. siècle de l'ère chrétienne.

Vous avez ensuite examiné la question de savoir si des naumachies avaient pu être représentées dans l'amphithéâtre de
Saintes. La question toute seule vous a paru hardie, quoique
soulevée par plus d'un antiquaire. En effet, on ne connaît
qu'un très-petit nombre de spectacles de ce genre, donnés à
Rome dans un amphithéâtre, par exemple celui qui, au
rapport de Suétone eut lieu par ordre de Domitien dans l'amphithéâtre de Vespasien. Les naumachies avaient, vous le
savez, leur théâtre spécial, ce qui fait regarder comme un
fait exceptionnel à Suétone lui-même celui dont il parle dans
la vie de Domitien. Mais ce qui vous a surtout déterminés à
rejeter l'opinion de Bourignon, ce sont les considérations
suivantes.

D'où aurait-on tiré l'immense masse d'eau nécessaire à la
naumachie? De la Charente? mais les moyens empruntés à
l'hydrodynamique étaient inconnus aux Romains. D'un
aqueduc? on n'a constaté jusqu'ici l'existence d'aucun conduit
d'aqueduc dans l'amphithéâtre, à moins qu'on ne veuille voir
la bouche d'un conduit de cette nature dans une des portes
cintrées qui ouvrent sur l'arène. Et de quelle source assez
abondante l'aqueduc aurait-il tiré l'eau qu'il aurait dû
fournir? Ce n'est pas sans doute de la fontaine du Douhet
dont la masse d'eau connue de nous tous devait être économi-
sée avec soin pour suffire aux besoins ordinaires d'une ville
populeuse qu'elle alimentait. Serait-ce d'une autre fontaine?
mais quelle est cette fontaine? A-t-on trouvé les restes d'un
autre aqueduc que celui de la fontaine du Douhet?

Ensuite, vous êtes-vous dit, comment l'aqueduc du
Douhet, ou tout autre, aurait-il amené son eau à l'arène dont
le sol est placé à un niveau si inférieur comparativement à
celui de l'ancien *Mediolanum*. Faire tomber si brusquement
l'aqueduc du coteau de St.-Macoul, n'était-ce pas épuiser en
une demi-heure non seulement le contenu de l'aqueduc, mais

la fontaine elle-même ? Supposerait-on que l'eau nécessaire à
la naumachie était tenue en réserve pour le besoin dans un
château d'eau, où aurait donc été ce colossal château d'eau ?
Dans quels livres, dans quelles traditions, dans quelles ruines
en a-t-on retrouvé les vestiges ? D'ailleurs l'énorme dépense
qu'il eût fallu faire aurait-elle été en rapport avec le but, car
on n'ira pas sans doute jusqu'à prétendre que ce genre de
spectacle était souvent donné aux Santons ?

Enfin, remarquant que le sol actuel de l'arène, surhaussé
de plus de trois mètres au-dessus du sol primitif, est au niveau
de la Charente, peut-être même un peu au-dessous, vous
vous êtes demandé par quel moyen on aurait fait écouler l'eau
de l'intérieur de l'arène dans la rivière, après la représentation de la naumachie; et, s'il était en effet impossible de
diriger vers la rivière l'inclinaison d'un canal d'épuisement,
vers quel autre point on l'aurait dirigée. Enfin vous nous
avez interrogés pour savoir quel aurait pu être l'emplacement
du lac de décharge.

Toutes ces questions restées sans réponses, mettaient en
relief de trop fortes objections contre l'hypothèse des naumachies. Vous avez dû regarder cette hypothèse comme réfutée
par l'impossibilité de résoudre les objections; et vous l'avez
péremptoirement déclarée inadmissible. Le monde savant ra-
tifiera votre jugement, nous en avons la confiance.

En s'éloignant de l'amphithéâtre avec nous, M. de Caumont
a fait la remarque qu'il existe de curieux et intéressants rapports de similitude entre ce monument et l'amphithéâtre de
Trèves. Comme celui de Saintes, a dit M. de Caumont,
l'amphithéâtre de Trèves est assis dans un vallon courant de
l'est à l'ouest ; ses axes ont la même direction , ses flancs
s'appuyent également sur deux coteaux nord et sud, l'appareil est le même ; etc. , chose singulière , une fontaine en
arrose aussi l'intérieur : seulement , au lieu d'être au bas du

coteau sud, elle coule au pied du coteau nord. Enfin les murs de soutènement qui bordent l'escarpement du vallon, sont comme ici, pourvus à l'intérieur de voûtes en coquilles destinées à résister plus efficacement à la poussée des terres (1).

Ici je termine, Messieurs, le rapport que j'avais à vous faire, et qui a dû vous paraître bien long. Mais les détails à reproduire étaient si nombreux, quoiqu'il ne s'agît que d'un monument en ruines, qu'il m'a été impossible d'être plus court. Le nombre même des détails me fait craindre de n'avoir pas réussi à mettre dans leur exposé tout l'ordre et toute la clarté désirables. Vos souvenirs répareront sans doute les défectuosités de mon travail; j'espère par conséquent qu'ils me viendront en aide non moins que votre indulgence.

(1) V. pour plus de détails le 3e. volume du Cours d'antiquités de M. de Caumont, p. 490 et suivantes.

SÉANCES GÉNÉRALES

Tenues par la Société française, dans la ville de Coutances, pendant la session de l'Association Normande.

Séances des 17 et 18 juillet 1844.

Présidence de M. l'abbé DELAMARRE, inspecteur des monuments du département de la Manche.

Le 17 juillet, la Société se réunit à trois heures, dans la grande salle du Palais de Justice. M. de Caumont, après avoir indiqué l'objet de la séance, engage M. Delamarre à occuper le fauteuil de la présidence; MM. Daniel, recteur de l'Académie de Caen; Renault, inspecteur de l'Association Normande; Vᵗᵉ. de Guiton, d'Avranches; Desroches, membre de l'Institut des Provinces, et Clément, membre du Conseil général du département, siégent au bureau. M. l'abbé Le Petit remplit les fonctions de secrétaire-général.

Plus de 100 personnes assistent à cette séance.

Sont proclamés membres de la Compagnie :

MM. RENAULT, juge d'instruction, à Coutances.

QUÉNAULT, maire de Coutances, membre du conseil général de la Manche.

GIRARDIN, membre de l'Institut, à Rouen.

AUBERT, membre de l'Association Normande, à Caen.

L'abbé LE LOUP, vicaire de St.-Pierre de Coutances.

DE LA COMTÉ, propriétaire à St.-Sauveur-Lendelin.

Après diverses questions posées par M. de Caumont, M. Delamarre répond que le Grand Séminaire de Coutances n'est pas demeuré étranger au mouvement général. Si les ressources de cet établissement ne lui ont pas permis d'avoir jusqu'ici une chaire spéciale d'archéologie, les élèves du moins ont été mis à même, dans un petit nombre de leçons, de connaître la nature de cette science, son importance dans les études du prêtre, sa nécessité même pour la conservation des monuments religieux dont il est le gardien né. Déjà ils ont appris l'histoire ou les différentes phases de l'architecture religieuse depuis les temps les plus reculés jusqu'à nos jours ; notions qu'ils pourront compléter avec les manuels qu'ils possèdent, et les ouvrages qui leur ont été indiqués.

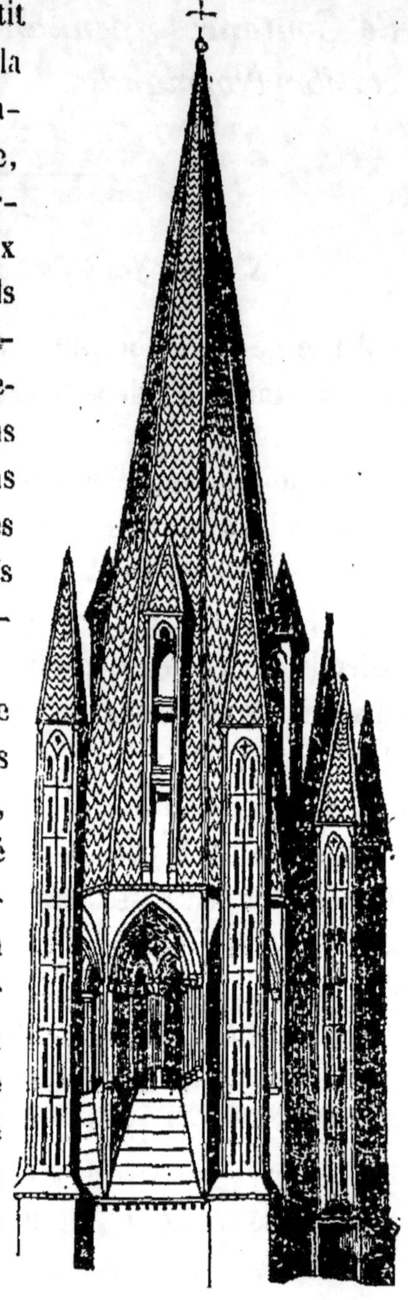

M. Delamarre entre ensuite dans des détails très-intéressants sur la cathédrale de Coutances, les restaurations qui y ont été faites, ainsi que sur une reconstruction que le gouvernement a jugé à propos d'entreprendre pour la prétendue consolidation d'un des clochers. Il regrette que cette reconstruction ait été ordonnée en considérant que la déviation constatée existe depuis plus de 100 ans, sans qu'elle ait aug-

menté sensiblement. M. Delamarre présente ensuite un tableau analytique des pièces manuscrites déposées dans les archives et les autres collections de la ville de Coutances ; ce
travail, de la plus haute importance, sera inséré au Bulletin
monumental publié par la Société. Sur une question spéciale
adressée par M. de Caumont, M. Delamarre raconte comment il a retrouvé l'ancien pouillé du diocèse. Il parle aussi
de plusieurs autres manuscrits précieux.

M. l'abbé Desroches présente un mémoire sur les chartes
des arrondissements d'Avranches et de Mortain, et M. Le-
tertre lit un fragment d'analyse sur les mémoires manuscrits de M. l'abbé Lefranc, conservés dans la bibliothèque
communale.

La Société arrête que, le lendemain 18, à sept heures du
matin, elle visitera la cathédrale et les autres édifices de la ville.

VISITE DE L'ÉGLISE SAINT-NICOLAS.

Le même jour la Société française, réunie à l'Association
Normande, s'est transportée à l'église St.-Nicolas : M. le curé
de cette paroisse avait bien voulu s'y trouver pour recevoir la
Compagnie. M. de Caumont ayant déclaré qu'une grande
quantité de moulures de cette église appartiennent au XIVe.
siècle, de la manière la plus évidente, un habitant de Coutances
a prétendu que l'édifice avait pourtant été refait de fond en
comble à une époque bien postérieure. M. de Caumont a
répondu qu'il était, selon lui, impossible qu'une imitation,
eût-elle été le plus habilement exécutée, eût pu reproduire
aussi exactement le galbe des feuillages du XIVe. siècle ;
qu'il serait d'ailleurs bien surprenant qu'on se fût attaché à
imiter aussi scrupuleusement une époque de l'art ogival.

Au moment où cette discussion paraissait vivement inté-
resser l'assemblée, M. l'abbé Piton a annoncé que des docu-

16

ments déposés aux archives apprenaient que l'église avait été
construite au XIVᵉ. siècle, comme l'indiquent les détails
architectoniques, et qu'on avait dans la reconstruction conservé des parties considérables de l'édifice du XIVᵉ. : ce fait
a été confirmé par le témoignage de M. l'abbé Delamarre,
vicaire-général, qui a fait une étude particulière des archives
du diocèse.

D'autres parties de l'église appartiennent au XVIᵉ. siècle,
elles été ont examinées avec attention. Mais ce qui a surtout
intéressé, c'est une statue de la Sᵗᵉ. Vierge en marbre,
qui se trouve placée dans la nef, du côté droit; cette
statue, de grandeur naturelle, paraît à M. de Caumont
pouvoir être rapportée au XIVᵉ. siècle : comme les statues de
marbre de cette époque sont extrêmement rares, il prie, au
nom de la Société, M. Doisnard, architecte du département,
de faire dessiner celle-ci avec soin. Après avoir indiqué les
motifs qui le portent à faire remonter cette statue au XIVᵉ.
siècle, M. de Caumont donne des détails curieux sur l'iconographie de la Sᵗᵉ. Vierge. « Avant le XIVᵉ. siècle, dit-il,

« la Sᵗᵉ. Vierge est presque toujours représentée assise et
« non debout, tenant l'Enfant Jésus sur ses genoux. C'est

« ainsi que vous la trouverez sur tous les bas-reliefs de
« la période byzantine, sur les chapiteaux, sur toutes
« les châsses émaillées et sur une multitude de monu-
« ments antérieurs au XIVe. siècle, notamment sur le
« tympan de la porte de l'église N.-D. de Trèves. La statue
« que nous avons sous les yeux est une des plus anciennes
« de grande proportion, qui présente la S^{te}. Vierge debout
« tenant l'Enfant Jésus sur le bras : il y en a bien de pro-
« portion fort au-dessous de la taille humaine qui sont re-
« gardées comme étant de beaucoup antérieurés au XIVe.
« siècle, mais il serait nécessaire d'examiner attentive-
« ment ces images, dont quelques-unes ne sont d'ailleurs
« que des statuettes ; on trouverait probablement que beau-
« coup d'entre elles sont moins anciennes qu'on ne le
« pense. »

Après cet incident, la Société a écouté avec plaisir l'orgue
de St.-Nicolas, dont l'auteur, M. Pierre Ménard, est un
habitant de Coutances, qui a travaillé à beaucoup d'autres
grandes orgues, et même à celles de St.-Denis (1).

En sortant de l'église St.-Nicolas, plusieurs membres de la
Société sont allés visiter les arcades de l'ancien aqueduc, qui
a été de nouveau attentivement étudié par M. Quénault, maire
de Coutances. Voici le résumé de l'intéressant mémoire,
communiqué par cet honorable membre de la Société française.

(1) L'Association Normande a décerné une médaille d'argent à M.
Pierre Ménard.

ANALYSE DU MÉMOIRE DE M. QUÉNAULT

Les eaux de puits de Coutances étant généralement médiocres, on a dû penser à en faire arriver du voisinage aussitôt que la ville a eu de l'importance. Les Romains y entretenaient une nombreuse garnison dès le IIIe. siècle. Le besoin qu'ils avaient de bains publics a dû leur faire établir un aqueduc pour satisfaire ce besoin. Des thermes découverts en 1831 ont dû être entretenus par un premier aqueduc.

M. Quénault rappelle toutes les découvertes de médailles et de poteries qui ont été faites à Coutances et qui attestent la domination romaine.

Il reconnaît qu'un aqueduc a pu être bâti par les Romains sur l'emplacement où l'on voit encore des ruines importantes d'un aqueduc, qui ne remonte pas, selon lui, au-delà du XIIIe. siècle.

Il établit que le premier aqueduc a dû être détruit en totalité, dans le IXe. siècle, par les Normands, qui en ont ainsi agi avec toutes les villes qui ont été prises d'assaut par eux. Il fait un tableau du ravage et des dévastations auxquels ils se sont livrés dans le Cotentin.

« Ce fut, dit-il, une guerre d'extermination où hommes, villes, monuments, tout a péri. Peut-être eut-elle en Normandie plus que partout ailleurs ce funeste caractère, ce pays ayant dû à sa position géographique d'essuyer les premières fureurs de ces farouches conquérants. »

Le pays, dit M. Quénault, fut long-temps à réparer les maux causés par cette cruelle invasion qui a laissé tant de souvenirs de terreur dans la tradition et dans l'histoire ; ce

ne fut que bien des années après, dans le XIᵉ. siècle et les
siècles qui suivirent, que les Normands, autrefois destruc-
teurs de monuments, devenus alors civilisateurs, et je dirai
même artistes, prirent une noble revanche de leurs dévastations en couvrant notre pays de monuments dont nous
admirons encore aujourd'hui la magnificence. Des églises,
des monastères furent fondés partout. La cathédrale de Coutances fut reconstruite, le couvent des Dominicains établi.
Tout porte à penser que l'aqueduc fut réédifié peu d'années
après la fondation de ce couvent, qui eut lieu en 1232 par
un seigneur de la Haye-Pesnel.

M. Quénault cite à l'appui de son opinion celle de Pignariol
de la Force, et de Masseville qui indiquent pour la reconstruction de l'aqueduc les années 1240 à 1244. Il l'attribue
à un seigneur de la Haye-Pesnel, alors gouverneur de Coutances.

Il réfute une opinion accréditée par l'abbé de Fontenu,
et adoptée par tous les antiquaires qui ont écrit après lui,
laquelle assigne pour date de la reconstruction de l'aqueduc
l'année 1159 dont ils ont cru lire le millésime sur une des
arches. Il y a eu de leur part erreur matérielle. Leur point de
départ est une inscription gravée sur une pile des arches.
M. Quénault a fait mouler cette inscription en plâtre et l'a
présentée à l'assemblée. « Ce n'est pas, dit-il, le chiffre
1159 qui se trouve sur la pierre, mais bien 1595. Ce qui
a dû faire commettre l'erreur, c'est qu'avant le 1ᵉʳ. chiffre
de cette inscription se trouve une M, dont un seul jambage,
celui qui est le plus rapproché du chiffre, est resté visible
d'une certaine distance. Evidemment, ce jambage aura été
pris pour le chiffre 1. Il semble pourtant bien étrange que
d'aussi savants antiquaires aient adopté légèrement cette date,
dont la fausseté résulte même de l'espèce de chiffres qui
composent l'inscription. Elle est en chiffres arabes, et l'on

sait que cette espèce de chiffres n'a été employée dans notre pays que vers la fin du XIII°. siècle et même plus tard. Cette date de 1695 est celle d'une grande réparation établie par des titres dont il a été donné lecture à la suite du mémoire.

Pour prouver que c'est dans le XIII°. siècle que l'aqueduc a été reconstruit, M. Quénault se sert d'une charte de 1277 de Philippe-le-Hardi, qui confirme toutes les acquisitions et donations qui ont été faites, « ad conservationem et retentionem fontis ad domum fratrum predicatorum et in civitatem Constantiensem venturi » , pour la conservation de la source qui viendra au couvent des frères prêcheurs et en la ville de Coutances.

M. Quénault pense que l'on doit conclure de ces expressions que les eaux ne venaient pas encore à la ville.

Il cite d'autres titres postérieurs de quelques années qui contiennent donation de rente pour l'entretien de l'aqueduc, notamment une charte de 1285. Il en conclut qu'en 1282 il était entièrement terminé.

L'aqueduc n'a subi aucunes dégradations notables depuis cette époque à 1562, c'est ce qui résulte d'une foule de pièces citées ; et de ce que Coutances n'a point éprouvé pendant ce laps de temps les rigueurs d'un siége ou d'un assaut. M. Quénault fait un tableau rapide des événements militaires du Cotentin pendant cette période.

Il n'en fut pas de même, selon lui, pendant les guerres religieuses du XVI°. siècle.

Ici M. Quénault fait le tableau de tous les actes de vandalisme et de dévastation auxquels se livrèrent les deux partis partout où ils furent les maîtres ; il cite une pièce « de 1557 constatant le bon état de l'aqueduc, une autre de 1563 constatant son état de ruine » ; il en conclut que cette dégradation ne peut être attribuée qu'à la violence des Huguenots qui ont brûlé le couvent des Dominicains et se sont livrés à des actes de pillage et de destruction sur toutes leurs propriétés, parmi lesquelles était compris l'aqueduc.

A la suite de cette dévastation on entreprit une grande réparation qui ne se termina qu'en 1595. M. Quénault attribue la lenteur des travaux aux maux qui désolèrent le pays. La guerre civile, la peste, son infaillible compagne, sévirent à Coutances depuis le milieu du XVIe. siècle jusqu'à la fin.

M. Quénault passe à la description du monument.

Il avait 16 arches.

Les 8 premières, à l'ouest, c'est-à-dire du côté de la source, étaient à plein cintre ; les huit autres étaient dans le style ogival. Il pense que le monument reconstruit dans le XIIIe. siècle était complètement à plein cintre, et que la grande réparation de 1595 fut faite dans le style ogival.

La Longueur totale de l'aqueduc était de 660 pieds.

La hauteur moyenne de 40 pieds.

Il portait ses eaux à un chateau-d'eau établi en face le portail de la cathédrale, d'où elles se répandaient dans trois fontaines situées, la première rue de la Filanderie, la deuxième à l'évêché, la troisième à la chapelle St.-Maür.

On ne peut dire le moment précis où il a cessé d'être un monument d'utilité publique pour devenir une ruine. Il est certain qu'en 1741, époque où M. de Fontenu fit son rapport, l'eau n'y coulait plus, et qu'il tombait en vétusté. Depuis lors aucunes réparations n'ayant été faites, son état est encore plus déplorable, et il subsiste à peine la moitié de ce qui restait alors.

M. Quénault pense qu'au moyen de la fonte on peut se passer d'ouvrages de maçonnerie extérieur pour faire retourner les eaux à la ville, et qu'il est bien probable qu'on ne rétablira jamais complètement l'aqueduc. Il fait des

vœux pour que ce curieux monument de l'architecture et de
l'art hydraulique au moyen âge soit respecté, et pour que le
gouvernement qui l'a classé au nombre des monuments historiques alloue les fonds nécessaires à sa conservation.

Visite de la cathédrale.—Le 18 juillet, la Société, réunie
à sept heures du matin, s'est transportée à la cathédrale dont
elle a attentivement examiné les diverses parties : elle a vu
dans le plus grand détail un autel composé par M. Doisnard,
qui en avait précédemment communiqué le projet au Conseil,
lequel vient d'être exécuté et sculpté par M. Cortopassy. La
Société a trouvé beaucoup à louer dans l'exécution de cet
autel ; elle a remarqué surtout la partie du contre-rétable,
figurée sur le mur, et la rosace refouillée au haut de ce
rétable. En considérant l'ensemble de l'œuvre et le progrès
de goût que dénote cet autel, la Société a arrêté qu'une
médaille d'argent serait décernée à M. Cortopassy, sculpteur ;
elle a félicité l'architecte qui a dirigé l'ouvrage et qui en a
conçu le plan.

La Société a émis ensuite différents vœux sur la disposition
à donner aux stalles, sur l'enlèvement du crucifix, placé entre
le chœur et la nef, sur la suppression des margelles des puits,
qui existent dans les transepts, sur la dimension des croix
qui surmontent les tours et qu'il est question de renouveler.

En sortant de la cathédrale, la Société s'est transportée à
l'église St.-Pierre, en partie du XVIe. siècle ; elle a reconnu
dans la tour qui couronne le centre de cette église une
imitation de la tour centrale de la cathédrale, appelée le
plomb ; tous les détails de sculpture ont été examinés avec
attention : plusieurs vœux ont été exprimés.

A dix heures, la Société est rentrée au palais de justice
et a tenu une séance générale, dans laquelle M. le Cte. de
Sartre a été proclamé membre titulaire.

DAS-CÔTÉS DE LA CATHÉDRALE DE COUTANCES.

Tous les vœux formulés le matin ont été adoptés aux acclamations de l'assemblée et à l'unanimité.

Sur le rapport de M. Delamarre, M. Cortopassy a reçu, des mains de M. Doisnard, architecte du département, la médaille qui lui avait été décernée.

MM. Aubert, de Caumont, Girardin, Renault ont, le lendemain de cette réunion, étudié attentivement les sculptures de la cathédrale qu'ils ont analysées sous le rapport du synchronisme : ils sont demeurés convaincus que la plupart se rapportaient au XIIIe. siècle ; quelques moulures même, sans doute le résultat de retouches et de réparations, ne sont évidemment que du XIVe. siècle : la Commission a monté sur les tours pour examiner l'appareil, l'épaisseur des mortiers et la taille des pierres. Cet examen l'a fortifiée de plus en plus dans ses convictions.

M. de Caumont, après avoir fait remarquer les dimensions un peu mesquines des bas-côtés qui font le tour du chœur, les a comparés avec ceux de plusieurs cathédrales du XIIIe. qui offrent la même ordonnance.

La commission a ensuite, d'après le vœu formulé la veille, examiné s'il serait possible de faire disparaître le badigeon si malencontreusement appliqué sur les colonnes de la nef jusqu'au niveau du triforium : M. Girardin a pensé que cela serait facile au moyen de lavages. Seulement, la pierre ne présenterait plus la teinte grise de celles qui n'ont point reçu de peinture, et pour remettre les parties aujourd'hui peintes en harmonie avec les autres, il faudrait vraisemblablement leur donner un léger badigeon grisâtre, comme on l'a fait parfois en Belgique.

Le Secrétaire général,

L'abbé LE PETIT.

SÉANCES GÉNÉRALES

Tenues à Nîmes pendant la XIIe. session du
Congrès scientifique de France (1).

La Société a tenu plusieurs séances à Nîmes pendant la
session du Congrès scientifique. Dans la première (le 2 septembre) présidée par M. de Caumont, elle a nommé membres :

MM. WATEAU, secrétaire particulier de Mgr. l'évêque
d'Angoulême ;

BARTHELEMY, architecte, à Rouen ;

L'abbé LE COMTE, vicaire de St.-François, au Hâvre;

DOUIN, sculpteur, à Caen ;

CASTELNEAU DE SENAULT, avocat, à Bordeaux ;

Jules CAUVET, professeur en droit, à Caen ;

Vte. DE PIBRAC, d'Orléans ;

DE MALBOS, de l'Ardèche ;

Frédéric CHAIX, employé à l'administration des
bateaux, Poste-du-Levant, à Marseille ;

B°. D'HOMBRES-FIRMAS, secrétaire-général du
Congrès scientifique.

Ont été proclamés

Inspecteur des monuments de l'Yonne, Mg^r. l'ARCHEVÊQUE
de Sens.

(1) Nous donnons seulement une analyse du procès-verbal de ces
séances.

Inspecteur des Côtes-du-Nord, M. Paul DE COURCY,
membre de la Société à St.-Pol-de-Léon.

Id. de la Mozelle, M. MICHELANT, membre de l'Académie
de Metz.

Diverses mesures administratives ont ensuite été prises,
MM. Guillory et Richelet ayant été entendus.

Promenades archéologiques.

Présidence de M. PELET, inspecteur du Gard.

Parmi les membres présents aux séances tenues à Nîmes,
on remarquait M. le Cte. de Mérode, de Bruxelles ; M. Bromet, un des fondateurs de la Société Britannique pour la
conservation des monuments ; M. Richelet, du Mans ; M.
Guillory, d'Angers ; M. Requin, d'Avignon ; MM. Jules Renouvier et Ricard, de Montpellier.

Le 3 septembre, la Société française dirigée par M. Pelet,
inspecteur des monuments du Gard, a visité la tour Magne,
les bains et le temple de la fontaine ; le château-d'eau gallo-
romain récemment découvert à Nîmes ; les arènes et la porte
d'Auguste. M. Pelet a donné sur ces différents édifices des
explications intéressantes dont nous allons reproduire quelques parties.

DÉTAILS DONNÉS PAR M. PELET.

Tour Magne de Nîmes. Les travaux que j'avais signalés,
par ma lettre du 10 juillet 1840 à M. le préfet du Gard,
comme indispensables à la conservation de la Tour Magne
de Nîmes, sont entièrement terminés ; une énorme colonne

remplace le massif enlevé par Traucat, et désormais le plus ancien monument de Nîmes est à l'abri des dangers auxquels l'avait exposé l'ordonnance inconsidérée de 1601. Ainsi que je l'avais proposé, la construction de cette colonne a fourni le moyen de joindre l'agréable à l'utile, un escalier ménagé à son pourtour extérieur permet de monter, sans le moindre danger, au faîte de l'édifice où l'on va jouir du seul point de vue que présente notre localité ; les plans de M. Questel ont été parfaitement combinés et l'exécution de ce travail fait honneur à la surveillance de M. Henri Durand et aux entrepreneurs. Cette restauration a créé dans un monument antique un monument moderne qui, par son exécution, son utilité et son agrément, a obtenu l'approbation générale, ce qui est fort rare par le temps qui court.

Porte d'Auguste à Nîmes. Sous le point de vue historique, ce monument devait être considéré comme le plus important de notre ville, car son inscription, devenue le premier jalon certain de notre histoire locale, indique que les portes et les murailles de Nîmes antique ont été terminées pendant la VIIIe. année de la puissance tribunitienne d'Auguste, l'an 739 de Rome, 15 ans avant J.-C. L'étude des itinéraires romains se rattache aussi à cet édifice par le milliaire zéro, d'où l'on commençait à compter tous les autres et dont la façade est encore décorée. Située sur le Boulevart, entourée de belles constructions modernes, cette porte sert aujourd'hui d'entrée aux écuries de la gendarmerie royale.

Malgré toutes ces considérations, la base du monument est encore encombrée à 2 mètres et demi, bien que la commission des monuments antiques eût décidé dans sa séance du 1er. avril 1841, qu'il serait rendu à ses proportions primitives et entouré d'une grille en fer.

J'ai prié M. Questel de soumettre à M. le Ministre un

projet des travaux à exécuter pour atteindre ce double but, sans s'écarter des règles de l'art et du bon goût et en tenant compte des exigeances que commande la localité.

Temple de Diane à Nîmes. L'aspect désagréable que présentait ce nymphée, par son encombrement de terres et de matériaux qui lui étaient étrangers, a cessé d'exister cette année, par les soins d'une commission de beaux-arts instituée par M. le maire de Nîmes. Il reste encore à le dégager, tant des destructions momentanées que le soutènement de l'édifice avait exigées, que de toutes celles qui lui sont étrangères.

La commission des monuments antiques avait décidé que sa porte serait enlevée et que son enceinte extérieure serait entourée d'une grille en fer qui, tout en garantissant l'approche de l'édifice, ne ferait rien perdre à son aspect pittoresque. La base en est placée, mais la grille n'existe pas encore.

Amphithéâtre de Nîmes. Aucun des travaux, que mon dernier rapport signalait comme très-urgents, n'a été effectué; et quoique le monument soit encore debout, je n'en persiste pas moins dans ce que je disais alors.

Deux arceaux de la galerie intérieure du rez-de-chaussée n'existent plus, et la voûte qu'ils soutiennent présente un danger imminent; d'autres constructions caduques exigent diverses consolidations ou restaurations pour en arrêter la ruine ou pour faire cesser le danger qu'elles présentent.

Ces divers ouvrages furent évalués dans le temps par M. Bourdon à la somme de six mille francs.

Il importe au plus haut point que ces travaux soient incessamment effectués selon le mode d'exécution et le système de réparation suivi dans ceux qui ont eu lieu en 1834, et que la dépense qu'ils nécessiteront soit imputée sur les premiers fonds qui seront mis à la disposition de M. le préfet du Gard, pour nos monuments antiques.

Tous les autres édifices, dont la surveillance m'a été confiée, sont dans un état parfait de conservation.

N^{ta}. Le château-d'eau gallo-romain qui a offert tant d'intérêt à la Société sera prochainement publié dans le Bulletin.

———

Séance générale du 4 septembre 1844.

Présidence de M. J. RENOUVIER, inspecteur de la division.

La séance s'est ouverte, à sept heures du soir, au palais de Justice, sous la présidence de M. J. Renouvier; M. le Cte. de Mérode, inspecteur divisionnaire, M. Pelet, inspecteur du Gard, et M. Bromet, de Londres, siègent comme vice-présidents. M. Eyssette, de Nîmes, et M. Ricard, de Montpellier, remplissent les fonctions de secrétaires. On remarque dans la salle les membres des bureaux des différentes sections du Congrès qui occupent des places réservées, et environ 60 membres de cette assemblée.

A l'ouverture de la séance, M. de Caumont proclame, au nom du conseil,

Inspecteur divisionnaire pour les départements de Vaucluse et des Bouches-du-Rhône, M. REQUIEN;

Inspecteur du département de l'Hérault, M. RICARD;

Inspecteur du département de l'Ardèche, M. Ovide DE VALGORGE, membre du Conseil général de ce département.

Membres de la Société,

MM. AZAÏS, président de la Société archéologique de Béziers, et FEUILLET, juge de paix à Lyon.

M. de Caumont ayant posé quelques questions sur le synchronisme de l'architecture ogivale dans le midi de la France, M. Renouvier a pris la parole et s'est exprimé ainsi :

DU STYLE OGIVAL ET DE L'OGIVE DANS LE MIDI

PAR M. RENOUVIER.

Il me semble qu'on s'est mépris quand on a posé dans un congrès tenu à l'extrémité méridionale de la France la question concernant l'origine de l'architecture ogivale.

Si, comme il faut le croire, on entend par là le style d'architecture caractérisé par les faisceaux de colonnettes élancées, les arcades en tiers-point, les voûtes croisées, les fenêtres à lancette et toute la décoration originale qui accompagne ces membres principaux d'un édifice, le Midi n'en offre que des exemples rares, incomplets, insuffisants. De Nîmes, où nous sommes, il faut aller jusqu'à Narbonne d'un côté, jusqu'à St.-Maximin de l'autre, pour trouver des églises ogivales satisfaisantes. On en rencontre un plus grand nombre en s'avançant vers le nord, mais c'est bien loin de nous que ce style est en possession de toutes ses qualités.

Nous sommes donc pleinement dispensés de nous prononcer sur la question; cependant comme elle a été éclairée ailleurs par de nombreux travaux en tête desquels il faut toujours citer ceux de M. de Caumont, et comme elle est, je crois, aujourd'hui résolue, il convient d'apporter ici cette solution qui, j'espère, ne sera pas contredite par nos compatriotes des provinces du nord auxquels il appartiendrait plutôt qu'à nous de l'exposer.

Vous m'excuserez de me borner à de simples affirmations dénuées des preuves et des explications qu'elles exigeraient, mon but a été uniquement de rapporter ce que je crois, le dernier état de la question, et de provoquer ceux de nos compatriotes du Midi qui ne reconnaîtraient pas leur inferiorité en ce qui regarde l'architecture ogivale. Notre amour-propre n'en souffrira pas, j'espère, il trouverait une assez belle compensation si nous nous occupions de l'architecture romane.

Dans la période ogivale même le Midi se distingue davantage dans l'architecture militaire. Il suffira de citer ici l'enceinte d'*Aigues-Mortes*, le château de *Beaucaire*, les tours de *Villeneuve*, de *Montmajor*, etc. , constructions militaires du XIVe. siècle. Cette distinction de l'architecture militaire du midi tient à des causes particulières, elle est due principalement aux Valois, Charles V, Jean-le-Bon et ses fils, qui occupaient à cette époque les principales places du Languedoc, et mirent grand soin à les fortifier pour résister aux Anglais qui menaçaient d'envahir la province et aux compagnies qui la désolaient, mais je reviens à l'architecture religieuse que la question ici posée a eu principalement en vue.

L'architecture ogivale est un produit entièrement français. Elle s'annonce à la fin du XIIe. siècle, apparaît en possession de toutes ses qualités virtuelles et originales au XIIIe. , se développe au XIVe. en perdant peut-être quelque chose de sa pureté primitive, s'enrichit en se corrompant quelque peu au XVe. pour se perdre au XVIe. dans l'architecture de la renaissance.

On peut bien dire qu'elle est une modification de l'art grec et romain en ce sens que de ces arts est sorti l'art roman, lequel a à son tour livré passage à l'art ogival, mais on n'a aucune raison de lui trouver une filiation orientale ou sarrasine. Les architectes ont fait des emprunts à l'Orient, sans doute aux arabes, aux persans; mais ils ont emprunté comme empruntent des hommes de génie, ils ont pris leur bien là où ils le trouvaient. L'épithète de sarrasin n'a pu lui être applicable qu'à l'époque où il était traité de barbare et comme tel confondu avec tout ce qui ne s'était pas montré fidèle aux trois ou aux cinq ordres d'architecture romaine.

17

L'art ogival est donc né en France, il est impossible sans doute de préciser le lieu aussi bien que l'année de sa naissance. Nous n'avons pas pour les monuments d'actes de l'état civil, mais on peut établir que là où il compte les plus anciens, les plus beaux et les plus nombreux édifices, là est sa patrie, il m'a semblé que c'était l'île de France ou la Champagne, mais je conviens toutefois que si on venait plaider ici la cause de la Picardie ou de la Normandie, le débat pourrait laisser les esprits fort incertains.

Maintenant si l'on veut suivre la marche du style ogival, ce n'est pas du nord au midi ou du midi au nord qu'il faut procéder ; mais à partir de l'île de France, comme centre, on s'aperçoit que les églises ogivales deviennent d'autant plus rares et plus incomplètes qu'on s'en éloigne dans toutes les directions.

Il ne faut entendre ceci que comme une loi-générale et comportant certaines exceptions.

J'ai dit que je me dispenserais de citer les faits à l'appui de la thèse que je viens de soutenir, thèse qui n'est cependant que le résultat des observations aujourd'hui faites sur les monuments de la France, de l'Allemagne, de l'Angleterre et de l'Italie. J'en citerai cependant deux qui me paraissent une éclatante confirmation de l'origine toute française de l'art ogival.

Au XIIIe. siècle, je ne me rappelle pas l'année, mais on la connaît, la ville d'Upsal, en Suède, voulant faire construire une église ogivale, fit venir de Paris un architecte, je n'ai pas son nom sous la main, mais il est connu et on trouve dans les *Monumenta Uplandica* l'acte qu'il passa avec ses compagnons pour cette expédition architecturale.

Aujourd'hui en Morée les voyageurs reconnaissent les constructions nouvelles et les réparations faites par les princes français croisés établis en Morée, précisément aux mêmes caractères qui distinguent nos édifices nationaux. Il n'est pas besoin de dire que ces caractères offrent un contraste frappant avec les monuments bysantins du pays.

Maintenant, si au lieu du style ogival il ne s'agissait que de l'ogive, les hommes du Midi auraient quelque chose de plus à dire.

L'ogive décrite autour d'un angle obtus, évasée, ou comme on l'appelle dans les instructions du Comité des arts et monuments, *le plein cintre brisé*, se montre dans des églises romanes du XIe. et du XIIe. siècle, à *Rèdes*, *Villemagne*, *Béziers*, *Maguelone*, églises capitales du département de l'Hérault. Il en est de même en Roussillon : *Elne, Coustonges, Serra Bona* ont des voûtes ogivées. En Provence : *Vaison, Cavaillon, St.-Gilles, Vénasque, Montmajor, St.-Trophyme* sont dans le même cas. Ce sont les plus beaux édifices romans du Midi. Il n'est guère possible de croire à une reconstruction de voûtes qui aurait eu lieu à la même époque dans un si grand nombre d'églises, et de supposer que toutes étaient auparavant ou cintrées ou couvertes en charpente. Il faut donc admettre que dès le XIe. siècle nos architectes ont employé l'arc en angle obtus, sans pour cela changer de style. On doit remarquer au contraire que ce mode leur a permis de construire des arcs d'une plus grande portée et d'une poussée plus facile à soutenir, et qu'ils ont pu faire ainsi des intérieurs plus larges et moins élancés qu'avec le plein cintre. On peut se convaincre en effet que les nefs en plein cintre, antérieures aux églises citées plus haut, *St.-Guillem, Quarante, Espondeilhan*, dans l'Hérault, sont plus élancées que les nefs ogivales postérieures (*Villemagne* et *Maguelone*). Ce n'est pas ce qui a lieu dans le nord, en Normandie, par exemple, où les voûtes en plein cintre vont en s'élevant et en s'amincissant jusqu'à ce qu'elles confinent à l'arc ogive, et où les plus anciennes ogives sont des arcs en tiers-point. Réduite à ces

termes la question de l'introduction de l'ogive me paraît sim-
plifiée. Il ne s'agit plus d'un style particulier d'architecture,
ce style nous l'avons vu appartient aux provinces du nord de
la France, le Midi le reçoit au XIIIe. siècle aussi, mais il ne
l'exécute qu'à son corps défendant.

Quelques monumentalistes du Midi pensent que nous
n'avons exécuté le style ogival qu'au XIVe. , je ne saurais partager cette opinion. Le monastère du *Vignogoul*, près de
Montpellier, construit vers 1220 ; porte les principaux traits
de ce style , un grand nombre d'églises dont la date n'est pas
connue, nous montrent les colonnettes cannelées, les chapiteaux à feuilles en crochet et les fines lancettes, caractères
bien reconnus du XIIIe. siècle. Il est évident que si les artistes
du Midi n'avaient pratiqué le style ogival qu'au XIVe. , ils
l'auraient pris avec les caractères qu'il avait alors et non avec
ceux du siècle précédent. Quant à notre ogive du XIIe. siècle,
je le répète , il ne s'agit que d'une très-légère modification
apportée dans le tracé d'un arc , le style roman restant
d'ailleurs le même , et se confirmant de plus fort dans ses
habitudes de lignes verticales et de combles plats : or, dans ces
termes on ne voit pas comment on en contesterait l'invention
à des artistes indigènes. Car, en général, il me semble que nous
nous montrons en France trop peu jaloux de notre nationalité
en ce qui regarde l'architecture, qu'à l'époque où les arts du
moyen-âge étaient universellement méprisés, on affublât cette
architecture du nom de bysantine, de sarrasine, cela se
conçoit, mais la science, en éclairant cette page de notre histoire, doit les faire disparaître et nous apprendre à honorer nos
monuments , comme une part de notre patrimoine, comme
un rayon de notre gloire nationale.

Après la lecture de cette intéressante notice, l'enquête a été
continuée sur le caractère des monuments du moyen-âge dans
le Midi.

Des renseignements précieux ont été donnés, sur les sculptures et les bas-reliefs, sur les autels, les fonts baptismaux, par MM. Requien, Ricard et Renouvier.

M. Bromet, de Londres, a présenté l'estampage d'une pierre tumulaire très-curieuse du musée d'Avignon ; cette pierre est celle de Raimond de Beaufort ; il a démontré que, si l'on peut se fier à la date de ce monument qui est de l'an 1420, M. Bouche, dans son *Histoire de Provence*, a commis une erreur en lui donnant la date de 1409, et que M. Teissier, dans son *Histoire des Papes* qui ont siégé dans Avignon, voulant corriger M. Bouche, tombe aussi dans l'erreur en lui assignant la date de 1399.

A l'entour de cette pierre est l'inscription suivante en caractères gothiques :

Hic jacet magnificus ac potens virque illustris Dominus Raimondus de Belloforti, quondam Comes Bellofortis et Vicecomes Valernœ, qui anno Domini M. CCCC°. XX diem suum clausit extremum XVI°. die mensis Maii, cujus anima requiescat in pace. Amen.

M. de Caumont a provoqué les renseignements des membres sur les édifices qui ont besoin de secours et auxquels on pourrait appliquer les 500 fr. dont le conseil peut disposer immédiatement.

Après une longue discussion dans laquelle ont été entendus MM. Azaïs, Teissier, Richelet, Renouvier, Ricard, Pelet et plusieurs autres membres, la Société a décidé que 150 fr. seraient accordés pour des réparations à faire à l'église de St.-Guilhem-du-Désert (Hérault), et que 50 fr. seraient mis à la disposition de M. Renouvier, pour faire mouler un bas-relief bysantin.

La Société a émis, à l'unanimité, le vœu que le conseil municipal de Béziers fournisse à la Société archéologique

de cette ville, un local pour y établir un musée d'antiquités.

MM. Pelet et Requien se sont engagés à dresser, pour les
villes de Nîmes et d'Avignon, des plans détaillés, à l'imitation de celui de Lyon antique, par MM. Artaud et Chena-
vard.

M. le comte de Mérode a communiqué le dessin d'une tombe
qui recouvre le corps de l'évêque Barthelemy, à Foigny, et
dont il a eu la généreuse pensée de faire établir, à ses frais,
un *fac simile* dans une des chapelles de la cathédrale de
Laon, le 15 août 1843.

Ce fut une belle et mémorable cérémomie que celle qui
eut lieu à l'occasion du don généreux que ce grand et noble
personnage fit à la cathédrale de Laon.

A neuf heures du matin, les musiciens, au nombre de
plus de trente, qui de Trélon, département du Nord,
avaient voulu accompagner M. le comte de Mérode, arri-
vèrent en exécutant des marches militaires sur la place du
Parvis. La foule réunie sur cette place était immense ; elle
n'était pas moins considérable dans l'enceinte de la cathédrale.

Le clergé arriva processionnellement jusqu'au point où est
déposée la pierre sur laquelle est gravée l'image de l'évêque
Barthélemy. M. le comte de Mérode fit la remise du monument après avoir prononcé le discours que nous transcri-
vons ici.

« Vous serez peut-être surpris, Messieurs, qu'étranger à
votre ville, je porte à l'église qui la distingue un intérêt
particulier, une affection spéciale. Permettez-moi de vous
dire en peu de mots quels sont les motifs de ce sentiment.

« Laon est la première ville de l'ancienne France que j'ai
vue, lorsqu'à l'âge de seize ans, j'allais à Paris terminer mon
temps de collége. A mon retour vers la Belgique et Trélon,

qu'aujourd'hui j'habite alternativement avec Bruxelles, je repassai à Laon ; je montai sur ses tours, et je me rappelle encore l'impression que produisit sur moi la perspective qu'on y découvre. Depuis lors, à cause d'un long séjour dans l'ancien comté de Bourgogne et de nombreux voyages de ce pays en Belgique, plus d'une fois chaque année je traversais Laon ; je voyais ces clochers aériens, j'entrais dans sa cathédrale qui m'a toujours vivement frappé.

« De plus, la ville de Laon elle-même offre un aspect remarquable ; sa noble position sur une montagne séparée de toute autre élévation, ses remparts confondus avec les roches saillantes qui leur servent d'appui, ses vieilles tours, ses promenades, d'où l'œil plane successivement sur le pays environnant, signalent à l'attention du voyageur, particulièrement quand il arrive des plaines du nord, la cité capitale de plusieurs rois français successeurs de Charlemagne. Comme le dit si bien un poëte, ces restes subsistants du passé ayant beaucoup vu, peuvent beaucoup nous apprendre, et spécialement la basilique de Barthélemy, qui se lie à l'architecture romane et présente le premier développement de l'ogive si brillamment élancée plus tard dans les cathédrales de Rheims, de Bourges, d'Amiens. Celles-ci sont plus magnifiques sans doute, mais parmi les églises finies dans la première moitié du douzième siècle, il en est bien peu d'égales à Notre-Dame de Laon, accompagnée de son dôme, de ses quatre tours d'une si belle apparence, quel que soit le côté par lequel on se dirige vers la montagne, dont elles forment la couronne.

« Aucune inscription commémorative n'indique ici l'auteur de l'œuvre que nous admirons encore après plus de sept siècles : et cependant l'indifférence des contemporains ou de la postérité n'est point le motif d'un oubli qui semblerait devoir leur être reproché.

« Retiré à l'abbaye de Foigny, fondée à l'aide de son puissant concours pendant son épiscopat, Barthélemy de Vir y était depuis près de huit années, lorsqu'il mourut dans l'exercice austère de la règle de saint Bernard, que suivent aujourd'hui les trappistes.

« Là, le corps de l'illustre évêque fut honorablement placé, comme le dit le père Lelong, sous une tombe de marbre blanc, avec une inscription qui retraçait ses travaux et ses vertus. Ce qu'a négligé de dire le savant bénédictin de Saint-Michel, c'est que dans cette tombe s'incrustait une longue pierre de marbre noir ornée d'une sculpture qui représentait Barthélemy en costume de cérémonie, mitre en tête, les mains jointes, ayant sous les pieds l'esprit de ténèbres, que foule la crosse pastorale.

« Cette pierre, sauvée lors de la ruine de Foigny, existe appliquée sur le pavé d'une chapelle dédiée au bienheureux Alexandre, fils d'un personnage marquant de l'Ecosse, et qui laissa, après avoir vécu simple moine de Foigny, une réputation de sainteté telle, qu'ont vient encore au mois de mai, des villages environnants, l'invoquer contre la fièvre.

« Sous l'abri le plus étroit repose maintenant l'image tumulaire de Barthélemy de Vir, de celui qui, répondant à l'inculpation d'avoir dissipé la fortune de l'évêché, disait à ses accusateurs :

« Lorsque je suis entré dans l'évêché de Laon, je l'ai trouvé
« dans un état déplorable, ravagé par les séditions et par le
« feu. La cathédrale tombait en ruines et les revenus en étaient
« modiques. On sait tout ce que j'ai fait pour réparer ces
« maux. Il n'y avait, à mon arrivée au diocèse, que cinq
« abbayes pauvres et portées au relâchement; on y a vu, par
« la grâce de Dieu, fleurir la piété et l'abondance. J'ai aidé
« à fonder aussi neuf autres monastères qui font l'édification
« du diocèse; mais je ne me suis pas servi pour cela des biens

« de l'évêché. Au reste, n'est-il pas bien dédommagé par la
« gloire d'avoir donné naissance à tant d'églises qui en dépendent
« et sont desservies par des personnes d'une vie exemplaire. »

« En visitant les limites de la Picardie et de l'ancien
Hainaut, j'ai donc, Messieurs, rencontré à Foigny le précieux souvenir d'un bienfaiteur de l'humanité; car, au
douzième siècle, les abbayes étaient certainement l'asile
spécial des sciences, des mœurs douces, de la charité la plus
libérale. Quelle que soit l'exiguité de la chapelle qui garde ce
souvenir, il est près du lieu même que Barthélemy choisit
pour retraite ; il est respecté. On doit espérer qu'il ne cessera
pas de l'être. Cherchant à tirer parti de ma découverte, j'ai
pensé que le mieux était d'offrir à la cathédrale de Laon une
copie exacte du monument de Foigny.

« Rendre honneur à ceux qui ont élevé les églises conçues
par l'art chrétien, c'est appeler sur elles l'attention bienveillante du peuple. On recommence depuis quelques années
à comprendre leur mérite. Le gouvernement, les départements, les communes, font procéder à d'urgentes réparations.

« Votre ville, le pays qui l'entoure, ne resteront pas,
Messieurs, en arrière de ce mouvement de l'intelligence et de
la piété. Ils achèveront sans doute l'œuvre de restauration
heureusement entreprise ; il est surtout essentiel de rechercher la meilleure qualité possible de matériaux. A Bruxelles,
on répare avec d'excellentes pierres de France, amenées de
fort loin, la flèche de l'hôtel-de-ville, les tours de S^te.-Gu-
dule; mais, dans le temps où vécut Barthélemy de Vir, ce
n'était pas seulement les substances propres à la bâtisse que
l'on tirait des pays voisins ou écartés ; quand il s'agissait
d'élever un grandiôse monument de piété publique, on trouvait
partout des secours, des dons généreux.

« C'est, enhardi par l'antique exemple de l'admirable association fraternelle des peuples jadis intimement unis dans la même foi , sous le rapport religieux , que je me suis permis de présenter un faible hommage à la mémoire de l'évêque qui reconstruisit cette belle cathédrale qu'une semaine de siècles a laissé debout malgré tant de siéges , tant de périls divers qu'elle a courus. »

Nous joignons à ce procès-verbal le dessin communiqué par M. le Cte. de Mérode : la pierre tombale qu'il a donnée à la cathédrale de Laon , reproduit elle-même avec la plus grande fidélité l'image de l'évêque Barthélemy , et l'illustre comte n'a rien négligé pour que le monument répondît , par le mérite de l'exécution , à sa noble pensée.

L'inscription suivante, en vers, est gravée autour de la pierre tombale :

> *Qui jacet hie præsul Marianam condidit ædem*
> *Lauduni , pariterque Domos antistitis ustas.*
> *Templa decem instruxit. Benedicto contulit unum ,.*
> *Bernardo quatuor, Norberto quinque piavit.*
> *Dat diadema genus , Lauduni ecclesia mitram ,*
> *Funera Fusniacus , Lauream et astra Deus.*

Celui qui repose ici pieux prélat , bâtit le saint édifice de Laon dédié à Marie , releva les maisons incendiées de l'évêque. Il construisit dix autres églises , l'une aux enfants de Benoist , quatre que reçut Bernard , cinq consacrées pour Norbert. Une noble naissance lui donne sa couronne illustre , l'église de Laon la mitre , Foigny la sépulture , Dieu les palmes et le ciel.

La Société française a voté des remercîments à M. le Cte. de Mérode , ami éclairé des arts , puissant protecteur de ces œuvres grandiôses que le moyen-âge nous a transmises ; elle a associé sa reconnaissance à celle de la ville de Laon , et témoigné de sa vive sympathie pour des actes si nobles , si généreux , si honorables !

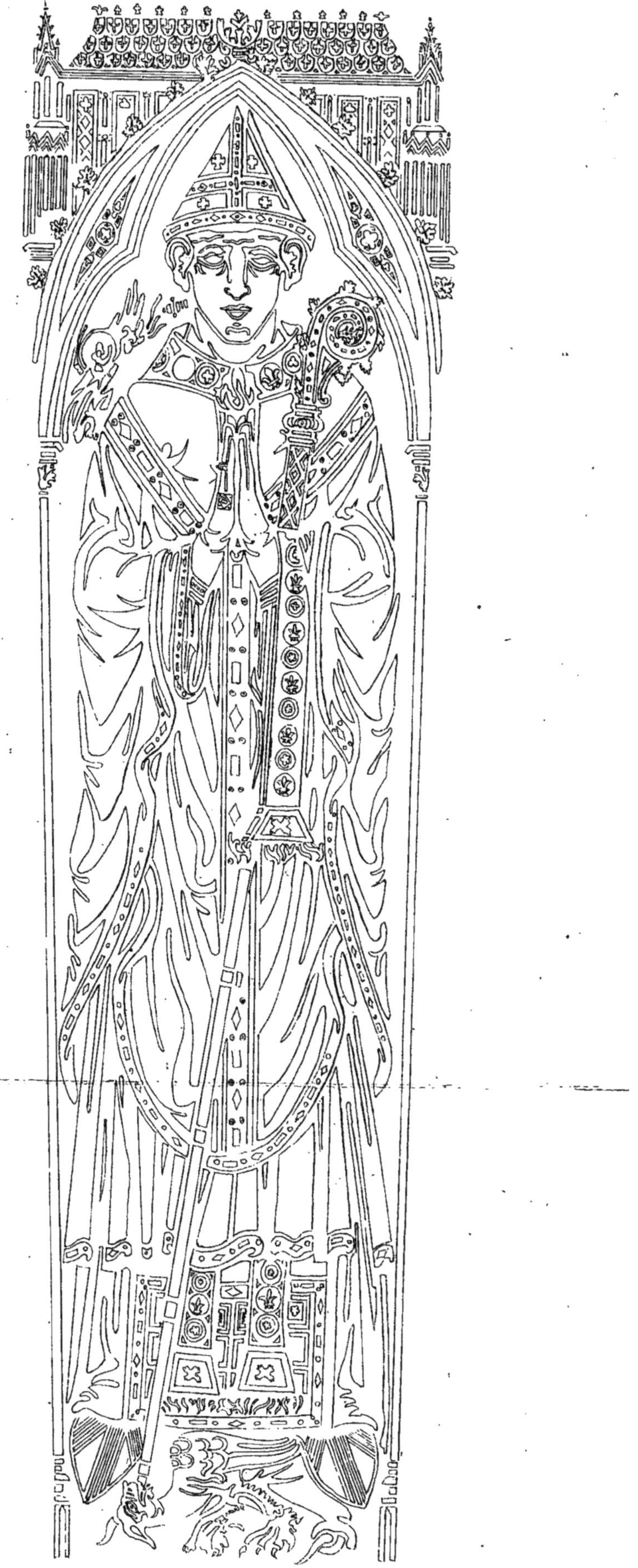

Qui jacet hic præsul Marianam condidit ædem
Lauduni, pariterque Domos antistitis usus.
Templa decem instruxit. Benedicto contulit unum,

Bernardo quatuor, Norberto quinque piavit.
Dat diadema genus, Lauduni ecclesiæ mitram,
Funera Ensniacus, Lauream et astra Deus.

VISITE A L'ÉGLISE DE SAINT-GILLES.

A six heures du matin, la Société partit de Nîmes le 6 septembre pour aller visiter St.-Gilles. M. l'architecte M. Delmas et plusieurs membres du Conseil municipal voulurent bien la recevoir à son arrivée et lui faire les honneurs de la ville. La Compagnie vit avec admiration le grand portail, dont toutes les sculptures furent examinées et expliquées par MM. le Cte. de Mérode, de Caumont, Renouvier, Ricard, Richelet, etc. ; elle descendit ensuite dans la crypte et'dans le cloître où une inscription qui indique la date de l'édifice fut estampée par M. Bromet; elle se transporta ensuite dans le musée formé au milieu du rond-point. Quand toutes ces choses furent examinées, M. Pelet communiqua les renseignements qui vont suivre.

Les travaux, a dit M. Pelet, entrepris et exécutés en grande partie par M. Bourdon, architecte du département, ont été continués sur les plans fournis par M. Questel, et dirigés avec une grande habileté par M. Delmas, ingénieur, ancien officier du génie. L'ancien chœur, enseveli sous les décombres depuis le XVIe. siècle, a été fouillé jusqu'au sol, une partie des maisons qui faisait saillie sur cet emplacement a été démolie, et comme l'embasement est partout conservé à la hauteur de 0^m. 40 jusqu'à 1^m. 50 au-dessus du pavé, il en résulte qu'on peut maintenant se former une idée précise du plan primitif de cet intéressant monument du XIIe. siècle.

On y remarque une disposition qui ne fut généralement suivie que dans la construction des églises du XIIIe. siècle, les collatéraux sont prolongés autour du sanctuaire et bordés de trois chapelles rayonnantes unies entre elles par un hémicycle de 3^m. d'ouverture formant lui-même une petite chapelle ; celle qui est derrière le rond-point du chœur, plus grande que les autres, a 6^m. d'ouverture et se trouve élevée de 0^m. 80 au-dessus du sol du chœur.

Chacun des transepts a, du côté de l'abside, une petite chapelle demi-circulaire : c'est vis-à-vis celle de gauche que se trouve situé cet escalier remarquable appelé *la vis de St.-Gilles*, qui servait à monter aux tribunes et qui a été dans tous les temps un motif de pélerinage pour les tailleurs de pierre de l'Europe. Cet escalier n'existait pas dans le transept de droite. Il y a seulement dans la petite chapelle qui fait le pendant de celle dont nous venons de parler, un caveau ayant 3^m. 80 dans chacune de ses dimensions.

Les deux portes latérales ont été mises à découvert, elles sont assez bien conservées pour déterminer le dispositif de leur évasement ; celle du côté du nord présente une particularité qu'il est difficile d'expliquer, il fallait monter quatre marches pour arriver au petit perron qui en forme le seuil, et en descendre ensuite 7 ou 8 pour atteindre le pavé de l'église.

Le soubassement du mur de l'abside existe en entier ainsi que les bases de piliers avec colonnes engagées qui s'élevaient au-dessus ; cette construction est remarquable tant par ses détails que par la variété symétrique des couleurs de la pierre.

Le résultat de ces fouilles a donc été de découvrir l'abside, les transepts, les portes latérales et une partie de la nef, de sorte que maintenant on peut se faire une idée juste de la basilique primitive dont la longueur dépassait de plus de 50 mètres l'église actuelle qui en faisait partie.

Les axes de ce monument ne sont point exactement orientés et dévient de 3 degrés du nord à l'est.

La chapelle terminale est encore couverte par une suite de maisons qui limitent la fouille du côté de l'est, et si la forme de cette chapelle nous est connue, nous le devons au zèle de l'infatigable M. Delmas qui est parvenu à dégager une partie de son mur d'enceinte par une espèce de tunnel pratiqué au-dessous de ces maisons. A l'ouest, l'église moderne sert de limite aux nouvelles fouilles, garanties main-

tenant au nord et au midi par une grille en fer où sont mé-
nagées des entrées à l'emplacement même des portes latérales
de l'ancien édifice.

M. Jalaguier, toujours dévoué aux intérêts de la ville, a
eu l'heureuse idée d'ajouter un nouvel élément à l'attrait que
les savants et les artistes trouveront à venir étudier ces
fouilles. Il a transformé leur enceinte en un musée d'architecture romane dans lequel il a réuni, non seulement tous
les débris de l'ancienne basilique, mais encore tous ceux qui
se trouvaient dispersés dans la ville. Le patriotisme des particuliers est aussi venu seconder les bonnes intentions de
M. Jalaguier, et par cet heureux concours le musée de St.-
Gilles offre à l'art et à la science une collection riche, intéressante et précieuse que les étrangers s'empresseront de
visiter. Des chapiteaux romans d'un travail délicat, des bases
de colonnes décorées de reliefs bizarres, une clé de voûte
représentant le Père éternel, une grande quantité de fragments de sculpture, un bas-relief où l'on voit l'ange conduisant Tobie, forment dans ce musée presque improvisé,
une réunion de tout ce que la période romane peut avoir
d'intéressant.

Il existait dans le cimetière de la ville huit sarcophages
romains en pierre décorés de figures emblématiques, de
divers ornements de sculpture, d'inscriptions tumulaires,
etc. Ces monuments, qui datent des dernières années de
l'empire, étaient perdus pour l'histoire et pour l'art; les
soins de MM. Jalaguier et Delmas les ont sauvés de l'oubli,
car ils enrichissent maintenant le nouveau musée.

Dans ce nouvel établissement le magistrat et l'architecte
ont su apprécier les intérêts de l'art et de la cité; une rue
traversait cette enceinte, il fallait la conserver : une simple
barrière en fer a satisfait à cette exigence, et la circulation
qui n'est interrompue que pendant la nuit donne à ce musée

une animation continue qui n'est pas sans attraits pour le
visiteur et l'artiste.

On s'est occupé sans relâche du rétablissement de l'ancien
perron dont il n'existait aucunes traces sur la façade. En
établissant les fondations, on a découvert des fragments de colonnes en granit, des frises, des corniches, etc., qui ont fait
partie du péristyle d'ornementation dont on voit encore les
deux stylobates en avant de la porte principale, ce péristyle
est aussi indiqué par un avancement de 1ᵐ. 50 dans le soubassement du portail que les fouilles ont mis à découvert.

Cinq inscriptions tumulaires sont incrustées dans le parement du mur qui forme ce soubassement ; leur date et la
figure des lettres qui les composent sont une nouvelle confirmation de l'époque que l'artiste assignait déjà au monument par la seule étude de son architecture. Voici la copie
exacte de ces inscriptions :

† HIC IACET FROA

RDVS QVI OBIIT

XVII KL SEPT

† HIC SEPVLTVS

EST CAVSITVS :

ANN DNI : M : C : XI . II

ORATE : PRO : EO :

† HIC IACET HVBI

LOTVS QVI OB . V :

IDVS OCTOB

† HIC SEPULTVS

EST GILIVS :

ANN DNI : M : C : XLII :

ORATE : PRO : EO :

La découverte de ces inscriptions prouve que M. Questel a parfaitement compris sa restauration en faisant une voûte au lieu d'un massif, car il fallait nécessairement que l'on pût pénétrer dans ce lieu, puisqu'il servait de sépulture, ainsi que la basse église où se sont trouvés deux tombeaux.

La beauté et l'importance de ce monument réclamerait encore quelques travaux que je crois devoir indiquer à la Société.

La chapelle terminale n'est point à découvert, il serait convenable de la dégager afin de pouvoir saisir l'ensemble du plan général : le peu de valeur de la maison rendrait ce résultat peu coûteux.

Pour démasquer le superbe portail, que M. Mérimée appelle un bijoux qu'on doit examiner à la loupe, il reste à démolir deux maisons que l'alignement indique comme devant disparaître un jour, mais ce sera fort tard, si le gouvernement ne vient au secours de la malheureuse ville de St.-Gilles ; pour compléter la restauration de cette église, il faudrait l'isoler, en établissant, du côté du nord, une vue qui la dégageât des maisons qui l'obstruent.

On vient d'établir une porte de communication entre la crypte et le dessous de la nouvelle voûte qui doit supporter le perron restauré, afin de pouvoir visiter les anciennes inscriptions, un mur antique trouvé dans cet emplacement, et surveiller les dégradations que le temps peut amener ; des soupiraux convenablement ménagés procureront une ventilation utile à la conservation de la voûte et à la salubrité de la crypte naturellement humide.

Il existe dans l'église souterraine un puits actuellement comblé, il est célèbre par les victimes qui y ont été précitées dans nos guerres religieuses, les fouilles qu'on n'y ferait ne seraient probablement pas sans fruits, et cette opération complèterait la restauration de cette curieuse et importante partie du monument.

Aucuns fonds n'ayant été destinés à l'ouverture des portes latérales de la façade actuellement murées, il convient de remédier à cet oubli, car sans cela la restauration du perron serait incomplète.

La façade résume à elle seule toute l'architecture du monument et tout le luxe et le caprice de l'ornementation byzantine, elle est dans un bel état de conservation, cependant quelques restaurations seraient encore nécessaires. Il serait à désirer que l'on rétablît l'ancien péristyle qui décorait l'entrée principale et dont il reste les deux stylobates en retour et assez d'arrachements pour indiquer l'ordonnance générale de cette partie de l'édifice.

Après cette visite et celle qui a été faite d'une maison très-curieuse du XIIe. siècle, un déjeûner a réuni les membres de la Société et plusieurs notables habitants de St.-Gilles. A cinq heures du soir la Compagnie était de retour à Nîmes.

Pont du Gard. Une commission composée de MM. de Lambron, Guillory, Renouvier, Ricard, Richelet, a visité le pont du Gard. La chappe en glacis de cendrée que, dans un rapport présenté au Ministre, M. Pelet considérait comme indispensable pour empêcher les infiltrations, cause principale de la dégradation des voussoirs, a été établie par M. Bourdon, architecte du département, au-dessus du second rang d'arcades; il reste maintenant à réparer les voussoirs déjà détruits avant cette opération, c'est un ouvrage difficile et délicat. M. Questel s'est occupé de cet objet, d'autant plus important pour l'avenir, que le rétablissement de l'aqueduc du Gard est, dit-on, le seul moyen *certain* d'amener à Nîmes les eaux qu'elle cherche depuis si long-temps et qui sont désormais le seul élément de succès qui manque à son industrie.

COMPTE

*Rendu par le Trésorier de la Société pour la
conservation des Monuments historiques, des
Recettes et Dépenses de l'année* 1844 (1).

RECETTE.

Excédant du compte en 1843.	12,382	92
Cotisation recouvrée sur l'année 1842.	10	»
Idem sur l'année 1843.	705	»
Recette de 1844 (2).	4,515	»
Cotisations reçues par avance sur 1845.	20	»
	17,632	92

DÉPENSE.

Payé au banquier pour le recouvrement des billets.	236	75
Frais de retour de billets non acquittés.	146	05
A reporter.	382	80

---

(1) Le présent compte a été examiné et approuvé par une commission composée de MM. de Caumont, Lair et Hardel, qui a pris connaissance des pièces justificatives.

(2) Il reste encore à recouvrer environ 100 cotisations pour l'année 1844. Il en sera rendu compte en 1845.

Report.	382	80
Remboursé au banquier le montant de deux billets revenus après le réglement du compte.	20	»
Traitement du concierge et fournitures.	50	80
Mémoire de l'imprimeur, à Caen..	633	»
Vignettes pour le compte-rendu des séances. . . .	130	»
Affranchissement du compte-rendu.	161	84
Distribution de livres d'archéologie à divers architectes, sculpteurs et artistes, par délibération du conseil.	80	»
Frais des séances générales à Saintes, Paris, Beauvais, Coutances et Nîmes. . . . . , . .	457	»
Ports de lettres, paquets, affranchissements, dessins, frais de copies.	195	10
Achat et gravure de médailles.	37	50
Cotisation au congrès de Nîmes..	30	»
Dépenses de la division du Mans.	35	»

ALLOCATIONS SOLDÉES EN 1844.

Membres chargés de la surveillance des travaux.			
M. CHAMPOISEAU.	Travaux à la pile St.-Mars (Indre-et-Loire).	100	»
M. LE COINTRE-DUPONT.	Réparations à l'église de Jazeneuil (Vienne).. . · . .	150	»
M. DE LA FONTENELLE.	Réparations à l'église de Courcôme (Vienne). . .	100	»
M. GODARD FAULTRIER.	Moulage du tombeau du roi René, à Angers.	100	»
Id.	Réparation à l'église Tous-		

A reporter.	2,663	04

		Report.	2,663	04
	...saint d'Angers.	100	»
MM. DE CHASTEIGNER et ROBERT.	Id. à la crypte de la Libarde (Gironde).	100	»
Id.	Id. à la chapelle d'Auzac (Gironde).	50	»
M. LACURIE.	Id. à l'église d'Aulnay (Charente-Inférieure). . . .	150	»
Id.	Transport d'objets au Musée d'antiquités de Saintes. .	25	»
Id.	Encouragement à un jeune ouvrier sculpteur. . . .	50	»
M. l'abbé LOUIS.	Réparations aux tombeaux de l'église S^{te}.-Marie-du-Mont (Manche).	50	»
M. DE VILLERS.	Id. à l'église de Magny (Calvados)..	100	»
M. DE LA SAUSSAYE.	Id. chapelle de Conneray (Loir-et-Cher).	50	»
M. l'abbé MANCEAU.	Réparations à un portail de la renaissance à Tours. .	50	»
M. GUÉRIN fils.	Moulages à Tours (Indre-et-Loire).	50	»
M. LACURIE.	Réparations à l'église de Thézac (Charente-Inf^{re}.). . .	200	»
Id.	Id. à l'église de Riaux (id.).	100	»
Id.	Id. à l'église de Restaud (id.)	200	»
Id.	Id. à l'église d'Arces (id.) .	100	»
M. l'abbé TOURNESAC.	Restauration des tombeaux des évêques du Mans, dans l'église du Pré..	150	»
		A reporter.	4,188	04

		A reporter.	4,188	04
M. TOURNESAC.	Réparation à l'église de Ségrie (Sarthe)..........		100	»
M. CAUVIN.	Établissement d'un Musée monumental au Mans...		100	»
M. Paul DE COURCY.	Réparations à l'ancienne cathédrale de S.-Pol de Léon		150	»
M. DE CHERGÉ.	Solde de moulages à Poitiers		25	»
M. l'abbé TEXIER.	Réparations à l'église de *** près St.-Bonnet.....		50	»
		Total...	4,613	04

BALANCE.

Recette.....	17,632	92
Dépense.....	4,613	04
Excédant en caisse...	13,019	88

ALLOCATIONS NON ENCORE ACQUITTÉES.

Membres chargés de la surveillance des travaux.

M. GODARD FAULTRIER.	Réparations à l'église de Trèves...........	100	»
Id.	Id. à l'église de Beaulieu..	200	»
MM. CALVET et BOBY DE LA CHAPELLE.	Dégagement du portail latéral de la cathédrale de Cahors...........	300	»
	A reporter.	600	»

		Report.	600	»
M. DE CUSSY.	Restauration d'un tombeau à la Cambe.		140	»
M. LE MESTAYER.	Réparations du prieuré de St.-Arnoult.		150	»
MM. Jules ROBERT et DE LAMARQUE.	Réparations à l'église et à la croix de Nérigean.		100	»
Id.	Id. à l'église de la Sauve.		100	»
Id.	Id. id. de Ste. Ferme.		100	»
Id.	Id. id. de Pujols.		100	»
Id.	Id. id. de Blasimont.		100	»
Id.	Id. id. de Moulis.		100	»
Id.	Id. id. de Tauriac.		100	»
M. l'abbé CIROT.	Moulage des tombeaux de St.-Seurin de Bordeaux.		100	»
M. DE LA FONTENELLE.	Réparations à l'église de Vouvant.		150	»
M. SEGRESTAIN.	Réparation à l'église de Ste.-Marie-des-Landes.		100	»
M. FILLON.	Id. à l'église de St.-Maurice de Gençay.		100	»
M. SEGRESTAIN.	Id. à l'église de Maillezais.		200	»
M. LE COINTRE-DU-PONT.	Rétablissement d'une inscription à Montierneuf.		50	»
MM. GIRAUDET et DE LAMBRON.	Souscription pour le rachat de l'église de St.-Julien de Tours.		100	»
M. DE LA SICOTIÈRE.	Réparations à l'église de N.-D. d'Alençon.		200	»
M. HOUEL.	Somme mise à la disposition de M. l'inspecteur du			

		A reporter.	2,590	»

		Report. 2,590	›
	Morbihan.	150	»
M. RIGOLLOT.	Réparations à l'église de Berthaucourt.	400	»
M. LANGLOIS.	Somme mise à la disposition de l'inspecteur d'Ille-et-Vilaine.	100	»
M. le CURÉ de Mézidon.	Eglise du Breuil.	100	»
M. DE BEAUREGARD.	Location d'un terrain renfermant les ruines d'un bain romain près de Saumur.	50	»
M. Théod. NAU.	Eglise St.-Jacques à Nantes.	100	»
Id.	Chapelle de Batz.	100	»
MM. TASLÉ et HOUEL.	Acquisition d'un tronçon du monument de Carnac.	200	»
M. DUCHASTELLIER.	Fouilles près de Quimper..	40	»
M. LIMAL.	Acquisition des arênes de Saintes.	200	»
M. FILLON.	Réparations à l'église de Civaux (Vienne).	200	»
M. DE GLANVILLE.	Vitraux d'Igleville (S.-Inf^{re}.)	100	»
M. BAUGIER.	N.-D. de Niort.	100	»
M. CALVET.	Réparations aux églises du Lot.	200	»
M. MOREAU.	Moulages dans l'arrondissement de Saintes.	50	»
M. DURET.	Réparations à l'église de Bigney.	50	»
M. BARTHÉLEMY.	Eglise d'Esnandes (Charente-Inférieure)..	100	»

	A reporter.	4,830	»

Report. 4,830 »

MM. Godard et Guillory.	Eglise de St.-Florent-le-Vieil.	100	»
M. de Malbos.	Exploration de plusieurs tumulus dans l'Ardèche. .	25	»
MM. Renouvier et Ricard.	Eglise de St.-Guilhem-du-Dezert.	150	»
Id.	Moulages de sculptures bysantines.	50	»
M. Barraud.	Eglise de Mongneville (Oise).	200	»
Id.	Id. d'Angicourt (id.). . . .	200	»
Id.	Id. de Montmille (id.). . .	100	»

Total. . . 5,655 »

SITUATION FINANCIÈRE.

Excédant en caisse 13,019 88
Allocations non encore acquittées. 5,655 »

Fonds libres. 7,364 88

Arrêté à Caen, le 31 décembre 1844.

Le trésorier,

L. Gaugain.

Conformément à la décision prise par la compagnie et indiquée dans le IXe. volume du Bulletin, p. 164, et dans le rapport de M. Arth, une somme de 400 fr. sera tenue en

réserve pour les premières médailles à décerner aux personnes qui auront présenté la collection des inscriptions d'un
département ou un certain nombre d'inscriptions inédites (1).

Une somme de 200 fr. est réservée pour les médailles à
décerner aux auteurs des Statistiques routières.

200 fr. sont également destinés à la souscription pour
l'érection d'une statue équestre à Guillaume-le-Conquérant,
dans la ville de Falaise.

(1) Plusieurs notices ont été communiquées. Deux personnes ont
rempli les conditions du programme : leurs mémoires vont être
examinés.

TABLEAU

Des Inspecteurs nommés par le Conseil, aux termes du réglement de la Société (1).

Nord. . . . . M. LEGLAY, à Lille.
Pas-de-Calais. . . . . . M. DE GIVENCHY.
Somme. . . . . M. RIGOLOT,
Oise. . . . . M. l'abbé BARRAUD.

Aisne. . . . . M. le Cte. DE MÉRODE.
Ardennes. . . . . M. . . . . .
Meuse. . . . . M. . . . . .
Seine-et-Marne. . . . . . M. BARTHÉLEMY.

Calvados. . . . . M. DE CAUMONT, à Caen.
Manche. . . . . M. l'abbé DE LA MARE.
Orne. . . . . , M. Leon DE LA SICOTIÈRE.
Eure. . . . . M. Antoine PASSY.
Seine-Inférieure. . . . . M. DEVILLE.

Seine. . . . . M. le Cte. DE MONTALEMBERT.
Seine-et-Oise. . . . . . M. HUOT.
Marne. . . . . M. PATY.
Yonne. . . . . Mg^r. JOLY, archevêque de Sens.
Haute-Marne. . . . . . . M. GIRAULT DE PRANGEY.

Sarthe. . . . . M. CAUVIN, au Mans.
. . . . M. l'abbé TOURNESAC.
Maine-et-Loire. . . . . . M. GODARD-FAULTRIER.
Mayenne. . . . . M. DE LA BAULUÈRE.

Loir-et-Cher. . . . . . . M. DE LA SAUSSAYE.
. . . . M. le Mq^{is}. DE VIBRAYE.
Cher. . . . . M. HAZÉ.
Indre-et-Loire. . . . . . M. l'abbé MANCEAU.
Indre. . . . . M. CHARLEMAGNE.
Nièvre. . . . . M. . . . . .

Puy-de-Dôme. . . . . . M. BOUILLET, à Clermont.
Cantal. . . . . M. DE LALO.
Haute-Loire. . . . . . . M. BRANCHE (Dominique).
Loire. . . . . M. ROUX.
Lozère. . . . . M. MALLAY.

(1) Les capitales distinguent les noms de MM. les inspecteurs divisionnaires.

Ille-et-Vilaine..	M. Langlois.
Finistère.	M. Dumarhalla.
Côtes-du-Nord.	M. Paul de Courcy.
Morbihan.	M. Houel.
Loire-Inférieure..	M. Verger.
Vienne.	M. DE LA FONTENELLE.
	M. de Chergé.
Deux-Sèvres.	M. Briquet.
Vendée.	M. Fillon.
Charente-Inférieure. . . .	M. Moreau.
Haute-Vienne..	M. BUSSIÈRE.
	M. Aima.
Creuze.	M. l'abbé Texier.
Charente.	M. l'abbé Michon.
Gironde..	M. JOUANNET.
	M. Robert.
Dordogne.	M. l'abbé Audierne.
Haute-Garonne.	M. le Bᵏᵏ. DE CRAZANNES.
Lot-et-Garonne.	M. Bessières.
Lot.	M. Calvet.
Aude..	M. . . . . .
Arriége.	M. de La Mariouze.
Hérault.	M. J. RENOUVIER.
	M. Ricard.
Gard.	M. Pelet.
Bouehes-du-Rhône. . . .	M. Chaix.
Vaucluse.	M. Renaux.
Rhône.	M. DE COMMARMONT, à Lyon.
Ardèche..	M. de Valgorge.
Ain.	M. le Cᵘᵉ. de Moyriat.
Drôme.	M. . . . . .
Isère..	M. de Lhorme.
Doubs.	M. WEIS.
	M. Victor Baille.
Jura.	M. Ed. Clerc.
Haute-Saône.	M. de Rotalier.
Saône-et-Loire.	M. Louis de Cissay.
Côte-d'Or.	M. Marion.
Moselle..	M. V. SIMON.
	M. Michelant.
Meurthe..	M. Bégin.
Vosges.	M. Puton.
Bas-Rhin.	M. Arth.
Haut-Rhin..	M. Bavelaer.
Algérie.	M. DE BRIX , avocat-général, Alger.
Province d'Alger..	Mgᵣ. Dupuch.

LISTE GÉNÉRALE

Des Membres de la Société Française pour la conservation des Monuments, dans l'ordre de leur réception (1).

MM.

De Caumont, correspondant de l'Institut, fondateur de la Société, Caen.

* Lair (Pierre-Aimé), membre de plusieurs Académies, Caen.

* De Beaurepaire de Louvagny (le Cte.), ancien ministre plénipotentiaire, Falaise.

* L'abbé Daniel, recteur de l'Académie, Caen.

* Guy, architecte, Caen.

* Lambert, conservateur de la bibliothèque publique, Bayeux.

* De La Chouquais, président à la Cour royale, Caen.

* Léchaudé d'Anisy, membre de plusieurs Académies, Caen.

* Bellivet, membre de la Société des Antiquaires, Caen.

De Crazannes, correspondant de l'Institut, Montauban.

De La Fontenelle de Vaudoré, correspondant de l'Institut, Poitiers.

Le Glay, correspondant de l'Institut, Lille.

Jouannet, correspondant de l'Institut, Bordeaux.

* Le Prévost, membre de l'Institut et de la chambre des députés, Bernay.

De La Saussaye, correspondant de l'Institut, Blois.

Deville, correspondant de l'Institut, Rouen.

Pelet, membre de la Société royale des antiquaires, Nîmes.

Cauvin, président de l'Institut des provinces de France, au Mans.

(1) L'astérique (*) indique les membres du conseil général administratif.

Les inspecteurs désignés dans le précédent tableau, font de droit partie du conseil.

De Givenchy, membre de l'Institut des provinces, St.-Omer.

De Vauquelin (le B⁰ⁿ.), membre de plusieurs Sociétés savantes, Ailly, près Falaise.

* De Milly, membre de l'Association normande, Bayeux.

Vᵗᵉ. de Guiton, membre de la Société des antiquaires, Avranches.

Mqⁱˢ. de Vibraye, membre de plusieurs Académies, Blois.

De Bouville, id., id.

Hermand (Alexandre), membre de la Société des antiquaires, St.-Omer.

Romain de Givenchy, id., id.

Bouillet, membre de l'Institut des provinces de France, Clermont-Ferrand.

De Jobal, Blois.

Requin, membre de plusieurs Académies, Avignon.

De Gaujal (le B⁰ⁿ.), membre de l'Institut, Paris.

Moreau, conservateur de la bibliothèque publique, Saintes.

Briquet, membre de la Société des antiquaires de l'Ouest, Niort.

L'abbé De La Mare, vicaire-général, Coutances.

Grille de Beuzelin, membre de la Société des antiquaires de France, Paris.

Cᵗᵉ. de Beaufort, membre de la Société des antiquaires de Normandie, Plain-Marais (Manche).

Renouvier, membre de l'Institut des provinces de France, Montpellier.

L'abbé Audierne, vicaire-général, Périgueux.

Spencer Smith, membre de la Société royale de Londres, Caen.

* Chevereaux, secrétaire de la Société d'agriculture, Evreux.

* Cardin, membre de plusieurs Académies, Poitiers.

* Graves, chef de division au ministère des finances, Paris.

Du Marhalla, membre de plusieurs Académies, Quimper.

Boileau, membre de plusieurs Académies, Tours.

Bonny-Pelieux, docteur en médecine, id., Beaugency.

* Vᵗᵉ. de Banville, membre de la Société des antiquaires, Caen.

Le Bastard du Mesneur, id., Rennes.

* Cᵗᵉ. de La Fruglaye, id., Morlaix.

D'Ursus (Charles), id., Caen.

De Vauquelin (Charles), membre de plusieurs Académies, Caen.

* Gaugain, trésorier de la Société, Bayeux.

De Bordecote, membre de l'Association normande, Pont-Audemer.

De la Grange (le Mqⁱˢ.), id., député, Paris.

RICHARD, membre de plusieurs Académies, Remiremont.

JOVAU, avocat, id., Caen.

Mgr. BOUVIER, évêque du Mans.

L'abbé LOTTIN, chanoine, membre de l'Institut des provinces, au Mans.

L'abbé CHEVREAU, professeur de théologie, au Mans.

CHARLEMAGNE, membre de plusieurs Sociétés savantes, Châteauroux.

* DAN DE LA VAUTERIE, id., Caen.

HUNAULT DE LA PELTRIE, id., Angers.

* DE COSSETTES (le Cte.), id., Montreuil-sur-Mer.

COURTY, id., Caen.

L'abbé TOURNESAC, id., Mans.

MOQUIN-TANDON, professeur à la Faculté, Toulouse.

GRASSÉ (Auguste), membre de plusieurs Académies, la Charité-sur-Loire.

LE BAILLIF, chanoine-honoraire, au Mans.

* ANJUBAULT, conservateur de la bibliothèque, au Mans.

DE LANGLE, membre de plusieurs Académies, Vitré.

PASSY (Antoine), sous-secrétaire d'Etat de l'Intérieur, Paris.

Mme. CAUVIN, membre de plusieurs Sociétés savantes, au Mans.

RIVAULT, membre de plusieurs Sociétés savantes, au Mans.

* DE LA PORTE (le Mqis.), membre de l'Institut des provinces de France, Vendôme.

PINAULT, architecte, Blois.

* DE SAULCY, membre de l'Institut, Paris.

Mme. DE REISET, propriétaire, Paris.

CHAUVIN-LALANDE, id., Pisieux (Sarthe).

A. DUCHALLAIS, employé au cabinet des médailles, Paris.

DOINARD, architecte du département de la Manche, St.-Lo.

LHUILLIER DE HOFF, capitaine d'état-major, Blois.

L'abbé MANCEAU, chanoine de la métropole, Tours.

DESPORTES, conservateur du Musée, au Mans.

* RICHELET, secrétaire de l'Institut des provinces, id.

DROUET, membre de plusieurs Académies, id.

BEAUVAIS DE St.-PAUL, id., St.-Michel-de-Savaigne (Sarthe).

ESPAULART (Adolphe), id., au Mans.

LIASARD, membre de plusieurs Académies, Mathieu (Calvados).

LANDEL, ancien conseiller de préfecture, au Mans.

DE LA RUE, architecte du département, au Mans.

L'abbé BOUVET, principal du collége, membre de l'Institut des provinces, id.

Le Cte. DE MAILLY, ancien pair de France, Requeil (Sarthe).

Le Chat, membre de plusieurs Académies, au Mans.

Hourl (Ephrem), directeur du haras de Langonay (Morbihan).

* Mgr. l'Archevêque de Sens, à Sens.

De Piperey (Amédée), membre de l'Association Normande, Rouen.

* De Clinchamps, président de l'Académie, Avranches.

De La Sicotière, membre de l'Institut des provinces de France, à Alençon.

Desnos, membre de plusieurs Académies, id.

Verdier, professeur de mathématiques, au Mans.

Basse, maire, député, id.

Le Gris de La Pommeraie, propriétaire, id.

Cte. de Tilly, id., id.

Etoc-Demazy, secrétaire de l'Académie, id.

Bérard aîné, propriétaire, à Pontlieue (Sarthe).

Moreau, supérieur de la maison de St.-Joseph, au Mans.

De Marseuil, prêtre, membre de l'Institut des provinces, id.

Boyer, ancien professeur, id.

Cte. de Chaourges, Piacé (Sarthe).

David, architecte, au Mans.

Cte. Héracle de Polignac, propriétaire, Outrelaize (Calv.).

Cte. de Coislin, id., Montvarin (Seine-Inférieure).

Le Boucher du Vigny, membre de l'Association Normande, Coutances.

L'abbé Desponts, curé de St.-Nicolas, id.

Massy-Desmaisons, bâtonnier de l'ordre des avocats, Coutances.

Le Mqis. de Turgot, pair de France, Lantheuil (Calvados).

L'abbé de Dreux-Brézé, Paris.

L'abbé Gerault, curé d'Evron (Mayenne), membre de l'Institut des provinces de France.

Boursier, procureur du roi, au Mans.

Guepin, substitut du procureur du roi, id.

Simon, membre de l'Institut des provinces, Metz.

Bégin, membre de plusieurs Sociétés savantes, id.

Bon. d'Huart, id., id.

Degoutin (Alphonse), substitut du procureur du roi, Briey.

De Jubécourt, membre de plusieurs Académies, Bacarat (Meurthe).

Michelant, membre de plusieurs Académies, Metz.

Guerrier de Dumast, président de l'Académie, Nancy.

Chauvassaigne (Louis), maire de Mirefleurs (Puy-de-Dôme).

* Thibault (Emile), membre de l'Académie, Clermont-Ferrand.

* L'abbé Croizet, curé de Néchers (Puy-de-Dôme).

De Blois, membre de plusieurs Académies, à Quimper.

* Thévenot, secrétaire de l'Académie, à Clermont-Ferrand.

Mallay, architecte, id.

L'abbé Laffetay, professeur au séminaire de Villiers-le-Sec (Calvados).

Tailhand, président à la Cour royale de Riom.

Joly-Deshayes, officier de la garde municipale, Paris.

Julien, architecte du département du Cher, Bourges.

Menard-Bournichon, chef de bataillon du génie, au Mans.

Duguay, membre de plusieurs Sociétés savantes, id.

Mordret, médecin, id.

Cte. de Montalembert, pair de France, Paris.

Largé, inspecteur de l'Académie, Clermont.

F^s. Villers, architecte, à Angers.

De Sallen, membre de l'Association normande, Pierrepont (Calvados).

Calvet, procureur du roi, à Marmande.

D'Aignaux (Paul), propriétaire, à l'Ile Marie (Manche).

Mg^r. Du Fêtre, évêque de Nevers.

De Boisvillette, ingénieur en chef des ponts et chaussées, Chartres.

* Noël Champoiseau, membre de la Société académique de Tours.

Turgot, receveur des contributions, Angers.

L'abbé Meaupoint, vicaire de Notre-Dame, Tours.

Victor Pavie, imprimeur, Angers.

A. Pescherard, architecte, Loches.

L'abbé Bourassé, membre de plusieurs Sociétés, Tours.

Alonzo Péan, membre de plusieurs Sociétés savantes, St.-Aignan.

Charlot, id., id.

L'abbé Guillard, Tours.

Boislève, maire de Langeais (Indre-et-Loire). -

Henri Gouin, propriétaire, Tours.

Rose Cartier, id.

Margueron, id.

L'abbé Salmon, id.

Jules Bacot de Romans, id.

Le Cte. de La Selle, au château d'Asnières, près Saumur.

Lange, membre de plusieurs Sociétés savantes, Saumur.

* De St.-Mesmin, correspondant de l'Institut, Dijon.

* Cte. de Chastellux, membre de plusieurs Académies, Paris.

De Guillermy, id., id.

Le Refait, id., Pont-Audemer.

Le Normand, maître de pension, id.

De Lalo, procureur du roi Mauriac (Cantal).

Gonod, conservateur de la bibliothèque publique, Clermont.

BOTTIN, membre de plusieurs Sociétés savantes, Paris.

WEISS, membre de l'Institut, Besançon.

COMMARMONT, membre de l'Institut des provinces, conservateur des musées, Lyon.

GIRAULT DE PRANGEY, membre de plusieurs Sociétés savantes,

DARDEL, architecte, Lyon.

BOURT, curé de St-Just, id.

MENJOULET, directeur du grand séminaire, Bayonne.

* Mg\. DE BONALD, cardinal, archevêque de Lyon.

* Mg\. ROBIN, évêque de Bayeux.

PEZET, président du tribunal civil, id.

L'abbé MORANCÉ, vicaire, La Ferté-Bernard (Sarthe).

PALLU, juge au tribunal civil du Mans.

Le Mq\. DE PASTORET, membre de l'Institut, Paris.

HUOT, membre de plusieurs Académies, Versailles.

* V\. DE CUSSY, membre de l'Institut des provinces, à St.-Mandé (Seine).

CARRAUD, négociant, Lyon.

Edouard CLERC, conseiller à la Cour royale, Besançon.

Ch. DE ROTALIER, ancien officier d'artillerie, Vesoul.

RICHARD DE NANCY, docteur-médecin, Lyon.

JOUSSET DES BERRIES, juge d'instruction, au Mans.

YEMENIZ, négociant, Lyon.

DAVID, avoué, Hàvre-de-Gràce.

* L'abbé COCHET, membre de plusieurs Académies, Rouen.

* HARDEL, imprimeur, Caen.

* LE PETIT, curé de Tilly (Calvados).

DERUINEAU, peintre, Angers.

RIGOLOT, docteur en médecine, membre de la Société des Antiquaires de Picardie, Amiens.

LE MERCHIER, id., membre de l'Académie d'Amiens.

CHEUSSEY, architecte administrateur du Musée, Amiens.

DUROYER, secrétaire perpétuel de l'Académie, maire de la ville d'Amiens.

JANVIER, notaire, id.

Le V\. BLIN DE BOURDON, député de la Somme, id.

Le C\. DE SCHULENBURG, membre de la Société des Antiquaires, au château de Tillolay, près Royes (Somme).

DE CAYROL, membre de l'Institut des provinces, à Compiègne (Oise).

VOILLEMER, id., docteur en médecine, Senlis (Oise).

LABOURT, id., ancien procureur du roi, Doullens (Somme).

DECROUY, id., ancien notaire, Compiègne.

DE MALEZIEUX, membre de la Société des Antiquaires de Picardie, Senlis.

BOULLET, premier président de la Cour royale d'Amiens.

DE MARGUERIE, évêque de St.-Flour.

Le Mq^{is}. DE MONTÉCOT , propriétaire , Vergoncey.

DE ST.-GERMAIN , président de la Société d'agriculture, à Avranches.

CARNÉ , curé de St.-Hilaire-du-Harcouet (Manche).

Cte. DE BONVOULOIR , propriétaire , Mortain.

L'abbé SCELLES , professeur de rhétorique, Vire.

Le Ch^{er}. ROUGNIARD , Lyon.

B^{on}. DE COUTANCIN , secrétaire-général du département du Nord.

* L'abbé Arthur MARTIN , membre de plusieurs Sociétés savantes , Paris.

Le Cte. DE RENNEVILLE, président du comice agricole, Amiens.

L'abbé DE VALROGER, supérieur du séminaire de Sommervieux (Calvados).

BAZIN , membre de plusieurs Sociétés savantes, Beauvais.

GADY , juge honoraire , Versailles.

L'abbé BABRAUD , membre de l'Institut des provinces , professeur d'archéologie au grand séminaire de Beauvais.

GAIRAL , conseiller à la Cour royale , Lyon.

DE LHORME, directeur du musée d'antiquités de Vienne.

DE CAIX, propriétaire, Quesnay (Calvados).

Anatole DE BARTHELEMY, membre de plusieurs Sociétés savantes, Paris.

LAURANCE, principal du collége, Bourg (Ain).

L'abbé VOISIN , au Mans.

L'abbé LE MAXAN , professeur au séminaire de Nantes.

DE LA FOSSE , propriétaire , Bazouge-la-Peyrouse (Ille-et-Villaine).

* DE LA VILLEGILLE , secrétaire du Comité historique des Chartes , près le ministère de l'instruction publique, Paris.

* L'abbé AUBERT , membre de l'Institut des provinces , Poitiers.

L'abbé MARTHE , directeur du collége de Goincourt (Oise).

Mme. la B^{ne}. DE CAILLAUD, propriétaire, au Mans.

L'abbé TEXIER , curé d'Auriat (Creuse).

* Le Cte. Félix DE MÉRODE, ancien ministre, Bruxelles.

Mg^r. DE LA CROIX, évêque de Bayonne.

L'abbé CORBLET , membre de plusieurs Académies, Roye.

* B^{on}. E. DE FONTETTE , député du Calvados, Caen.

* B^{on}. Arthur DE CAUVIGNY , id.

Léonce DE GLANVILLE , à Glanville , près Pont - l'Evêque.

L'abbé EUDEDIN , curé de Formigny , près Bayeux.

E. PATY , professeur , Paris.

ACHARD DE VACOGNES , propriétaire, Bayeux.

* Abel VAUTIER , propriétaire , Caen.

CASTEL, secrétaire-général de la Société académique, Bayeux.

* LA CURIE, secrétaire de la Société académique de Saintes.

* DE FORMIGNY, propriétaire, Caen.

L'abbé MIRBEAU, membre de plusieurs Sociétés savantes, Paris.

RICHARD (Fleury), membre de l'Institut, Lyon.

Mme. la Mqse. DE CHAPONNAY, Lyon.

Cte. DE MOYRIAT, membre de plusieurs Académies, Nantua (Ain).

VERNOY DE ST.-GEORGES, préfet des Deux-Sèvres.

* DE LA ROULIÈRE, président de la Société de statistique, Niort.

* MARTIN-BEAULIEU fils, vice-président de la Société, id.

MARTIN-BEAULIEU père, propriétaire, id.

GUÉRINEAU père, avocat, id.

DE LAFFORES, ingenieur en chef du département des Deux-Sèvres, id.

VICTORIN DE LA ROULIÈRE, propriétaire, id.

* BEAUGIER, id., id

AUDOIN, professeur de dessin, id., id.

BARROIS, principal du collége, id.

A. ARNAULD, avoué, id.

A. LEGRAND, propriétaire, id.

Ch. ARNAUD, correspondant du ministère de l'instruction publique, id.

CHAYONNET, architecte, Niort.

GUÉRINEAU fils, avocat, id.

AVRIL DE [LA VERGNER, propriétaire, id.

L'abbé LOUIS, curé de Ste.-Marie-du-Mont (Manche).

LE Cte. PICOT DE VAULOGÉ, au château de Vaulogé (Sarthe).

CHATEL, professeur au collége St.-Vincent, Senlis.

DUVAL, professeur en médecine, Rennes.

LANGLOIS, architecte, id.

DE KERDREL, ancien élève de l'école des chartes, id.

LESBEAUPIN, avocat, id.

HARDOUIN, membre du Conseil général d'Ille-et-Vilaine, id.

RABUSSEAU, recteur de l'Académie, Limoges.

* Mgr. DE St.-MARC, évêque de Rennes.

LE GONIDEC DE TRESSAN, propriétaire, Vitré.

LE CONTE, maire de Dinan.

LE SIART DU DEZERSEUL, Rennes.

DEVILLIERS, contrôleur des contributions, Rouen.

Cte. DE KERGARIOU, propriétaire, Rennes.

L'abbé DU BOURGDIEU, chanoine honoraire, id.

* BOBY DE LA CHAPELLE, préfet du Lot.

ARDOUIN, propriétaire, Parthenay.

TARDIVEL, recteur de l'Académie de Bordeaux.

CRUVELLIER, propriétaire, Celles.

Georget, curé d'Airvault (Deux-Sèvres).

Sazé, docteur-médecin, La Mothe-St.-Heraie (Deux-Sèvres).

Pougnet, notaire, Niort.

* Segrestain, architecte du département des Deux-Sèvres.

Garoteau, notaire, Champdenier (Deux-Sèvres).

Gallard, propriétaire, Moncoutant (Deux-Sèvres).

Cte. de Nettancourt, colonel en retraite, Laures (Deux-Sèvres).

Filleau, curé de Notre-Dame de Niort.

Audé, avocat, Bourbon-Vendée.

Branche (Dominique), membre de plusieurs Sociétés savantes, Paulhaguet (Haute-Loire).

Mouquet, sous-préfet, Dieppe.

Le Mqis. de Mannoury d'Hectot, Aubry-en-Exmes (Orne).

* Parmentier, curé de St.-Rémy, id.

Etoc-Demazi fils, au Mans.

Mgr. Parisis, évêque de Langres.

Lorain, supérieur du grand séminaire de Langres.

Baille (Victor), architecte, Besançon.

Cte. de Magnoncourt, député du département du Doubs.

* Guillory aîné, adjoint au maire de la ville d'Angers.

Henry, recteur de l'Académie d'Angers.

* V. Godard - Faultrier,

conservateur du Musée, id.

Leclerc-Guillory, trésorier de la Société d'agriculture, sciences et arts d'Angers.

A. Freslon, avocat, Angers.

Baillou de La Brosse, propriétaire, Saumur.

* Joly-Leterme, architecte, à Saumur.

Le duc de Brissac, pair de France, Brissac.

Descars, principal du collége de Château - Gontier (Mayenne).

Le Mqis. de Préaux, maire de Puancé.

Goury aîné, inspecteur divisionnaire honoraire au corps royal des ponts et chaussées, Angers.

Le Mqis. de Senonnes, vice-président de la Société d'agriculture, sciences et arts d'Angers.

Sebille Auger, président du comice agricole de Saumur.

Boutton-Lévêque, maire des Ponts-de-Cé.

A. Leroy, horticulteur, Angers.

Th. Lubin, avocat, à Paris.

Moreau-Maugars, négociant-manufacturier, Angers.

De la Brosse Flavigny, ancien officier de cavalerie, Chazé-sur-Argos (Maine-et-Loire).

Le Comte de Gibot, maire de Bouzillé.

Pachaut, notaire, Angers.

Bellier , avocat à la Cour royale , Angers.

Boulet-Lacroix , docteur en philosophie, Château-Gontier.

Elie Bigot, caissier du journal de Maine-et-Loire.

Goulay, docteur-médecin, Saumur.

J.-B. Royer, notaire , Angers.

Mars-Larivière, propriétaire, Angers.

Auguste Moutié, membre de plusieurs Sociétés savantes , Rambouillet.

Salmon, membre du conseil général de la Sarthe, Sablé.

* Xavier de Quirielle , Montbrison.

* Deshayes , membre de la Société des Antiquaires , Caen.

L'abbé Lallemant, professeur, St.-Lo.

* Th. Dumoncel (le Vte.), membre de la Société des Antiquaires , Cherbourg.

* Planchenault , président du tribunal civil , Angers.

Desnoyers , secrétaire de l'évêché, Orléans.

Poedavant, receveur de l'enregistrement, Ballon (Sarthe).

Emile Taillepié de Bondy, rue de Choiseul, n°. 7, Paris.

* Desmousseaux de Givré, préfet du Pas-de-Calais (Arras).

Paul Des Chaumes , avocat, Loches (Indre-et-Loire).

De Brière, membre de plusieurs Académies, rue Jacob, n°. 22, Paris.

Le Mq^is. de La Tour du Pin Gouvernet , à Pise.

De Kéridec, propriétaire, Hennebont (Morbihan).

Crépet, architecte, Lyon.

L'abbé Pater , curé de Vaise , Lyon.

Hucher , membre de plusieurs Sociétés savantes, au Mans.

De Marcombe , président du Conseil général , à Angers.

Desmazières, premier président de la Cour royale, id.

Gaultier , Conseiller à la Cour de cassation.

Alain-Targé, avocat-général , Angers.

Debure , conseiller à la Cour royale , id.

Langlois, id. , id.

Perdreau , lieutenant-colonel d'artillerie , id.

De Nerbonne, propriétaire, id.

Grille, ancien bibliothécaire, id.

De Buzelet, membre du conseil général , id.

Chanlouineau, juge suppléant du tribunal civil, id.

Guinoiseau , négociant, id.

Cte. de Contades , propriétaire, id.

De Puisard, conseiller à la Cour royale, id.

Le Mq^is. de Montaigu , id.

Allard , officier d'état-major , id.

Cte. de Quatre-Barbes , propriétaire , id.

De Boissart , propriétaire , id.

Le Chastellier, ingénieur des mines, Angers.

Berrault, conseiller à la Cour royale, id.

Gourdon, curé de la cathédrale, id.

Thierry-Landais, peintre sur verre, St.-Georges-sur-Loire.

Haram, propriétaire, Beaufort.

L'abbé Vallée, secrétaire de l'évêché, Angers.

Mgr. Regnier, évêque d'Angoulème.

Théodore Nau, architecte à Nantes.

Fournier, ingénieur en chef à Angers.

Benoist, propriétaire, Châteaubriant.

Félix Peytal, membre de la Société archéologique, et président du tribunal civil de Rambouillet.

Fabry Rossius, docteur ès-lettres, Liège.

Crozet, curé de N.-D. de Montbrison (Loire).

Mme. la baronne de la Gatinerie, Hâvre.

Lucien Latouche, propriétaire, (Mayenne).

Cte. de Sesmaisons. id., Flamanville (Manche).

Ernest de Ruillé, id., Angers.

Le Bon. de la Gatinerie, commissaire-général de la marine, Hâvre.

De Serry, ingénieur des ponts-et-chaussées, Valognes.

Eugène Peyre, vicaire-général d'Avignon.

L'abbé Roux, Feurs (Loire).

Mathon de Feugères, propriétaire, Bourg-Argental (Loire).

Courbon, propriétaire, Saint-Etienne (Loire).

Le Cher. Pourret des Gaux, propriétaire, Bourg-Argental.

Vernanges, docteur en théologie, Lyon.

Desjardins, architecte, Lyon.

Amédée Savaye, architecte, Lyon.

* Désiré Monnier, membre de plusieurs Sociétés savantes, Lons-le-Saulnier (Jura).

Pétion de Villeneuve, membre de plusieurs Sociétés savantes, Trévoux (Rhône).

Pellet de Tavernoz, rue du Perrat, Lyon.

De St.-Olive, négociant, port St.-Clair, Lyon.

Bausche, président du Jockey-Club, Lyon.

Chipier, architecte, à Ecueilly, près Lyon.

Labbé, juge de paix d'Hérieux (Isère).

* Mgr. l'Archevêque de Bordeaux.

* Georges de Soultrait, rue des Sts. Pères, 26, Paris.

De La Terrie, Nantes.

L'abbé Caneto, supérieur du séminaire d'Auch.

Bertrand de Doué, président de la Société d'agriculture du Puy.

Louis de La Plagne, Paris.

Le comte Adolphe de Brémont, Lallier (Deux-Sèvres).

L'abbé Le Royer, supérieur du collége ecclésiastique de Combrée.

Arth, licencié en droit, Saverne.

Cte. de Vibraye, au château de Bazoches, près d'Avallon.

Cte. de Saint-Priest, pair de France, Paris.

Reffay de Sulignan, curé de Martignat (Jura).

Henri Jourdan de Sury, au château de Sury-le-Comtal (Loire).

Aimé Jourdan de Sury, id., id.

G. de Villers, membre de plusieurs Sociétés savantes, Bayeux.

Boutol, docteur-médecin, Rambouillet.

L'abbé Catois, ancien curé, au Mans.

Dubois, maître des requêtes, au château de l'Hopiteau, près Sillé.

De Golbéry, licencié en droit, Strasbourg.

Le Court, avoué à Pont-l'Evêque.

Launay, professeur de mathématiques, Vendôme.

L. Aima, inspecteur des écoles primaires de la Haute-Vienne.

De Chergé, inspecteur des monuments de la Vienne

Renaux, architecte du département de Vaucluse.

Lagarde, juge de paix à Tonneins (Lot-et-Garonne).

Rozan, docteur-médecin, membre de plusieurs Sociétés savantes, id.

La Combe, juge suppléant et ancien maire de Marmande.

Manin, avocat, id.

L'abbé Carrère, principal du collége, id.

Bechade, percepteur à St.-Barthélemy (Lot-et-Garonne).

Victor Pissis, inspecteur de l'enregistrement et des domaines, Vesoul (Haute-Saône).

Mme. la Ctesse. de Macheco, au château d'Alleret (Haute-Loire).

Jules Robert, architecte, Bordeaux.

* De Chasteignier, membre de plusieurs Sociétés savantes, id.

* Lamarque de Plaisance, id.

* Desmoulins, membre de l'Académie, id.

Jules de Pinaud, trésorier de la fabrique de l'église cathédrale de St.-André de Bordeaux.

L'abbé Cirot, vicaire de St.-Seurin, Bordeaux.

Gauthier, architecte, Libourne.

Curmer, ancien député, membre du Conseil-général de la Seine-Inférieure.

L'abbé Rochet, membre de la Société archéologique, Saintes.

De Bonnechose, vice-président de la Société des sciences, arts et agriculture de Bayeux.

Olive, docteur-médecin, mem-

bre de la Société des antiquaires de Normandie , Bayeux.

Le Mq^{is}. DE BANNEVILLE , Caen.

DE RICHEBOURG , propriétaire ,
au Mans.

LE CHEVALIER , avoué , Pont-
l'Evêque.

Cte. ALEXIS DE GOURGUES, au château de Lanquais (Dordogne).

Zéphirin ROBERT, archiviste de
la préfecture du Jura.

REINER fils, architecte, Strasbourg.

PERRIN, architecte, Strasbourg.

Auguste ROCH , professeur ,
Saint-Claude (Jura).

Emile KUHLMANN, licencié en
droit , Colmar.

KUHLMANN, ingénieur civil ,
Colmar.

Le Cte. DE LANDAL , Caen.

L'abbé VARIN , chapelain des
Ursulines, Caen.

L'abbé PERSON , membre de
plusieurs Sociétés savantes ,
Saintes.

RÉNÉ-TOULMOUCHE , avoué à la
Cour royale de Rennes.

Le Ch^{er}. DE CAMPROND , propriétaire, Fougères.

L'abbé VAUTIER , curé d'Har-
court (Calvados).

L'abbé BOSCHER , curé de Mai-
soncelles-sur-Ajon, id.

PERRAUT-MEYNAUD, membre de
l'Académie , Lyon.

LAJARD, membre de l'Institut,
Paris.

MICHEL , directeur de l'art en
province , id.

DAUVERGNE , peintre d'histoire,
Paris.

Jules MARION , pensionnaire de
l'école des chartes , id.

IMBERT, architecte , Clermont.

LUTHEREAU, Paris.

PRADIÉ , capitaine instructeur
au 2e. régiment de carabi-
niers , Beauvais.

Alfred CAMPION , avocat , Li-
sieux.

LE CLERC, membre de l'Institut
et du conseil des batiments
civils , Paris.

Victor MELIN DE GARENTIÈRE ,
à Chartres.

Cte. DE MAROLLES , au château
de Chissay (Loir-et-Cher).

BOUET, peintre d'histoire, Caen.

Anatole DE PONSORT, à Châlons
sur-Marne.

Le Vte. Arthur DE MOYRIAT ,
Paris.

Vte. Edmond DE DAMAS , secre-
taire de l'Institut catholique,
Paris.

Isidore LEBRUN , membre de
plusieurs Sociétés nationales
et étrangères, Paris.

Cte. Ch. DE HAYS , id.

Mq^{is}. Ch. DE DION , id.

BONNETON, architecte à Gan-
nat.

OUDIN, imprimeur-libraire, Poitiers.

DE LA SAYETTE , propriétaire ,
id.

MAUDUYT , conservateur du cabinet d'histoire naturelle
id.

20

Eugène Le Cointre , licencié en droit , Poitiers.

Redet , archiviste du département, id.

Beaucher-Filleau , id.

Adolphe de Chièvres , id.

Le Gentil, conseiller ,-id.

Pressac , bibliothécaire , id.

Girard , conseiller, id.

Choppin d'Arnouville , vérificateur de l'enregistrement, id.

Lamotte aîné , conducteur des ponts-et-chaussées , id.

Bourgnon-de-Layre, conseiller, id.

De Bernay , propriétaire, id.

De Fayolle , id. , id.

Vallette , Poitiers.

Adrien Vallette , id.

Robert , curé-de N.-D. , id.

Fillon , licencié en droit , id.

Robin , architecte , id.

De La Liborlière , prop. , id.

L'abbé Gaillard , id.

Garran de Balzan , conseiller, id.

Mairet , propriétaire , id.

Dubois , curé à Mignalon , Vienne.

De Fleury , membre de plusieurs Académies, Poitiers.

Nicolas , id.

De La Tourette , docteur-médecin , Loudun.

Cousseau , supérieur du séminaire , Poitiers.

Rousseau , curé de Verruy (Deux-Sèvres).

Dupné , architecte, Poitiers.

Abbé de Chazelles , vicaire de St.-Hilaire , id.

Salmon , élève de l'école des chartes , Tours.

Pichot , lithographe , Poitiers.

Bas , docteur-médecin , id.

Menuet de La Thonne, étudiant en droit , id.

Guerry-Champneuf, avocat, id.

Jules de La Marsonnière , avocat , id.

Rabillaud , curé de Maillezais, Vendée.

Gaillard de La Dionnerie , juge à Poitiers.

Le Gentil fils , id.

D'Imbert , préfet de la Vienne.

Foucart , doyen de la Faculté de droit , Poitiers.

Gaillard de La Dionnerie , avocat, id.

Menard , proviseur du collége royal , id.

Loreau , directeur des Domaines , id.

Dartige , professeur à l'école normale , id.

Moine , 1er. présid. de la Cour royale , id.

* Rondier , juge d'instruction , Melle.

Babault de Chaumont, juge , Poitiers.

Surrault , professeur au collége, Saintes.

Samovault , vicaire-général , Poitiers.

Brochain, conseiller , id.

Pestre , curé de St.-Hilaire, id.

Le Tournoux, procureur-géné-
ral, Poitiers.

De Boismorand, propriétaire,
id.

Delalleau, recteur, id.

Flandin, avocat-général, id.

Fradin, juge de paix, id

Mgr. Guitton, évêque, id.

Jolly, maire, id.

La Croix, curé de Montier-
neuf, id.

De La Massardière, Châtelle-
rault.

Orillard, avocat, Poitiers.

Dubois, curé de St.-Savin.

Adolphe de La Brosse, Poitiers.

Barbiez, Loudun.

De Courval, commandant du
génie ; à Caen.

Léon de Brivazac, rue St.-
Christophe, Bordeaux.

Le Cte. de Mellet, à Chaltrait,
près Montmort (Marne).

De Launay, architecte, Bayeux.

Bucaille, rue des Lombards,
Paris.

Poulet-Malassis, Alençon.

Paul de Courcy, à St.-Pol-de-
Léon (Finistère).

Michelant, Metz.

Verdier, architecte, à Tours.

Ch. de St -Prix, propriétaire,
Morlaix.

L'abbé Livet, aumônier de
l'hospice, au Mans.

De Sollant, propriétaire, à
Angers.

Vte. Alfred de Falloux, à Segré
(Maine-et-Loire).

De Sercé, propriétaire, Angers.

Ernoult jeune, architecte, Angers.

Driolet, architecte, Nantes.

L'abbé Rousteau, professeur
d'archéologie, Nantes.

Seheult, architecte de la Loire-
Inférieure, id.

Le Bon. Louois, préfet du Morbihan, à Vannes.

L'abbé Le Guyadier, aumônier
du haras, à Langonay (Morbihan).

Cte. de Francheville, propriétaire, à Sarseaux (Morbi-
han).

Armand Taslé, maire de la
ville de Vannes.

Bossin, propriétaire, Paris.

Mqis. de Granval, au château
de St.-Denis (Calvados).

De Ternisien, vérificateur des
Douanes, Toulon.

Ed. de Lesseville, à Châlons-
sur-Marne.

Eugène de Montgion, Paris.

L'abbé Lochet, vicaire de La
Couture, au Mans.

Boullier, curé de la paroisse
Trinité, à Laval.

De La Beauluère, propriétaire,
Laval.

Marais, propriétaire, à Epi-
nay-sur-Odon (Calvados).

Maufras, professeur à Paris.

Le Bon. de Roisin, membre
de plusieurs Académies, au
château de Teinteignies, près
Tournay.

Mis. de Martainville, ancien
maire de Rouen.

M¹⁴. d'Espeuilles , membre de plusieurs Académies, à Paris.

B⁰ⁿ. Louis de Fontette , capitaine d'état-major, à Caen.

Du Chastellier , secrétaire-général de l'Association Bretonne, à Quimper.

Vᵗᵉ. de Madrid, membre de plusieurs académies, à Vervins.

L'abbé Chaussotte, curé à St.-Mandé, près Paris.

Césaire , propriétaire à St.-Mandé, id.

Louis de Cissey , membre de plusieurs Sociétés savantes , à Cissey, près Beaune.

De St.-Germain , membre de la Société des Antiquaires de Picardie, Evreux.

Le Dict du Flos, président du tribunal civil,Clermont (Oise).

Weil, architecte du gouvernement, Beauvais.

Woillez, membre de plusieurs Sociétés savantes , Amiens.

Mgr. Gignoux, évêque de Beauvais.

Le Bᵒⁿ. Frédéric de La Frenaye, membre de l'Institut des provinces , Falaise.

Tailhardat, architecte, Montluçon.

Vᵗᵉ. de Pibrac , à Orléans.

De Malbos , de l'Ardèche.

Frédéric Chaix, employé à l'administration des bateaux, Poste-du-Levant , à Marseille.

Bⁿ. d'Hombres-Firmas, à Alès (Gard).

Azaïs , président de la Société archéologique de Beziers.

Feuillet, juge de paix , Lyon.

L'abbé Colas , vicaire de St.-Vincent de Rouen.

Mallet , ancien notaire , Bayeux.

Troppé , chanoine , id.

Diers-Monplaisir , trésorier de la Société de la bibliothèque, La Rochelle.

La Ferrière , conseiller de préfecture , id.

Justin Bourgeois, propriétaire, Saintes.

Hutreau , agent de change , id.

Gustave de Roumefort du Clazeau , id.

Vallein , propriétaire , Chermignac , près Saintes.

Bergues-Lagarde , Castel-Jaloux.

L'abbé Dorgan , id .

E. Boyer , avocat, Saintes.

L. Brung , avocat , id.

Gelineau , substitut du procureur du Roi , id.

Tortat , procureur du Roi, id.

Morin , avoué , id.

Brossard , architecte du département , La Rochelle.

Follet, docteur en médecine , Rochefort.

Drilhon , avocat, Saintes.

Rousset, vice-président du tribunal civil, id.

H. de Froger, id.

L. de Froger, id.

Emile Tortat, avocat, id.

Ch. de Beauchamp , Pons.

Victor Savary, président du tribunal civil, Saintes.

Aug. Forestier, ingénieur des ponts et chaussées, id.

Berthon, id.

Abbé Bouyer, aumônier de la marine, Rochefort.

Amiet, curé à Aulnay.

Briand, chanoine honoraire, Saintes.

Jules de Clervaux, propriétaire, id.

Bretinauld de Meré, id., id.

Mathieu Brejon, avocat, id.

Grean, id.

Prévost, architecte, id.

Saucon, pharmacien, id.

Rainguet, notaire, St.-Fort-en-Gironde.

Dumorillon, juge de Paix, Pons.

E. Eschasseriaux, propriétaire, Saintes.

Octai Du Seutre, banquier, id.

L'abbé Pitard, Arces.

Arnault, banquier, Saintes.

Moufflet, principal du collége, id.

Abbé Cholet, vicaire de la cathédrale, La Rochelle.

Abbé Daunas, curé de St.-Vivien, Saintes.

Renault, juge d'instruction, à Coutances.

Quénault, maire de Coutances, membre du Conseil général de la Manche.

Girardin, membre de l'Institut, à Rouen.

Aubert, membre de l'Association Normande, à Caen.

L'abbé Le Loup, vicaire de St.-Pierre de Coutances.

De La Comté, propriétaire à St.-Sauveur-Lendelin.

Barthelemy, architecte, à Rouen.

L'abbé Le Comte, vicaire de St.-François, au Hàvre.

Douin, sculpteur, à Caen.

Castelneau de Senault, avocat, à Bordeaux.

L'abbé Watrau, chanoine honoraire, à Angoulême.

L'abbé Fruchaud, vicaire-général, id.

L'abbé Blaudy, curé de St.-Maxime, à Confolens.

Le Cte. Le Marois, ancien député, Paris.

Mgr. Gousset, archevêque d Reims.

Tilleul, membre du comité historique des arts et monuments, Dreux.

Duc de Luynes, membre de l'Institut, Paris.

Ricard, secrétaire de la Société archéologique de Montpellier.

L'abbé Heudeline, vicaire de Villers-Bocage.

Ed. Bavelaer, architecte, à Colmar.

Membres étrangers.

MM.

Geissel, archevêque de Cologne.

Wetter, membre de plusieurs Académies, Mayence.

Kull, id., id.

De Noel, id., Cologne.

Gally-Knight, id., Londres.

Britton, id., id.

Whewel, id., Cambridge.

Le duc De Serra di Falco, id., Palerme.

De Lasseaux, architecte du gouvernement, Coblentz.

Le C^{er}. Lopez, conservateur du musée d'antiquités de Parme.

Le Cte. De San Quintino, membre de plusieurs Sociétés savantes, Turin.

Duby, pasteur protestant, Genève.

Yates, membre de plusieurs Sociétés savantes, Londres.

Le Mq^{is}. de Northampton, président de la Société royale de Londres.

L'abbé de Yorio, chanoine, l'un des conservateurs du musée de Naples.

Le Ch^{er}. Avellino, conservateur en chef du Musée de Naples.

Parker, membre de plusieurs Sociétés Savantes, Oxford.

Willis, id., id.

Boer, conseiller aulique et professeur à l'Université de Heidelberg.

Warnkoenig, conseiller aulique et professeur à Fribourg.

De Stampff, vice-président du tribunal de Munster.

De Brinckeu, conseiller-d'état, Brunswick.

Sulpice Boisserée, correspondant de l'institut de France, Munich.

De Krieg de Hochfelden, aide-de-camp de S. A. R. le grand duc de Bade, Carlsruhe.

Charles Schenase, procureur du roi, Dusseldorff.

Charles Mosler, professeur à l'Académie royale de Dusseldorff.

De Ring, membre de plusieurs Sociétés savantes, Fribourg (en Brisgaw).

De Florencourt, membre de plusieurs Académies, administrateur du musée d'antiquités, Trèves.

Reider, professeur à l'école polytechnique de Bamberg.

Mone, directeur des archives générales du grand duché de Bade, Carlsruhe.

Schrierer, professeur des sciences auxiliaires historiques à l'Université de Fribourg.

Wilhem, directeur de la Société archéologique de Sinsheim.

Cte. de Gelvet, Esloo, près Maestrech.

Hubsch, membre du conseil supérieur des bâtiments, Carlsruhe.

J. Tempest, membre de la Société des antiquaires de Londres.

Asworth, id., à Monnet (Yorkshire).

Atonio Panizzi, l'un des conservateurs de la bibliothèque de Londres.

Ed. Bold, capitaine de la marine royale à Southampton.

D^r. Bromet, membre de la Société des antiquaires de Londres.

Sheffeell Grace, a Knowbhouse, comté de Kent.

B^{on}. de Sauzail Soumeigne, à Francfort.

Stapleton, Londres.

Bukland, Oxford.

COMPOSITION DU BUREAU CENTRAL.

Le Conseil permanent d'administration se compose des membres du Conseil général qui résident à Caen ou dans les villes voisines ; ce conseil se réunit une fois par mois. Les travaux du Conseil sont dirigés par le bureau composé ainsi qu'il suit :

Président.   M. De Caumont, directeur de la Société.

Secrétaires. MM. l'abbé Le Petit, curé du canton de Tilly ; l'abbé Varin, licencié ès-lettres, chapelain des Ursulines de Caen.

Trésorier.   M. Gaugain, secrétaire de l'évêché, Bayeux.

RÉPONSE

A QUELQUES DEMANDES

ADRESSÉES

AU DIRECTEUR DE LA SOCIÉTÉ FRANÇAISE.

Depuis quelque temps on nous demande souvent des modèles d'autels et de tabernacles dans le style ogival, des modèles de stalles, de confessionaux, de boiseries, de chaires à prêcher, etc.

Nous avons toujours donné avec empressement des conseils à ceux qui en ont réclamé, nous avons communiqué des croquis et prêté des planches sur lesquels on pouvait trouver des motifs se rapportant à différents âges. Depuis quelque temps on nous a surtout demandé des types du XIIIᵉ. siècle ; nous nous applaudissons d'avoir toujours recommandé le style de cette époque comme le plus pur et le plus religieux, et c'est avec joie que nous voyons ainsi nos idées adoptées ; mais les demandes ont été si nombreuses depuis deux ans que nous ne saurions, eussions-nous plusieurs employés à notre disposition, donner des projets et faire des réponses à tous ceux qui veulent bien avoir quelque confiance dans notre goût et nos opinions. D'ailleurs nous n'avons point de secrétaire ni de bureaux et nous expédions à nous seul une correspondance qui s'étend chaque jour de plus en plus : il nous faut donc, bien à regret, nous borner à donner quelques avis généraux

aux personnes qui, depuis un an surtout, nous ont fait leurs questions.

Et d'abord, quant aux autels, j'engage à se reporter aux caractères que j'ai indiqués dans la 6e. partie de mon Cours pour ceux du XIIIe. siècle ; les détails dans lesquels je suis entré et les-figures que j'ai données, pourront guider déjà pour la composition des autels de ce style ; quant aux détails accessoires, on pourra trouver dans les édifices du même temps des moulures dont l'emploi demandera seulement du goût et du discernement.

C'est dans les portails d'église, ordinairement fort riches, que l'on trouvera des motifs pour les niches à statues., pour les tabernacles, pour les meubles accessoires de l'autel, etc., etc. Nous aurons à présenter de temps à autre, à nos correspondants, des fragments dans le genre de celui que voici, afin qu'ils puissent y puiser des idées pour leurs compositions.

Les stalles, les sièges, les confessionaux et autres meubles, que l'on ferait dans le style ogival primitif , devront toujours être composés d'après des types architectoniques , puisqu'il ne reste plus (au moins à notre connaissance) d'objets de ce genre , en bois , qui remontent au XIIIe. siècle.

On nous a demandé des modèles de chaire à prêcher , nous n'en connaissons pas qui remontent au-delà du XVe. siècle ; telles sont celle de Strasbourg , celle de Fribourg , et dans l'ouest celles de St.-Lo et de Vitré. Ces deux dernières se ressemblent beaucoup.

Voici l'esquisse de la chaire de Vitré : il faudrait , si l'on voulait en composer une du XIIIe. , donner un peu plus de diamètre à la chaire , figurer des arcatures à colonnettes sur les paneaux et faire un couronnement moins aigu , dont les ornements pourraient être imités de ceux que l'on voit dans les dais qui couronnent à la même époque les niches des statues. Cette composition serait facile , et il nous suffit de l'indiquer. On trouve à Chartres et ailleurs un grand nombre de dais de ce genre qui pourraient être imités.

On peut en dire de même pour les statues, celles qui garnissent les portiques latéraux de cette belle

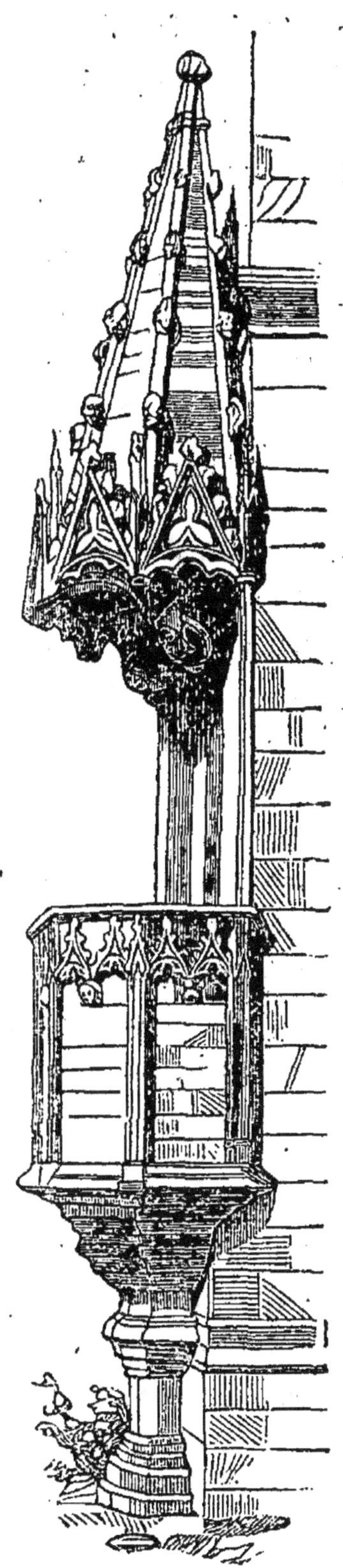

cathédrale fourniront
des types nombreux et
excellents aux sculp-
teurs qui auront à
garnir de grandes fi-
gures des niches du
XIIIe. siècle, ou à res-
taurer les statues mu-
tilées des églises de
cette époque.

On nous demande
aussi des modèles de
fonts baptismaux, ce
qui nous fait d'autant
plus de plaisir, que
MM. les curés ne son-
geaient, il y a peu de
temps encore, qu'à dé-
truire ceux qui exis-
taient pour leur substi-
tuer de misérables vases
ressemblant assez à des
plats à barbe, et très-
souvent à des vases plus
ignobles encore et que
je n'ose nommer ici.

Rien n'est plus facile
que de trouver des
modèles de fonts bap-
tismaux pour toutes les
époques : j'en ai figuré
bon nombre dans le 6e.

volume de mon Cours, j'en ai signalé et décrit beaucoup
d'autres dans le texte ; je peux offrir encore un font que je
ne connaissais pas quand j'ai écrit le chapitre de mon Cours
qui en traite. Il pourrait n'être que de la fin du XIII°. ou
du commencement du XIV°. (1).

Si l'on rétablit l'ameublement des églises dans le style du
moyen-âge, il ne faudra pas s'arrêter aux autels, il faudra
que les chandeliers, les croix, les ostensoirs, le costume des
statues et tout ce qui tient au culte soit dans le style de
l'époque à laquelle appartiendra l'église.

Déjà des compositions fort élégantes ont été faites, et pour

(1) Ce font nous a été signalé par M. Bouet, membre de la Société
française ; Il se trouve dans le département de l'Eure.

peu que l'on continue, l'art du XIIIe. siècle renaîtra tout
entier chez nous d'ici à quelques années : à Evron, M. Tournesac a formé des ouvriers sculpteurs qui déjà se distinguent
par leurs productions : ailleurs des ouvriers habiles s'exercent,
et leurs ouvrages vont être exportés dans plusieurs départements.

Quelques confessionaux ont déjà été faits dans le style
ogival ; nous en avons vu à Coutances et dans d'autres
églises : comme ce tribunal de la pénitence se compose de
trois compartiments dont un central est destiné au prêtre,
rien ne sera plus facile que de prendre dans les arcades de
l'époque, surmontées de frontons et de crochets, les trois
arcatures qui encadreront les trois niches des confessionaux :
il suffira de s'attacher à une époque pour trouver des modèles
très-convenables dans les monuments d'architecture.

Ainsi, je le répète en terminant : tout doit être imité des
monuments à dates certaines qui existent en si grand nombre
encore : au lieu de faire comme la plupart des artistes, un
amalgame des détails architectoniques de diverses époques
de la période ogivale, il faut éviter soigneusement ces *macé-
doines* toujours contraires à l'ordre naturel des faits, lors
même qu'elles offriraient un aspect gracieux. C'est en s'atta-
chant scrupuleusement à l'étude des formes caractéristiques
d'une même époque et en cherchant à les reproduire avec le
plus de fidélité possible, qu'on parviendra à bien faire.

Beaucoup de curés veulent replacer des vitraux peints dans
leurs églises, nous leur avons indiqué les meilleures fabriques
et les artistes les plus habiles en ce genre, tant à Paris qu'à
Clermont, au Mans et ailleurs : nous croyons devoir recommander à MM. les curés de ne pas s'adresser à certains
vitriers qui établissent des mosaïques transparentes, de l'effet
le plus détestable, et qui n'ont aucune idée de l'art : tout
leur talent consiste à couper des verres de couleur de diffé-

rentes formes et souvent de nuances disparates et désa-
gréables, et à les fixer tant bien que mal dans des châssis de
plomb. Il faudra tôt ou tard se débarrasser de ces vitres, et
il eût bien mieux valu se moins presser que de faire de si
mauvaise besogne.

Aujourd'hui que la fabrication des vitraux a fait de si
grands progrès, il faut que le style des vitres peintes soit
en harmonie avec celui des édifices dans lesquels elles sont
placées.

Nous avons aussi à nous élever contre la destruction des
pavés anciens des églises : on fait disparaître chaque jour des
pierres tombales à effigies gravées au trait, au lieu de les
laisser au milieu des pavés nouveaux : c'est un très-grand mal ;
et quand on vient nous demander d'approuver les pavés carrés
noirs et blancs pour les églises, nous nous récrions contre
les partisans de ce système qui détermine l'anéantissement des
pavages anciens et la violation des tombes les plus curieuses
et les plus respectables. Il faut, quand il y a nécessité de
repaver les églises, soigneusement ménager les pierres tombales
et remplacer les pierres usées par des pierres de même nature
et de même dimension.

Nous pensons qu'il y a une réforme à faire dans les types
adoptés pour les tombeaux de cimetière, et nous avons déjà
plusieurs fois approuvé l'érection de clochetons à pyramides
élancées, soit dans le style du XIIIᵉ., soit dans celui du XVᵉ.
Nous avons vu avec plaisir que cette forme vient d'être adoptée
pour le tombeau de M. Le Gonidec, auteur de travaux importants sur l'idiôme breton : nous donnerons plus tard quelques spécimens de tombeaux quand nous répondrons à
d'autres questions qui nous ont encore été adressées.

DE CAUMONT.